一流学科精品课程系列

创新与经济学

—— 新兴战略产业自主创新研究

蔡晓月 著

INNOVATION
AND
ECONOMICS

前言

创新是一个民族进步的灵魂,是一个国家兴旺发达的不竭动力。创新已越来越成为当今社会生产力的解放和发展的重要基础和标志。创新更是一个需要打开的"黑箱"。

《创新与经济学》教材是一本经济学与商业创新思维的启蒙教材,通过训练思辨与表达,让同学们能更好地呈现自己在经济商业方面的思维和想法。本教材分为三部分,共九章。

第一部分为创新的基础,包括概念、历史与思维三章。

第1章为创新的概念。本章作为导论,从为什么研究创新、关于"创新"研究的综述、研究创新的方法等角度,介绍创新的概念。

第2章为创新的历史。本章通过历史案例讨论:什么是创新?为什么创新?如何创新?在阅读书目的基础上,讨论创新历史中的发现,寻找创新的规律,并且理解突破性创新。

第3章为创新的思维。本章介绍批判性思维的基本内容,如何论证?如何提问?探讨思维对于创新的作用。在阅读书目的基础上,讨论思维导图的作用,思维可视化,以及可视化思维在各行各业中的应用。

第二部分为创新的实践。以微观企业为研究创新的视角,包括创新的企业、产品、治理三章。

第4章为创新的企业。本章讨论企业家精神的本质是什么,以及微观逐利动机、宏观经济周期衰退,帮助学生理解企业家精神的内涵。在阅读书目的基础上,讨论如何培育企业家精神,以及资本、劳动与知识与技术的交换与利用。

第5章为创新的产品。本章从微观经济学视角,探讨一个新产品的创意产生、定价、渠道与营销市场化的整个过程。将微观经济学的知识与市场营销、广告媒体、创意设计等领域相结合,扩展学生的思维。

第6章为创新的治理。本章从资本、劳动力及人力资本、知识及专利三个要素角度,介绍要素对于创新的激励约束机制。参与创新的三大要素促进创新的激励作用机制与约束创新者行为的约束条件。

第三部分为创新的制度。以中观产业和宏观国家为视角,聚焦于新兴战略产业自主创新,包括创新的产业、产业集群、国家三章。

第7章为创新的产业。本章将企业视为创新的模块,理解企业内部与企业之间的连接,以案例为基础分析模块化与集成化的区别。在阅读书目的基础上,讨论创新的体系环境,通过模块的连接、嵌入与整合,形成市场与层级制,并进行创新环境的国际比较。

第8章为创新的产业集群。本章学习创新型产业——新兴战略产业的本质与动态机理。新兴战略产业自主创新的根本动力在于：突破生产的资源约束，培育企业家精神。新兴战略产业中企业创新的本质，可以理解为模块化过程。企业家精神追求较高的收益增长率，是自主创新的"根本动力"；表现为新兴战略产业需放眼长远，逐利不能产生创新，需初期大量投入以弥补新兴技术研发的外部性。

第9章为创新的国家。本章将国家视为创新的模块，理解国家内部与国家之间的连接，在阅读书目的基础上，讨论创新的体系环境，通过模块的连接、嵌入与整合，形成市场与层级制，构建国家创新体系，并进行创新政策、国家竞争战略的国际比较。

本书的创新之处有四个方面。

(1) 用经济学思维来思考——什么是创新？

帮助学生形成对于"创新"的基本认识，理解创新的概念、创新的动因、创新的过程。运用经济学方法，理解并应用"创新"的思维方式与运作机制。

(2) 经济学的新视角——产业与专业相结合。

鼓励学生将经济学知识与本专业相结合，在本专业领域或本专业与经济学交叉领域内探索"创新"的发现。

(3) 创新组织的新构架——激发学生活力。

培养学生的经济学思维与创新思维，引导同学们学会批判性思维和经济学思维与研究方法，从而能够像经济学家一样思考问题。培养学生的创新思维分析工具；学会应用批判性思维、数学逻辑、语言逻辑解决现实问题；将创新理论应用于经济生活和专业领域。

(4) 创新活动的新方案——培养学生创造力。

每章附有参考文献和思考问题，引导读者学会提问，并带着问题学习。用经济学理解创新，构建探索创新的经济学分析。

本著作既可以应用于创新经济的研究，汇总了用经济学方法研究创新的基本思路与研究框架；也可以应用于创新著作的教学、创新比赛的培训、创业必备的基础储备，是青年学生拓展经济学知识的课外读物。

蔡晓月于复旦园

2019年2月22日

目录 Contents

前言 ··· 1

第一部分 创新的基础

第 1 章 创新的概念 ·· 3
    本章主要内容 ·· 3
    1.1 研究创新的原因 ·· 3
    1.2 关于创新的研究 ·· 7
    1.3 研究创新的方法 ·· 17
    参考阅读 ·· 19
    思考题 ··· 19

第 2 章 创新的历史 ·· 20
    本章主要内容 ·· 20
    2.1 什么是创新？ ··· 20
    2.2 为什么创新？ ··· 22
    2.3 如何创新？ ·· 24
    2.4 理解突破性创新：熊彼特式创新 ··· 28
    参考阅读 ·· 31
    思考题 ··· 31

第 3 章 创新的思维 ·· 32
    本章主要内容 ·· 32
    3.1 如何提问与论证 ·· 32
    3.2 思维导图：思维可视化 ·· 36
    3.3 学习型组织 ·· 42
    参考阅读 ·· 45
    思考题 ··· 45

第二部分　创新的实践

第 4 章　创新的企业 ……………………………………………………… 49
- 本章主要内容 …………………………………………………………… 49
- 4.1　创新的模块：企业 ………………………………………………… 49
- 4.2　创新与企业家精神 ………………………………………………… 54
- 4.3　创新与突破要素禀赋约束 ………………………………………… 58
- 参考阅读 ………………………………………………………………… 64
- 思考题 …………………………………………………………………… 65

第 5 章　创新的产品 ……………………………………………………… 66
- 本章主要内容 …………………………………………………………… 66
- 5.1　产品与新产品 ……………………………………………………… 66
- 5.2　产品生命周期 ……………………………………………………… 72
- 5.3　新产品创意 ………………………………………………………… 77
- 参考阅读 ………………………………………………………………… 82
- 思考题 …………………………………………………………………… 82

第 6 章　创新的治理 ……………………………………………………… 83
- 本章主要内容 …………………………………………………………… 83
- 6.1　创新项目的风险与收益 …………………………………………… 83
- 6.2　资本的激励约束机制 ……………………………………………… 90
- 6.3　人力资本的激励约束机制 ………………………………………… 97
- 6.4　知识的激励约束机制 ……………………………………………… 109
- 参考阅读 ………………………………………………………………… 127
- 思考题 …………………………………………………………………… 128

第三部分　创新的制度

第 7 章　创新的产业 ……………………………………………………… 131
- 本章主要内容 …………………………………………………………… 131
- 7.1　战略性新兴产业的概念 …………………………………………… 131
- 7.2　新兴战略产业的发展历史 ………………………………………… 136

7.3 新兴战略产业的国际经验 …………………………………… 141
　　参考阅读 …………………………………………………………… 150
　　思考题 ……………………………………………………………… 150

第8章　创新的产业集群 …………………………………………… 151
　　本章主要内容 ……………………………………………………… 151
　　8.1　从企业到产业集群 ………………………………………… 151
　　8.2　微笑曲线的动态价值链 …………………………………… 162
　　8.3　新兴战略产业集群创新 …………………………………… 165
　　参考阅读 …………………………………………………………… 171
　　思考题 ……………………………………………………………… 171

第9章　创新的国家 ………………………………………………… 172
　　本章主要内容 ……………………………………………………… 172
　　9.1　国家创新体系 ……………………………………………… 172
　　9.2　企业、产业的创新政策 …………………………………… 176
　　9.3　培育竞争优势的国家竞争战略 …………………………… 184
　　参考阅读 …………………………………………………………… 192
　　思考题 ……………………………………………………………… 192

后记 ………………………………………………………………… 193

第一部分
创新的基础

第1章 创新的概念

[本章主要内容]

本章为导论。从为什么研究创新、关于"创新"研究的综述、研究欸观念新的方法等角度,介绍创新的概念。创新是一个民族进步的灵魂,是一个国家兴旺发达的不竭动力。创新已越来越成为当今社会生产力的解放和发展的重要基础和标志。回顾经济增长、发展与波动的历史,创新是经济增长中的重要推动力。创新是一个需要打开的"黑箱"。

1.1 研究创新的原因

经济学是研究"选择",每一个选择我们都关注选择的五要素——What、Why、When、Where、How。"研究创新"让我们将目光转向了"创新"这件看得见、摸得着,但是说不清楚的事情。

一、国家的创新与增长

从国家层面,研究富国与穷国的差异源于创新。穷国与富国经济发展水平差异的原因,要从历史上东西方文明的分叉开始研究。人类的创新活动让各国经济增长水平出现显著差异。对于创新的关注起源于20世纪末所发生的一个生产力与经济增长的革命——新经济增长[①]。创新:一个创造"新"的过程,存在于所有的人类活动中,包括且不限于经济金融活动、产业工程生产活动、科学技术活动、社会活动、娱乐活动,等等。

新经济常常被称为信息经济,而信息产业的产品制造及其技术的推广常被视为20世纪90年代中后期美国生产率持续上升的主因(Jorgenson & Stiroh, 2000);然而,在财富创造中发挥主导作用的关键因素是信息,而不是物质资源或资本(Sirkka Hämäläinen, 2001)。

与此同时,有关信息处理、数据加工和通信的新工具快速地提高所有生产部门的生产率,从而使这场技术革命区别于历史上的其他任何一次科技变革。传统意义上的创新只是重塑了经济中的一个或几个部门(Bresnaham & Trajtenberg, 1995; Helpman &

---

① 针对"新经济"性质、意义与过程的争论颇多,而期间所出现的众多"创新"的确或多或少地推动了经济的增长。将"新经济"作为"创新"的结果来深入研究"创新"的本质。

Trajtenberg,1998),信息通信技术的进步则对整个经济的所有部门都具有潜在影响。

可见,信息并不是创新的全部。知识工人(Knowledge Workers)成为新经济中的一个新要素(Peter Drucker,1969)。同时,网络经济(Network Economy)让信息拥有了巨大的力量(Kelly,1998)。

因此,新经济是一种以信息技术为基础、知识要素为驱动力、网络为基本生产工具的生产方式;新要素,是指具有边际报酬递增、正的外部性的知识;新产品,是指具有不断递减的平均成本与规模递增的网络效应;新生产方式,是指信息技术与网络应用于生产,具有规模报酬递增和正的经济溢出效应。新经济更多地属于生产方式的范畴,而不是产品的范畴(华民等,2001)。

新经济生产方式最集中的体现就是美国硅谷。其产生和发展都与硅谷紧密联系。硅谷是美国的一块靠近太平洋的平坦谷地,被人们称为"创业者的天堂"。为什么新经济的产生和发展在美国,而不在世界的其他国家和地区?或者更为具体地说,为什么发生在硅谷而不是其他地方?这说明硅谷有着适合新经济发展的某些东西,这些东西到底是什么呢?

于是,有人把这种东西归结为创新,这是硅谷新经济发展的原因,是经济增长的关键因素。纵观历史,农业社会中突破土地约束;工业社会中突破资本积累的约束;而在后工业社会,经济是在金融证券等现代服务业和高技术产业的带动下发展的,因此经济发展的主要约束就是技术,尤其是创新性技术①,以及蕴含在其中的人力资本、知识。日本战后的经济腾飞、东亚奇迹、中国经济增长模式的转变,这些经济增长的事实与现象,都与创新有着千丝万缕的关系。

有人认为硅谷拥有著名的学府,即享有盛名的加州大学伯克利分校和斯坦福大学,以及充足的资金,资本加人力资本促成了硅谷的发展。照此观点,波士顿附近128公路周围更应该成为高科技企业的摇篮,因为波士顿附近有两所著名大学——哈佛大学和麻省理工学院,同时又靠近纽约这一金融和商业的中心,有充足的资金。然而,在20世纪80年代之后,硅谷的发展远远超过了128公路周围的发展。为什么以高科技为特征的新经济是在硅谷而不是在外部条件更符合的128公路周围发展?显然,仅有著名的学府、人力资本和充足的资金还不足以造就硅谷。

那么,到底是什么才是创新呢?创新如何产生?创新到底是一种偶然,还是一种必然呢?很多经济学家认为很难用一两个词语概括出来。用一个模糊但讨巧的说法,我们可以说硅谷有着适合创新发展的文化。但是,文化这个词包罗万象,这样看来,似乎创新是带有一些神秘色彩的偶然,而历史上一些广为流传的创新也都有着醍醐灌顶、顿悟、豁然开朗、"山重水复疑无路,柳暗花明又一村""踏破铁鞋无觅处,得来全不费工夫""有心栽花花不开,无心插柳柳成荫"的相似之处。例如,压力锅②、电

---

① 尹翔硕、蔡晓月等:《贸易发展战略的国际比较与中国的选择》,复旦大学出版社,2006年。
② 法国人派朋研究蒸汽发动机,由于它的蒸汽发动机是圆桶状,偶然间发明了压力锅,但使用者很少。第二次世界大战期间,为了快速煮熟食品,压力锅取得市场上的成功,突破性创新得以完成。

影①、硬铝②、糖精③、青霉素④等。偶然随机、不确定性、渐进、高风险,成为人们对于创新的传统理解。

二、经济学思维方法与创新

从学科层面,用经济学的思维方式研究经济活动中的"创新"。经济学是一门研究人类经济活动的学科。经济学研究以人为中心,研究人本身,以及人在家庭、企业、政府等组织中的生产活动,所有人类生产活动都可以视为一种"选择"。区别于其他人文社会学科,如社会学更关注人与人、人与组织之间的非经济活动,政治学则聚焦"政府"与人、企业之间的关系。经济学关注在人类生产活动中资本劳动力知识技术等要素在企业生产活动中的投入与产出。企业与企业之间的交换活动构成了市场,市场交换也可以竞争或合作,形成产业或产业链,市场无法解决的外部性问题由政府来解决。因此,经济学为我们构建了一个研究生产活动的分析框架,而创新活动作为生产活动的关键,经济学自然也能用来研究创新活动。

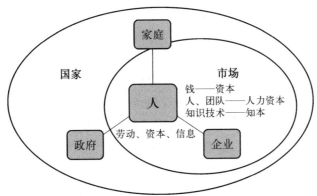

图 1-1 用经济学的思维理解生产活动

创新的经济学分析,即用经济学理解创新,打开创新黑箱。那么,我们通过人或企业,乃至产业或产业链作用研究创新活动的主体。回答这样三个问题。

---

① 1872年摄影师麦布里奇为两个人的争执引起的打赌——马奔跑时蹄子是否都不着地——作裁判,在现场用连贯的24架照相机拍成照片带。终于看出马在奔跑时总有一蹄着地,不会四蹄腾空。在麦布里奇炫耀的过程中,有人无意识地快速牵动那条照片带,结果眼前出现了一幕奇异的景象:各张照片中那些静止的马叠成一匹运动的马,它竟然"活"起来了。生物学家马莱从这里得到启迪,在1888年制造出一种轻便的"固定底片连续摄影机"。

② 1906年,德国科学家威尔姆打算观察热处理对一种含铜3.5%、镁0.5%的铝合金的影响。但处理后的合金并不如所希望的那样硬化。他把合金随手扔在了一边。几天后他怀疑自己的试验,于是决定重做一遍。结果,他吃惊地发现几天前处理过的合金的强度和硬度已经大大增强。他因此而发现时效硬化现象,并制得硬铝。

③ 1879年,一名叫法尔贝里的学化学的学生在研究一种跟甲苯有关的煤焦油物质时,随意地尝了尝,竟然发现有甜味,结果他发明了十分著名的糖精。

④ 苏格兰科学家Alexander Fleming先生于1928年在发霉的食物中偶然发现青霉素,他当时关注的是杀菌剂,青霉素并不是他研究探索的真正目标。

问题1：WHAT？什么是创新？创新是什么？

问题2：WHY？为什么创新？创新的动力来自哪里？

问题3：HOW？如何创新？创新怎么出现的？包括创新的时间、地点、组织与制度等。

创新是一种复杂的经济现象，它既是历史和分工的产物，也是工业化进程的反映，普遍存在于许多地区，并被作为地区经济增长的基础。我国对创新的研究主要是从改革开放以后开始的，由于起步较晚。最近几年，在我国专业性刊物中，大量文章主要参考发达国家关于国家创新系统和知识创新的文献。本著作突破以往对于创新研究仅局限在创新的定义分类、技术创新过程、经济周期波动等方面的状况，转而深入研究创新的模式类型、产生原因、条件环境、过程机理的研究。对创新运作机理的研究，有助于拓展经济学的研究视野、探索创新方式的实现途径，也有助于为我国创新战略发展政策和创新的发展方式提供参考。

因此，本著作在理论层面上，探寻创新经济学的研究思路，打开创新黑箱。梳理创新的研究，抓住其本质，区分不同类型的创新。通过拓展整理创新理论，归纳提炼创新因素与条件，构建解释创新模型，阐述创新产生的动力与过程，解释现实经济的增长，让混沌的创新变得清晰起来，为实现熊彼特式创新提供理论基础。从看似偶然的创新中总结规律，研究走向必然的创新。

同时，从历史上来考察世界各个地区不同类型的创新产生及其演进，乃至国内形形色色创新的形成与发展，可以发现各自具有不同的原因，离不开一些重要因素的支持。有些地区尽管一些因素比较相像，但是最终却出现不同的发展趋势。历史上以及现在，在许多国家和地区，无论是发展中国家，还是新兴工业化国家，甚至是中等发达国家，都希望能够复制创新，实现类似硅谷的新经济增长；但是，由于创新具有动态性、风险性、高成本、高收益的特点，试图通过公共政策来模仿硅谷发展的努力，却往往收效甚微。这是由于误解硅谷现象的创新本质而导致的结果（青木昌彦，2005）。东西方文明出现分岔①，在劳动分工起源上扮演不同角色，可以用信息知识的扩散、交流与模仿，学习与竞争来解释（陈平，2004）。

三、思维工具与创新

在个人层面，创新活动必须培养创造力和自信心。理解创新，学会批判性思维、数学逻辑、语言逻辑；在经济学和管理学理论的学习中增强创新思维分析能力与研究能力；才能将创新理论应用于经济生活和专业领域。

在媒体话语里，创新是出现频率高而词义又含混的词汇，说不清，道不明。泛泛而谈的创新容易流于形式、浮于表面、空洞无物，无法把握创新的实质。另一个极端是单纯针对某一领域研究创新，但是由于创新涉及众多领域，就某个领域的创新研究必然是片面的，并不能全面地反映创新的机理，也无法抓住创新过程中的客观规律。因此，本著作所研究的创新是抽象的创新，研究结论可以解释不同领域的创新，增强了创新理论的实践应用与拓展能力。

---

① 彭慕兰：《大分流：欧洲、中国及现代世界经济的发展》，史建云译，江苏人民出版社，2003年。

《创新与经济学》这本书将通过经济学方法的思辨与表达,让同学们更好地呈现自己的经济商业方面的思维和想法,是经济学与商业创新思维的启蒙著作。创新思维的工具对于学生在其他专业学科的学习也有借鉴意义。反过来,专业领域的创新促进经济增长。创新、创意都离不开创新思维工具。

本书的目的正是引导同学们学会批判性思维和经济学的思维与研究方法,从而能够像经济学家一样思考问题。

1.2 关于创新的研究

创新是一个创造"新"的过程。存在于所有的人类活动中,包括且不限于经济金融活动、产业工程生产活动、科学技术活动、社会活动、娱乐活动,等等。经济学是一门研究人类经济活动的学科,让我们尝试用经济学的思维方式来理解创新。

从创新研究的不同领域来区分,以往研究创新的相关文献可以归纳为以下四个方面的内容:一是研究创新的结果,比较研究不同创新模式的异同;二是研究创新的动力,从创新的动力开始研究基于技术进步的创新,以技术变革和技术推广为对象的技术创新经济学;三是研究创新的过程与机制,分析创新过程中的步骤与顺序,研究不同组织分工模式对于创新的影响;四是研究创新的规则,影响创新模式条件,从创新环境研究基于制度条件的创新,和以制度变革和制度建设为对象的制度创新经济学。

一、创新的结果

把创新当作参与创新的结果。20 世纪 80 年代,英国技术创新专家弗里曼等把工业创新(技术创新)分成四类:渐进性创新①、根本性创新②、新技术体系③、技术革命④。多西(1998)也有类似的分类——增量创新⑤(这类创新天天都在发生,但是由于这种创新的级别太低,因而它对周期的影响不大)、基本创新⑥、技术体系的变革⑦、技术经济模式的变

---

① 渐进的改进,即产品或工艺的连续的、显著的改进。
② 根本的突破,即产生新的产品,如电视机、数控机车等。
③ 具有普遍影响的创新,即产生新的产业,如化学工业、家用电器等。
④ 带来技术范式变化的创新,即带动经济周期的变化,如蒸汽机、微电子等。
⑤ 这一类创新的发生不是任何深思熟虑的研究和开发活动的结果,而是工程技术人员与相关的生产人员通过"干中学"或"用中学",对已经发明的技术加以进一步改进的产物。这一类创新的意义主要在于提高已在使用的各种要素的生产率。
⑥ 这种创新属于一种不连续的事件,通常是企业、大学以及政府实验室中深思熟虑的研究与开发活动的结果。比如,尼龙不可能通过在人造纤维厂或毛纺业改进生产工艺而生产出来,它只能是实验室创新的产物。这类创新经常表现为一种联合的,包括产品、工艺和企业组织在内的创新,而且这类创新通常集中发生在与已建立的市场价格暴跌有关的极度衰退时期。
⑦ 这是一种对若干经济领域产生影响,同时导致全新部门出现的影响深远的技术进步。它在性质上经常表现为增量创新与基本创新的组合。

革,也可以称之为"技术革命"①;这三类级别较高的创新基于科学研究基础,都是不连续的,会对经济周期变化产生重大的影响,特别是最高级别的技术经济模式的创新,它是导致经济周期变动的直接原因。因此,当基本创新、技术体系创新与技术经济模式创新的高潮过去之后,随之而来的必将是周期繁荣阶段的结束和衰退阶段的到来。

在此基础上,按照创新强度的不同,把技术创新分为:渐进性创新(Incremental Innovation)或可持续性创新、演化性创新;突破性创新(Radical Innovation)(Mansfied,1968;Freeman,1977),或破坏性创新、革命性创新(Clark,1982;Darpa and Frank Fernandez,1999)②。

渐进性创新对现有产品的改变相对较小,能充分发挥已有技术的潜能,并经常能强化现有的成熟型公司的优势,特别是强化已有企业的组织能力,对公司的技术能力、规模等要求较低(Nelson and Winter,1982)。

与此相反,突破性创新建立在一整套不同的科学技术原理之上,它常常能开启新的市场和潜在的应用(Dewar and Dutton,1984)。突破性创新经常会给现存的企业带来巨大的难题(M. T. Hannan and J. Freeman,1984),因为企业现有的组织能力难以创新,而调整企业的组织能力又成本昂贵(Nelson and Winter,1982)。但是,突破性创新会迫使它们不断提出新的问题,并不断利用新的技术成果和商业策略以寻求解决问题的新途径(T. Burns & G. Stalker,1966;J. Hage,1980),它常常是新企业成功进入市场的基础,并有可能导致整个产业的重新洗牌(Rebecca M. Henderson and Kim B. Clark,1990)。

从理论上说,虽然渐进性创新没有显著利用新的科学原理,但随着时间的流逝,逐渐产生巨大的积累性经济效果(Tushman and Anderson,1986;R. D. O. Keefe,1984),这是相对于突破性创新给企业带来的巨大风险与困难而言的。许多公司经营者倾向于采取渐进性创新模式。Lisa Carter等人的调查发现,直到20世纪80年代初,北美地区的公司中有超过63%的管理者满足于充当创新的追随者。随着技术的不断进步以及国际经济科技一体化进程的加快,许多实证研究显示,渐进性创新只能维持企业现有产品的竞争能力,当市场出现携突破性创新成果进行竞争的企业对手时,现有的成熟大型公司就可能丧失其市场领先地位(Rebecca M. Henderson and Kim B. Clark,1990)。历史上,晶体管的出现几乎击溃了所有的电子管生产企业,而当时电子管生产企业正孜孜不倦地致力于渐进性创新。日本石英钟技术的发展给瑞士的钟表业以致命的打击,而这种技术恰是当年从瑞士流出的,优秀的瑞士科技人员和企业家正精益求精地进行自己的渐进性创新以提高机械表的性能。这些教训说明,渐进性创新可以保持优势,但是它很容易被突破性创新的漩涡所吞噬(Jill Keyes,2000)。总之,商业化过程中,利润推动并不能解释所有的现

---

① 这种类型的技术创新不仅包含有很多组基本创新与增量创新,而且还包含若干新技术体系的创新。并且,这种创新的最重要之点在于,它具有在整个经济中的渗透效应,也就是说,这种类型的创新会改变整个社会的技术与经济模式。

② 突破性创新的出现往往建立在新的工程和科学原理之上,关于这一点,学术界有不同的争论。有的学者认为建立在新的科学与工程技术原理之上的创新称为原始性创新(Original Innovation),这是分类依据的不同,一般认为,绝大多数的原始性创新为突破性创新。

象。相反,过分的追求利润反而可能导致创新的停滞。

突破性创新突出强调创新的结果,是一种不连续的创新(Perry Glassr,1999)。原质性创新(Radical Innovation)强调建立在一套完全不同的工程和科学原理上;采用破坏性方法和力量,产生突破性创新与思想的一种方法(Erik van Bekkum,2000);导致完全改变,并最终能成为新产业旗帜的创新(Lew Elias,2000);能够带来或潜在导致下一个或几个方面后果的创新类型(Richard Leifer,2000);推动产品淘汰,大范围取代现有的最成功的产品的过程(Frank Fernandez,1999);并不是按照企业主流用户的需求性能技术改进轨道上进行改进的创新,也可能是暂时还不能满足企业主流用户需求的创新,突破性创新与发展往往一开始在短期内在产品技术性能上低于原有技术产品,以后会很快超越原有技术,并产生对原有技术的替代(C. M. Christensen,1997)。突破性创新是熊彼特式创新的结果,而渐进性创新是非熊彼特式创新的结果。

目前的相关研究只是从静态角度研究创新,并没有指出不同创新结果之间区别的根源与作用机制;没有论及两者之间相互转换的可能性。因此,本书将在创新结果的基础上来研究创新,刻画不同的创新模式,描述创新路径选择的动态过程。

二、创新的动力

创新理论源自对于经济增长的研究,形成了各种不同的经济周期理论。经济增长并不是渐进变化的,更不是持续不变的。工业化以来,西方国家的经济反复出现周期性的波动是一个不容置疑的客观事实。

人类很早就已经认识到空间与资源约束对经济增长的意义。柏拉图在《理想国》中认为:城邦的发展将受到狭小空间内的资源限制,因此"为了提供适当的经济基础,城邦将被迫向其邻邦宣战以得到他们的领土"。地理大发现后,西方文明的崛起与空间资源禀赋拓展相关(彭慕兰,2003)。

苏联经济学家康德拉季耶夫首先提出经济长波概念①(筱原三代平,1983),但他没有给出长波存在的原因。长波理论近似于物理学上的熵定律②。此后,出现了范·盖尔德伦、熊彼特的"技术长波论"、罗斯托的"相对价格长波论"、冯丹因"创新寿命周期长波论",以及所谓的"政治与心理周期长波论"等(赵涛,1987)。技术革新、发现新能源等外部冲击导致长波的形成和存在。而这期间又隐含了经济体系的惯性和技术创新的萧条触发机制(门茨,1975)。从康德拉季耶夫和熊彼特对长周期的分类来看,能源与动力问题是居于首要的宏观问题,从蒸汽动力到煤炭到石油,每一次能源与动力的突破都带来一次长波的开始。

---

① 他宣称在资本主义经济中存在一个长达50年左右的长波周期,并成功地预测到了西方工业国家在20世纪20年代下降波的出现,在20世纪30年代的大危机就是这一下降波的低谷。

② 参见杰里米·里夫金、特德·霍华德:《熵:一种新的世界观》,吕明、袁舟译,上海译文出版社,1987年,第4页。宇宙万物从一定的价值与结构开始,不可挽回地向混乱和荒废发展。在我们的社会历史领域,熵律也同样存在。它表现为:全部社会活动的真正内容,使有效能量转变为无效能量,是有效能量的不断转化、变换和不可挽回的消失。

但是,在土地和其他资源一定的情况下,资本的不断积累和劳动投入的持续增长可能导致生产要素的边际报酬递减(Ricardo,1817)。经济只要一旦脱离经济增长的理想状态,就必然永久地处于不稳定状态萧条中(Harrod,1939;Domar,1946)。而Solow(1957)认为外生技术进步导致长期经济增长的人均产出收敛于一个稳定状态的水平;同时,资本边际收益递减,在缺乏技术的连续进步的情况下,人均产出的增长将最终停止,经济体系无法实现持续的增长。因此,基于能源与动力突破等外生因素的增长最终不可避免将走向经济衰退,从而导致经济的周期性波动。

资本与创新密切相关。创新中商业化的动力与较多的利润①有关(熊彼特,1934)。因此,创新总是发生在经济发达的国家,而一个国家为了推动创新也总是希望能够多利用外来资本来推动本国创新。在熊彼特看来,企业家之所以进行创新活动,是因为他们看到了创新给他们带来了盈利的机会。熊彼特创新理论认为创新中商业化的动力与较多的利润以及企业家精神有关。他忽视其他类型的创新,把其他人员(如科学家、工程师、技术员、其他管理人员等)排斥在创新之外,强调企业家精神。由于创新不仅给创新者及其企业带来获利机会,而且也给其他企业开辟了发展的道路,具有获利示范效应。

企业进行技术创新的直接目的就是追求尽可能多的利润或超额利润,特别是中小企业(斋藤优,1986)。最主要的目的是根源于企业生存和发展的需要,即利益的要求,当把消费者需求和利益外化为利润时,对利润的追求就转化为企业经营的动力以及企业技术创新的动力(埃弗雷特·罗杰斯,1985)。

熊彼特的企业利润说之后,在20世纪50—80年代出现了一系列的技术创新动力模型:(1)技术推动论;(2)市场拉动论;(3)政府启动论;(4)企业家创新偏好驱动论;(5)社会、技术、经济系统的自组织理论;(6)技术轨道推动论。在不同的环境条件下,多数企业的具体创新动力绝不会是单一的或固定的动力因素结合,它们的创新表现出丰富多样的组合(李垣,1994)。由于企业作为经济实体的属性,它从事技术创新的内在驱动因素在于其经济的获利性。因此,熊彼特的内部动力说比较具有说服力,也成为经典的创新动力的解释。

然而,在利润推动下,许多公司经营者倾向于采取渐进性创新模式。虽然渐进性创新没有显著利用新的科学原理,但随着时间的流逝,逐渐产生巨大的积累性经济效果(Tushman and Anderson,1986;R. D. O'Keefe,1984),而突破性创新给企业带来的巨大风险与困难,许多公司经营者倾向于采取渐进性创新模式(Rebbecca M. Henderson and Kim B. Clark,1990;Jill Keyes,2000)。

因此,在既定空间内,不依靠非外来因素的内生式创新的动力并非利润或者模糊的企业家精神可以简单解释的。同时,利润推动的框架也不适合研究创新从封闭状态转向开放状态的变化。

---

① 新观点通常是由新公司提出,因此,重新整合经济使其能够生产新产品或提供新服务;新产品或新服务一经问世,就为生产新产品的公司提供了垄断权,享有超额利润;不仅仅是简单地降低某些商品的价格,而是一些运用旧技术生产的公司、工人和设备将被新兴力量所取代。

现有创新理论研究在这方面是欠缺的,其研究往往是和经济增长联系在一起的。在没有外来技术进步的情况下,创新可以使得人们收入在不同国家以及不同时期差距变大,经济增长仍然可以维持很长时间①。

一是,引入内生技术进步。Romer(1989)拓展了 Solow 模型,强调生产过程中有些要素投入可以通过报酬递增和溢出效应(Spillover Effect)来实现增长,并且在特定条件下会出现爆炸式的发散增长路径,也就是正反馈效应。例如,垄断条件下的研究与开发(Romer,1990)、竞争条件下的干中学与知识外溢(Romer,1986;Stokey,1988)、竞争条件下的人力资本积累及其外部效应(Romer,1986;Lucas,1988;Rebelo,1991;Uzawa,1965)、网络外部性(Ecnomides,1993;Katz and Shapiro,1985)。Aghion 和 Howitt(1992)进一步扩展了上述结论,强调技术上的突破性成果会导致产业发展的不连续,而这种不连续会导致"迅猛的增长"。通过技术扩散与转移,干中学等途径可以让后起国家实现技术进步与增长(林毅夫,2005)。因此,信息知识、人力资本也是推动创新的关键因素。

二是,分工产生增长的另一源泉。Adam Smith(1776)在《国民财富的性质和原因的研究》中,就注意到劳动分工与经济增长的关系,并阐述了劳动分工在经济活动中的重要性。从需求方面看,市场容量决定了分工(Young Allyn,1928)。从生产方面看,分工降低了协调成本,达到规模生产(Romer,1987、1989、1990;S. Becker and Murphy,1992)。同时,知识积累反过来又促进了分工专业化(Yang Xiaokai and Jeff Borland,1991)。分工还表现为产品数量的持续增加,以及产品质量的不断提高(Romer,1990;Gene M. Grrossman;Elhanan Helpman,1990)。

三是,制度促进增长。新制度经济学提出了对经济增长研究的新观点,他们把制度作为经济增长的一种内生变量。经济增长的根本原因是制度因素,表现为技术进步、投资增加等。社会的技术和知识存量决定了产量的上限,而实际产量还要受到制度的约束②。国内有很多学者在讨论经济发展的根源时,也认为制度因素比技术更重要(华民、贺晟,2001)。

文献研究证明,在没有外生要素增长的情况下,内生技术进步、分工与制度三者能够提高传统要素的生产率。目前的文献并没有构建这些内生因素与创新之间的关系;因此,只是局限在利润推动的框架中讨论"创新"是不全面的,必须考虑这些内生因素在创新中的作用。本书拓展了创新的空间概念,将构建"资本—人力资本—信息知识"空间维度,来解构创新的动力。

三、创新的过程

研究创新产生过程的文献,将创新当作参与创新的过程。根据创新的内涵,技术创新

---

① Barro, Robert J. & Sala-I-Martin, Xavier, *Economic Growth*, McGraw-Hill Inc, 1995.
② 道格拉斯·诺思:《制度、制度变迁与经济绩效》,刘守英译,上海三联书店,1994年,第3—10页。

是指由概念的构想到形成生产力并成功地进入市场的全过程,它包括科学发现、发明到研究开发成果被引入市场、商业化和应用扩散的一系列科学、技术和经营活动的全过程,从最初的发现直到最后商业化的成功。技术创新也指知识的创造、转换和应用的全过程。

艾米顿认为,知识创新是为了企业的成功、国民经济的活力和社会进步,创造、发展、交换和应用新思想,使其转变成市场化的产品和服务,包括科学发现、技术发明、知识创造、新知识首次应用、职业知识创新、非职业知识创新等。1992年,OECD[①]指出"技术创新包括新产品和新工艺,以及产品和工艺的显著的技术变化。如果在市场上实现了创新(产品创新),或者在生产工艺中应用了创新(工艺创新),那么就说创新完成了"。OECD在1994年的《科学政策概要》中指出:"技术创新,它是指发明的首次商业化应用。"

熊彼特的创新,不是指发明即创造新的东西,而是指"新东西"的应用或"旧东西重新组合"的新应用,以获得企业家利润的经济过程。熊彼特式创新模型Ⅰ[②]和注重垄断性企业内部研发的熊彼特式创新模型Ⅱ都把创新局限在企业生产和经营过程中的新变化。熊彼特指出:"技术创新是介于技术与经济之间的中间环节……是以市场机制为基础的商品技术开发……技术创新并非直接始于科学发现,而是技术发明",或者"更确切地说是始于技术—经济构想,终于首次商业化应用"。"先有发明(Invention),后有创新(Innovation);发明是新工具或新方法的发现(Discovery),创新则是新工具或新方法的实施(Implementation)。"企业的创新过程,也是发明—创新之间的关系。创新源于发明,但不包括发明,创新又不都是以发明为基础的。

鲁特恩(Ruttan)认为:"在发明与创新之间含义的准确区分是令人困惑的……能够获得专利的技术发明可看成是'技术创新'概念中的一个特殊的子集。"[③]缪塞尔指出:"技术创新是以其构思新颖性和成功实现为特征的有意义的非连续性事件。"[④]美国经济学家曼斯菲尔德说:"一项发明当它首次应用时,可以称之为技术创新。"据缪塞尔(R. Musser)于20世纪80年代中期作的一项统计分析表明:在他收集的300余篇相关论文中,约有3/4的论文在技术创新界定上接近如下表述:当一种新思想和连续性的技术活动,经过一段时间后,发展到实际和成功应用的程序就是技术创新[⑤]。内尔森和温特提出:产品创新是企业家长期行为的最重要方面(Nelson and Winter, 1982)。当一种产品或工艺过程达到商品化,方可被认为发生了创新。一个想法或点子可能成为发明,但在它商品化之前不能称为创新。一般来说,从点子到市场应用的道路是很长的,少则几年,多达上百年之久,甚至新的点子在其商业价值实现之前就夭折了。其中,存在很多不确定因素。工业创新的动态过程模型则认为,产品和工艺的根本性创新率遵循与时间相关的一般模式,它们之间存在重要关系。产品创新率高的阶段是"流动阶段",产品创新率低和工艺创新率高的阶

---

① OECD:《技术创新统计手册》,中国统计出版社,1993年。
② 技术发明—企业家活动—新技术创新投资—新生产模式—科技发明—变更了的市场结构—来自创新的利润。
③ 施培公、雷中强:"国外有关技术创新的观点选介",《现代电子技术》,1992年第2期。
④ 傅家骥:《技术创新学》,清华大学出版社,1998年。
⑤ 同上。

段是"转换阶段",产品和工艺创新率都比较低的阶段是"特性阶段"①。

马歇尔·哈马在所著《过程创新革命》中明确阐述过程创新理论,认为创新过程主要由四大步骤来完成,即审视现存的过程、采取根本的改革措施、产生突破性的效果、巩固新过程②。过程创新理论注重成本、品质、流通等过程的再设计,重视电子计算机、信息网络和数据库的应用,强调以过程为线索按过程流向进行组织设计。过程创新重视学习效应以及新型人才在过程中的作用。

可见,大多数研究把创新看作是一个线性的过程,分析的重点主要是通过寻找企业创新的环节来研究企业创新的过程;忽略了这些环节之间的相互关系与相互影响。因此,本书将对创新过程按照统一的逻辑主线重新梳理。

四、创新的规则

第四类研究影响创新模式的条件,把"创新"当作参与创新的规则。从经济或经营管理的组织和制度变化的角度,重点研究创新的条件环境。熊彼特提出:所谓创新,就是建立一种全新的生产函数,也就是说——把一种以前从来没有过的,关于生产要素和生产条件的"新组合"引入生产体系③。

战后美国的一些经济学家,循着熊彼特的创新思想进行了进一步的研究与发展,提出了新技术创新理论。除了利润,在知识产生过程中,其他因素也会影响知识产生。

第一,技术创新与企业规模的"起始点"。戴维(1971)提出了企业规模"起始点"的理论。该理论是指一个企业要采用一种新技术至少需要达到一定的规模,降低企业规模起始点是推广新技术的一个重要问题。

第二,技术创新与市场结构选择。20世纪70年代,卡曼、施瓦茨等人从垄断与竞争的角度对技术创新的过程进行了研究,探讨了技术创新与市场结构的关系,提出了最有利于技术创新的市场结构类型乃是垄断竞争型的市场结构。

第三,新技术的推广和扩散。曼斯菲尔德提出了"模仿""守成""模仿率""模仿比率"和"守成比率"等概念④。模仿者采用新技术的预期经济收益率、采用新技术所需投资额的多少、资本供给的难易程度、模仿比率大小,都会影响新技术推广速度,即模仿率。列文、格里列希斯于1971年提出了技术扩散的"S形增长曲线"⑤的理论,研究新技术模仿比率增长速度的变化趋势,即新技术扩散曲线的形状。市场密度高、投资成本低、相对盈利率较高,是影响新技术推广与扩散的主要因素。

可见,创新是一个系统的过程(Andrew,1996,Filipczak,1997;O'Reilly,1989;Picken

---

① 阿特拜克:《把握创新》,高建、李明译,清华大学出版社,1999年。
② 孙明贵:"过程创新:一种新型的管理理论",《经济学动态》,1997年第2期。
③ 约瑟夫·熊彼特:《经济发展理论》,何畏等译,商务印书馆,1997年,第73—74页。
④ 罗志如、范家骧、厉以宁、胡代光:《当代西方经济学说》,北京大学出版社,1989年。
⑤ 新技术在推广与扩散过程中,模仿比率增长速度的变化可分为三个阶段:技术扩散初期速度缓慢;接着,扩散速度逐渐加快,直到最高峰;然后,技术扩散又逐渐放慢,最后达到一定水平线。在几何图形上,这三个阶段连接起来就呈S形曲线。

and Pinchou，1996；Schneider et al.，1996；Warner et al.，1997；Teresa M. Amabile，1997；Negroponte and Nicholas，2003）。需要有一系列创新因素共同系统地保证创新从萌芽孕育出果实。

我们把这些促进创新的因素称为"文化"①。Charles A. O'reilly 和 Michael L. Tushman（1997）通过调研并归纳论证：所有的公司在提高创新方面都拥有共同的基础性规范：宽容（Hofstede，1980）、竞争、共享（Alan L. Forhman，1998）、可持续性（Peter Weisshuhn，1998）（如表1-1所示）。

表1-1 实现创新的"文化"

南非 自然资源公司	欧洲 药物公司	美国 金融服务公司	国际 R&D 管理者公司	日本 啤酒公司
允许犯错误	奖励	接受失败	失败的自由	合作
认知	接受失败	自由的尝试	冒险	允许犯错误
奖励	仔细的	任何事情	迅速的	开放性
互相尊重	学习的	时间	谨慎的	灵活性
开放的信息	有计划的	支持	方便的	清晰的目标
自由实验	清晰的目标	资源	奖励	思想和观点
期望变革	信息共享	清晰的目标	参与	是有价值的
对现状的挑战	团队工作	庆祝成功	容忍不同意的存在	奖励创新
平等的合作伙伴	上级的支持	去除变革障碍	倾听	资源
	授权	建立创新榜样	积极的态度	
			资源	

在企业创新模型的基础上，经济学家还积极从国家宏观层面研究创新的制度条件，因此，形成了国家创新体系的概念②。这源于20世纪90年代弗里曼对日本成功经验的总结，其核心内涵是实现国家对提高全社会技术创新能力和效率的有效调控和推动、扶持与激励，以取得竞争优势。1987年，弗里曼提出的国家创新系统，指一种在公、私部门的机构的网络，由科研机构、大学、企业及政府等组成的网络，其活动和相互作用启发、引进、改进和扩散新技术，能够更加有效地提升创新能力和创新效率，使得科学技术与社会经济融为一

---

① 文化（Culture），牛津现代辞典对此的解释是：人类能力的高度发展，通过训练与经验而促成的身心的发展、锻炼、修养，或曰人类社会治理发展的证据、文明，如艺术、科学等。文化一词最早指培养、种植、栽培或耕种，以后引申出文雅、修养、高尚的含义。

② 国家创新体系的概念，源于20世纪90年代弗里曼对日本成功经验的总结，其核心内涵是实现国家对提高全社会技术创新能力和效率的有效调控和推动、扶持与激励，以取得竞争优势。1987年弗里曼提出的国家创新系统，指一种在公、私部门的机构的网络，由科研机构、大学、企业及政府等组成的网络，其活动和相互作用启发、引进、改进和扩散新技术，能够更加有效地提升创新能力和创新效率，使得科学技术与社会经济融为一体，协调发展。

体,协调发展。在知识经济时代,知识基础成为企业、区域乃至国家提高核心竞争力的重要平台,因此国家创新体系既包括提高技术创新能力与效率,也包括提升全社会的知识基础等重要内涵。国家创新系统概念在不断发展,研究的重点是创新政策和创新机制等。

国家创新系统和企业创新模型一样,也面临问题:研究缺乏主线,因素零散杂乱,并不能清晰地描述创新的影响因素、相互关系、过程机制、相互转换机理。

无论是企业创新,还是国家创新,创新的基础在于信息知识的共享性,而组织结构是信息知识共享的关键因素。熊彼特认为创新产生于企业,企业就是一种组织。当资本所推动的创新,出现了创新增长的瓶颈的时候,企业的组织结构成为促进创新的另一个主要的途径(青木昌彦,2005)。集成创新①(TANG,1998;Morgan,2000)与模块创新②(Clark,1989;Sanchez & Mahoney,1996;Ulrich & Eppinger,1995)就是两种不同的创新的组织结构。集成创新更重视创新过程中的各类技术资源的"融合"与交汇(野中等,1995;TANG,1998;Morgan,2000)。至少在企业层次,新产品开发和创新被越来越公认为是一个组织内的知识和技术资源集成的过程(Jassawalla、Avan、Sashittal、Hemant,1998;Keneth & Kahn,2001;Davies-Cooper,2001)。青木昌彦(2003)认为"模块"是指半自律性的子系统,按照一定的规则与其他同样的子系统相互联系而构成的更加复杂的系统或过程。Clark(1991,1996)以及 Sanchez 等人还进一步根据这类创新活动特征提出"模块化"竞争优势的概念。Sanchez 和 Mahoney(1996)及 Ulrich,Eppinger(1995)等人的研究也都表现出,模块化的方法和思想对企业衍生经济,即企业经营模式多样化发展过程中对现存资源的分享模式有着决定性的促进作用。Baldwin 和 Clark(1997)认为模块化的思想和实践带来了一个全新的工业技术创新时代。Sturgeon(2002)用电子产业中合同制造的例子来描述出现在美国的一种产业组织模式——模块化制造网络。Sturgeon(2004)认为模块化制造网络是价值链的模块化,对比分析了模块化制造网络和其他的关系型网络模式的特点和绩效。Gangnes 和 Assche(2004)分析了产品的模块化对生产组织的作用并研究了促使模块化和生产组织形式改变的基本要素。

青木昌彦(1985)对功能层级、参与层级与水平层级模式的公司治理结构进行了比较研究,这三种模式分别是对美、德、日三国的传统公司治理结构模式的抽象③。以这三种一般模式为基础,青木昌彦对五种组织信息结构、三种企业群体的信息结构进行了分类,

---

① 集成(Integration)作为一种创新活动,传统上被描述为创新活动周期的一个必要环节,集成是一种特定的技术资源围绕某个单一产品(或产品体系)逐渐体系化(或称"固化")的过程,是创新活动沿着所谓流动阶段、转型阶段之后延续发展的最后阶段。在这一过程中,相关技术资源"融合"于以专用设备和专用生产线、特定生产供应链、生产规则和管理体制为特征的生产体系,以获得最经济、最稳定和最可靠的产出效果。

② 模块化(modularization)的产品设计和产品创新思想。按照功能将一个软件切分成许多部分单独开发,然后再组装起来,每一个部分即为模块。其优点是利于控制质量、利于多人合作、利于扩充功能等,是软件工程中一种重要的开发方法(Simon,1962)。

③ 对于创新企业治理结构,参见青木对硅谷模式的研究,他也是首先抓住其 IA-IE 的信息结构特征,对应这种信息结构是联赛式的创业资本家治理,通过对硅谷模式的分析,他指出"模块化"是新产业结构的本质。

与传统的美国、日本、德国的组织模式相对应的信息结构分别为:功能层级制①、水平层级制②和参与层级制③。

青木昌彦(2001)从信息结构的角度对组织模式进行了区分,探讨了不同组织模式对应不同的治理结构。青木昌彦(2001)从组织结构的角度,对于创新给出了新的解释④。因此,组织⑤不仅仅指的是由于企业内部的分工而产生了组织模式,也包括企业之间分工而产生的企业间的组织模式。

从组织的治理机制来讲,说到最根本是分析如何控制分配组织的资源,包括物质与信息资源。青木昌彦(2001)将任务单元信息关联的一般模式区分为层级分解(Hiearchical Decomposition)⑥、信息同化(Information Assimilation)⑦、信息包裹(Information Ecncapsulation)⑧。其中,信息同化又分数字式和意会式信息同化两种。层级分解的组织域结构中,信息不能共享,创新缓慢;而信息同化、信息包裹的组织域结构具有声誉机制,信息共享。其中,信息包裹结构通过捆绑机制能促进创新。这三种制度变迁的模式,适用于研究创新的模式(如图 1-2 所示)。

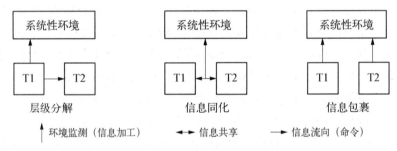

图 1-2 任务单元信息关联的三种一般模式

---

① 假定组织中只存在上下两层,存在两个基本的任务单元,分别表示为 T1 和 T2。T2 进一步分为两个子单元:T2a 和 T2b。在功能层级制(Functional Hierarchies)中,T1 完全负责监测环境的系统部分,相应地调节其行动变量。T1 将决定以公共信息的形式发布给每个下属,下属在一定的噪声下得到指示,噪声是相互独立的。T2 也相互独立地观察他们层级共同的局部环境,以及它们各自的特质性环境部分。每个任务单元的观察和决策均在 T2 层级各自完全包裹,而 T1 层级的决策发挥着唯一的协调功能。

② 在水平层级制(Horizontal Hierarchies)中,T1 和 T2 在总的层级框架下意会同化他们关于系统环境的信息,在 T2 层次上,操作单元共享他们局部公共环境的信息,T1 层次的行动决策包含了共识形成或集体决策的因素。

③ 在参与层级制(Participatory Hierarchies)中,它区别于功能层级制的信息结构,在于它辅之以相当程度的垂直和水平信息同化,同时也区别于水平层级制,在于它是通过高度成文的信息实现信息共享,水平层级则依赖意会信息的交流,它是功能层级和水平层级的混合。

④ 青木昌彦:《比较制度分析》,上海远东出版社,2001 年。

⑤ "组织"一词是指群体内人们交流的复杂模式和其他关系。该模式为群体中每个人提供了决策所需的大量信息、假设、目标和态度,同时也给他提供了关于群体内其他人的行为,以及别人对自己言行反映的一系列稳定和可理解的预期。

⑥ 层级分解,是指企业对系统信息和环境信息的监测是从一级一级传递下来的,就像市场运营者获取市场信息后转告给企业决策者。

⑦ 信息同化,是指同时监测信息,共享相关信息。

⑧ 信息包裹,是指各自监测各自的信息,互相不相干。

在此基础上,青木昌彦(2005)在研究制度创新过程中,将重复博弈的原域作为分析单元,而不是熊彼特集中分析的企业家。存在三种原域:经济交易域、政治与组织域、公共资源社会交易域。然后,通过博弈引入连接(组合)的概念,区分三种博弈均衡的原域连接的一般模式:嵌入(Embededness)、互补(Complementarities)、捆绑(Bundling)。在制度变迁过程中,不同域的博弈相互连接、分离和重新连接。

青木昌彦(2005)依靠均衡分析工具,根据博弈主体的动态选择区分原域的三种不同创新主要模式和相应的变革,以此途径研究"制度的创新"。一是,重叠性嵌入式,参与人在任何时点只会选择有限的行动作为最后的实际选择(Dosi & Marengo,1994),创新主体随着技术、培训、经验等因素的变化,而增加新的选择,放弃过时的选择。二是,动态的互补性,即便有助于支持潜在制度 x 的初始能力是低下的,现存制度的互补性和/或其他域中的政策(参数)可能会放大政策影响,致使其趋向于制度 x,并且一旦动能启动(Milgrom、Qian & Roberts,1991),制度 x 会逐步演变为可行的制度,从一种状态向另一种更好的状态逐步演变。三是,捆绑式连接,通过对捆绑的重新配置而实现的制度变迁,如工厂外包研发等、硅谷模式等内部化捆绑。

前两种模型提供的制度变迁过程往往具有边际性和路径依赖的特征,后一种反映了熊彼特式制度变迁过程的非连续性特征。在实际的制度变迁中,所有三种模型可能会交互发生,在不同程度上扮演不同的角色。青木昌彦(2005)提供了一种分析"创新"的思路,把研究制度变迁的历史的、路径依赖的研究方法和熊彼特的演化理论加以综合(如图 1-3 所示)。

图 1-3 原域、原域的连接与变迁的均衡

现有的研究文献论证了不同的组织结构模式,会产生不同的创新类型;但是,目前的相关研究并没有指出不同创新模式之间区别的根源与机制;没有解释什么原因导致了选择不同的组织结构模式;也没有论及两者之间相互转换的可能性。而本书将在青木昌彦(2005)研究"熊彼特式的制度创新"的基础上,从制度创新引申开来,拓展创新的时间概念,按照"原域——原域的连接——变迁的均衡"时间维度,研究"创新"与"熊彼特式创新"这一创新的规则。

1.3 研究创新的方法

一、提出问题

层层探寻的文献研究追溯工作提供了进一步研究的对象问题与研究方法,也更好地

理清了研究对象的逻辑关系。针对以上研究的对象,本书的目的在于研究并解决以下的问题:

(1) 从创新结果的角度研究:从历史规律中归纳出什么是熊彼特式创新,其本质是什么,建立创新的规则,回答非熊彼特式创新与熊彼特式创新的区别,包括动力原因、过程机理,以及结果。(本书第 2 章回答这个问题。)

现实经验中,人们常用的哪些思维工具有助于进行创造性思维?为什么使用这些工具可以大大提高创新成功率?这些工具有哪些拓展应用?(本书第 3 章回答这个问题)

(2) 从创新动力的角度研究:要素是如何推动创新的?以企业为单位构建创新原域,研究其进行创新的动力机制。(本书第 4 章回答这个问题。)

(3) 从创新过程的角度研究:熊彼特式创新如何组合生产要素与生产条件?尤其是开放条件下,企业创新如何?探索在缺乏内生因素推动熊彼特式创新的情况下,企业通过开放条件下的外生因素实现熊彼特式创新的激励约束机制。(本书第 5、6 章回答这个问题。)

(4) 从创新规则的角度研究:不同创新结果之间的如何转换?研究从封闭状态走向开放状态的动态变迁过程中,在内生与外生因素共同作用下,产业、产业集群、国家创新的变迁转换机理。(本书第 7、8、9 章对这个问题进行解答。)

二、研究的思路逻辑:空间维度与时间维度

本书中所研究的"创新",是将熊彼特式创新视为规则的"创新",即创新的过程中推动创新的规则或制度。

研究"熊彼特式创新"的逻辑思路分析框架,建立在两个纵横交错的分析维度之上:"资本—人力资本—信息知识"空间维度,以及"产品——→企业——→产业"时间维度。

"资本—人力资本—信息知识"空间维度,从空间上描述了资本、人力资本、信息知识三个要素作为创新的关键要素,在营造宽容、竞争、共享的创新环境时的定位、作用,以及其动态机制。

当然,除了资本、人力资本、信息知识等要素之外,最重要的是,社会的技术和知识存量决定了产量的上限,而实际产量还要受到制度的约束①。对经济发展根源的研究中,认为制度因素比技术更重要(华民、贺晟,2001)。这里的"制度",即社会制序②,是一种域界宽泛、内在构成极其复杂的社会实存(韦森,2001)。

因此,本著作还将引入"产品——→企业——→产业"时间维度,从时间上刻画熊彼特式创

---

① 道格拉斯·诺斯:《制度、制度变迁与经济绩效》,刘守英译,上海三联书店,1994 年。
② 把社会制序理解为我们从康芒斯(Commons, 1934)和韦伯(Weber, 1978)的论述中所梳理出来的从个人的习惯(Usages)到群体的习俗(Customs),从习俗到惯例(Conventions),从惯例到"制度化"(Systematization of Rules and Regulations)这样一种动态的逻辑发展过程。基于这一认识,我们只有把社会制序放在其自身的型构(Formaion)、驻存(Self-persistence)、演进(Evolution)、扩展(Extension)和变迁(Change)的内在逻辑演进过程中,才能阐释或者说理论再现其内在构成、机理以及其变迁的路径。(韦森,2001)

新的演进变迁的动态机理,这构成了创新的"规则或制度"。

"资本、人力资本、知识信息"三者与"规则制度""创新"之间形成这样的关系:以制度为支点,资本、人力资本、知识信息共同作用形成推动创新的动力。这也就是本书所关注的重点,即资本、人力资本、知识与规则制度推动"创新"的动态机制。

三、研究的方法与工具

基于本书的研究对象与问题,本书主要采取理论分析的定性研究方法与案例研究方法。

一是,理论分析的定性研究方法。本书的研究依照从具体到抽象,再从抽象到具体的逻辑演绎过程;本书在这个框架中所研究的"创新"涉及众多领域。从错综复杂的经济历史与事实中抓住创新机制的特征,利用比较制度分析①、演进经济分析②方法,立足于数理模型进行逻辑演绎,从而给出这一复杂经济现实的经济学解释,找到促成创新的机制与条件,为政策选择提供相应的理论支持。

二是,案例文献的比较研究分析方法。本书重视文献的挖掘和资料的比较,对国内外创新的相关文献进行整理;在此基础上,再将对国内外不同创新原域的创新分析进行比较案例分析,对数理模型进行补充,从多个观察问题的角度进一步阐述结论。例如,美国硅谷产业集群的创新、独生子女家庭的创新、我国农村联产承包制下家庭的创新、家族式企业的创新,等等。通过案例研究可以更为切实地对创新模式的异同以及相关的制度环境进行分析。

[参考阅读]

1. 青木昌彦:《比较制度分析》,上海远东出版社,2001年。
2. 彼得·斯旺:《创新经济学》,格致出版社,2014年。

[思考题]

1. 为什么研究创新?采用经济学方法研究创新活动的主体是什么?
2. 你的专业领域中有哪些创新给人类带来了深远的影响?

---

① 青木昌彦:《比较制度分析》,上海远东出版社,2001年。
② 2002年3月27日,哥伦比亚大学的Nelson教授作了题为"演化经济学的前沿"的报告,介绍演化经济学的研究方法和前沿问题时认为,经济学中的演化模型与生物学的演化模型有类似之处。

第 2 章 创新的历史

[本章主要内容]

自熊彼特提出创新理论以来,各国的学者根据不同的标准和框架对创新进行了研究与讨论。本章从熊彼特式创新的过程与规则、动力与结果入手,分析熊彼特式创新的本质。本章在阅读书目的基础上,讨论创新的历史中的发现,寻找创新的规律,并且理解突破性创新;回答创新的三个问题:什么是创新?为什么创新?如何创新?

2.1 什么是创新?

"创新"是一个抽象而又具体的概念。创新,不仅仅只是技术创新,更包括知识创新,以及其他更广的范围。

创新涉及众多领域:实体,单个自然人个人,也可以是企业、机构、组织、区域,甚至是国家;还可以是虚体,如思想、文化、艺术、制度、生产、管理、技术等范畴。

创新成为研究的重点,在进一步阐述研究的方向与思路之前,有必要进行解题,界定概念,指明研究的对象。

古代的创新是指创造新的东西。在汉语里,创新是一个外来词,大约是 20 世纪七八十年代从英文翻译过来的。在英语里,创新(Innovation)是一个古老的词,起源于 15 世纪古拉丁语里的 Innovore,意即"更新,创造新的东西或改变"。创新一词的英文翻译是 Innovate(动词)和 Innovation(名词)。根据韦伯斯特词典的解释,其含义有二:(1) 引入新东西、新概念(to introduce some thing as or as if new);(2) 制造变化(to make changes)。

1997 年 OECD 区分了三种创新:(1) 非技术创新,指技术创新之外的所有创新,主要类型有组织创新和管理创新;(2) 技术创新,包括技术产品创新和技术工艺创新,指技术上的新产品和新工艺,以及技术上有重大改进的产品和工艺;(3) 企业创新,指企业的所有创新。20 世纪 90 年代又提出知识创新,所谓知识创新,是指通过科学研究获得新的基础科学和技术科学知识的过程,目的是追求新发现,探索新规律,创立新学说,积累新知识。

可见,创新的定义里有多种表现形式,包括知识创新、技术创新、服务创新、制度创新、组织创新、管理创新等(如表 2-1)。

表 2-1 创新的种类

(1) 根据创新的表现形式进行分类	如知识创新、技术创新、制度创新等
(2) 根据创新的领域进行分类	如教育创新、科技创新、金融创新、文化创新等
(3) 根据创新的行为主体进行分类	如政府创新、企业创新、团体创新、个人创新等
(4) 根据创新的方式进行分类	如独立创新、合作创新等
(5) 根据创新的意义大小进行分类	如渐进性创新、突破性创新、革命性创新等
(6) 根据创新的效果进行分类	有价值的创新、无价值的创新、负效的创新等

因此,创新是一个抽象而又具体的概念。本著作所研究的创新,不仅是技术创新,更包括知识创新,以及其他更广的范围。创新涉及众多领域:实体,单个自然人个人,也可以是企业、机构、组织、区域,甚至是国家;还可以是虚体,如思想、文化、艺术、制度、生产、管理、技术等范畴。

对于创新的研究始于熊彼特,1921年他在《经济发展理论》中首次提出创新理论,又相继在《经济周期》(1934)、《资本主义、社会主义与民主主义》(1942)中加以阐述。熊彼特创新理论基于企业范围内的创新与经济的周期性波动,阐述了"熊彼特式创新"[①]对于旧的经济的破坏力,以及对于新的经济的推动力。

熊彼特式创新产生于某种动力之下,例如,资本家逐利、企业家精神;建立一种全新的生产函数,也就是说——把一种以前从来没有过的,关于生产要素和生产条件的五种"新组合"引入生产体系;这种新组合包括五种情况[②],涉及产品创新、工艺创新、市场创新、资源开发利用创新、体制和管理创新五个方面。熊彼特创新是一个组合的过程,破坏旧的同时创造新的,产生突破性的结果,从而推动经济周期性增长。熊彼特创新区别于传统意义上偶然随机的、不确定性的、渐进的、高风险的创新。

因此,熊彼特式创新就是本著作研究的对象。熊彼特创新理论所描述的创新机制,区别于传统理解的长期的、偶然随机不确定性的、高成本高收益的创新,突破了对于创新的传统理解。

创新的最根本涵义是变革,从渐进性创新、持续性创新到突破性创新、破坏性创新是一个连续的统一体,突破性创新是这个统一体的边缘。突破性创新的特点是:非线性、高速度、不连续(George Por,1999)。一般而言,本书所讨论的创新如没有特殊注明则指的是具有突破性创新结果的创新,即突破性创新也称为不连续性创新,该概念是相对于渐进

---

① 约瑟夫·熊彼特:《经济发展理论》,何畏等译,商务印书馆,1997年,第73—74页。
② (1)产品创新,是指创造一种产品的新特性,或创造一种新产品;(2)工艺创新,是指采用一种新方法,这种新的方法不仅是采取新的科学技术,即不一定非要建立在科学的新发展基础之上,它还可以是以新的商业方式来处理某种产品;(3)市场创新,是指开辟一个新的市场,这个市场可以是新出现的,也可以是以前存在但并未开发进入的;(4)资源开发利用创新,是指获得或控制原材料、半制成品的一种新的来源,无论这种来源是已经存在的,还是第一次创造出来的;(5)体制和管理创新,是指实现任何一种新的产业组织方式或企业重组,例如,造就一种垄断地位(如通过托拉斯化),或打破一种垄断地位。

性、连续性创新而言的。通常专家们把大幅度削减产品成本、提高产品性能10倍以上,或者开发出全新性能特征的产品系列称为突破性创新(Perry Glasser,1999)。

2.2 为什么创新?

地理大发现为欧洲社会带来了资本主义经济发展的第一桶金,大量财富的涌入也带来了整个西方文明的文艺复兴,以及工业革命。如果说地理大发现对于欧洲经济的影响是增量外生要素导致的,那么,文艺复兴和工业革命就是在外力启动下而产生了源源不断创新的内生动力。

一、创新并非是高成本、高收益的

创新是采用破坏性方法和力量产生突破性的创新与思想的一种方法(Erikvan Bekkum,2000),具有非线性、不连续性。创新是推动产品报废,大范围取代现有的即使是最成功的现存产品的过程(Frank Fernandez,1999)。创新建立在一整套不同的工程和科学原理之上,它常常能开启新的市场和潜在的应用。创新经常会给现存的企业带来巨大的难题,但它却常常是新企业成功进入市场的基础,并有可能导致整个产业的重新洗牌(Dess & Beard,1984)。创新对市场规则、竞争态势、产业版图具有决定性影响,甚至对产业重新洗牌(Joseph Schumpeter,1934)。

突破性创新的不确定性一般来自四个方面:技术的不确定性,与潜在的科学知识与技术规范的完整性和正确性有关;市场的不确定性,与消费者的需求有关;组织的不确定性,主要来自于主流组织与突破性创新团队的冲突;资源的不确定性,项目经常中断影响项目投资、职工安置和管理。Grulke(1987)的研究发现,在技术、市场、组织、资源等任何领域的突破性创新都比渐进性创新有更高的风险。

同时,创新是高收益的。"创新是使产品、工艺或服务或者具有前所未有的性能特征或者具有相似的特征,但是性能和成本都有巨大的提高,或者创造出一种新的产品。"它在工艺、产品和服务领域创造出戏剧性的变革,这种变革改变现有的市场和产业,或创造出新的产业和市场(Vadim Kotelnikov,2001)。创新是那些通常会导致整个产业的完全改变,并最终成为新产业旗帜的创新(Lew Elias,2000),也可以说是产生改变市场规则的技术。创新能带来或潜在导致如下一个或几个方面后果的结果:(1)具备全新的性能特征;(2)性能提高5倍或更多;(3)大大降低成本,成本降低30%或更多(Richard Leifer,2000)。

然而,高成本与高收益未必总是同时出现。低成本、低收益固然可以理解,但是创新并非按照多劳多得的逻辑,高成本、高收益则有赖于上天的好运气,更多的高成本、低收益的失败案例总是充斥在我们的身边,而低成本、高收益的案例似乎也会出现。可见,高收益、高成本未必是推动创新的动力。

从创新动力角度,创新并不是高成本、高收益的;逐利,并不是创新动力。急功近利将扼杀创新。

二、独生子女制度与创新

如果我们将接受教育的个人作为案例,同样可以用刚才的结论来进行解释。以我国为例,自从20世纪70年代开始实行"一胎制度",独生子女①比例大大提高,尤其在城市;累计独生子女数约1亿②。近年来,随着家庭物质生活条件逐渐优裕,对独生子女宠爱、偏爱、溺爱的风气也有逐渐扩大的趋势。促进这些人的道德、智力、心理、体能等全面发展,已经成为全社会都应当关心的重大课题。独生子女对于社会所带来的影响,目前正在引起国内外的关注。近期上海的哈佛女孩又再次提醒了我们独生子女教育与素质教育之间的关系。

从创新的角度来看,没有配套制度支撑保障的封闭家庭式独生子女制度将在极大程度上抑制下一代的创新;而打破封闭走向家庭的开放将会促进子女创新意识的培养。

资本、人力资本、信息知识的数量将会决定孩童教育的风险选择。在资本、人力资本、信息知识缺乏的社会中,将导致孩童教育的保守性,缺乏创新与冒险。

在资本方面,独生子女政策中子女抚养是以家庭为单位,一个家庭一个孩子;在没有外生相应的配套措施保障支撑的情况下,每个家庭都相对封闭。因此,每个家庭独立承担子女培养过程中的风险,支付教育过程中创新项目选择的成本。

在人力资本方面,封闭的家庭也会造成家庭的教育投入与孩童未来的成长收入密切相关。因此,追求孩童教育中预期回报最大化,教育注重短期利益,将直接导致家庭孩童教育的保守性,没有激励动力去创新,缺乏创新与冒险。家庭在教育过程中,规避风险不敢犯错,其结果是出现"独生子女综合征",这些孩子普遍缺乏生活经验,自我服务能力差;热衷于自我设计,缺乏社会责任感;在人格道德方面存在严重缺陷,缺乏健康的心理素质。

在信息知识方面,独生子女家庭中,家庭人口一般为3—5人,子女和父母之间的关系从上下级层级关系走向并列型关系。良好的家庭沟通会增强家庭教育的效果。但是,由于独生子女家庭多数在城市分布相对分散,家庭信息知识的回报最大化,信息知识不共享,将会大大降低溢出效应。好在随着计算技术的革命促进社会日益信息化。现代文明社会中的信息流通和管理皆十分便捷。这一技术革命打开了家庭的窗口,家庭开始分享知识信息。

改变这样的格局,必须开放封闭的家庭,让独生子女家庭从封闭走向开放。

首先,以公共教育补充家庭教育,降低家庭基础教育的成本支出,减少家庭教育中的短视行为。

---

① 所谓独生子女是指这样的人,其父母一生只生他(或她)一个。也就是说,独生子女没有任何同胞的兄弟姐妹。其中,男性为独生子,女性为独生女。独生子女在同龄人口中的比例(以下简称独生子女比例)是表示独生子女的相对数量指标。

② 中国经济网,http://finance.ce.cn/szsd/200701/12/t20070112_10063711.shtml。

其次,需要有一个完善的社会保障体系,将家庭的教育投入与收益进行分离,父母的未来养老保障与孩童的未来收入脱钩。

第三,信息共享机制,降低信息知识的获取成本,普及信息设施与设备,让所有的孩子可以以相同的成本接近信息知识。独生子女的创新意识培养,可以通过捆绑机制来实现。在参加团队活动中,实现风险分担,冒险进行创新。胡守钧教授还指出,独生子女必须具备的第五种现代意识,就是共生意识。这一方面是指重视环境保护,懂得人类与自然共生的道理,还要学会人与人之间的分工、合作与协调发展。

独生子女制度与创新之间的关系的实证分析将是一个非常有趣的话题。其中,将涉及微观数据的获得,可以通过问卷的形式来度量独生子女与非独生子女的创新指数,也可以通过其他的间接指标来衡量创新指数。如果采用问卷的形式,独生子女年龄段的选择也非常重要,已成年且父母已过育龄期的独生子女将是问卷的受访对象。这些工作将在本书的基础上深入进行。

2.3 如何创新?

人类历史上发明的故事,带给我们很多启发。中国的四大发明,与欧洲的第一次工业革命,为什么工业革命创新最先出现在欧洲?蒸汽机为什么由欧洲人(瓦特)发明?发明和发现有什么区别?创新是必然性、大概率事件,还是偶然性、小概率事件?

一、创新具有高度的不确定性、不可预测性

对于一个个人来说,资本、人力资本都是可以内生的,但是生活在社会中的人其所获信息肯定是受到外生影响的。除非这个人是生活在孤岛上的鲁滨逊。在封闭经济下,无论是个人还是企业都比较难以获得创新所需要的条件。资本数量的积累,需要长期实践的积累。人力资本的跨期激励,也需要长期经验的传承。因此,封闭的原域常常缺少必要的内生要素的创新支撑条件,难以保证创新的发生。在这样的情况下,创新只能成为一种偶然的现象,依赖于概率而出现。

因此,创新活动必须从偶然的创新走向必然的创新,从而让创新并非是偶然随机的。从风险程度来看,创新具有高风险。许多研究表明创新是更趋近于高风险、异想天开、极度投机的同义语(Gary Hamel, Michael Warren, Alison Seiffer, 1998)。创新探索的往往是新的技术轨道,它不像渐进性创新是在原有技术轨道上的延伸与拓展,因此存在高度的不确定性和不可预测性。突破性创新的不确定性一般来自四个方面:(1)技术的不确定性,与潜在的科学知识与技术规范的完整性和正确性有关;(2)市场的不确定性,与消费者的需求有关;(3)组织的不确定性,主要来自于主流组织与突破性创新团队的冲突;(4)资源的不确定性,项目经常中断影响项目投资、职工安置和管理。Grulke(1987)的研究发现,在技术、市场、组织、资源等任何领域的突破性创新都比渐进性创新有更高的风险。

高度的不确定性是创新的特点,特别在早期阶段,突破性思想和突破性的标准与渐进性创新显著不同,"说不"以及要求更多的信息是容易的,困难的是为自己大量投资于缺乏"硬数据支持的"突破性创新项目辩护(Grulke,1987)。突破性创新的未来充满不确定性,而对一个不确定的市场,重视决策评估的企业很难对其进行客观性的市场评估与投资决策。许多高层经理经常不愿意集中大量的资源和金钱进行不确定性很强的过程。从许多企业的经验来看,要使项目成熟,必须减少不确定性。

创新往往是在新的技术轨道上发展,由于突破性创新往往处于新的技术轨道的前端,对技术发展的历史数据没有积累,无法对技术的发展进行推理,也很难确定技术的发展方向,历史上有很多这种非线性的、不连续性的例子(见表2-2)。

表2-2　产品与工艺不连续性的典型案例

产品或技术	发 展 过 程
打字机	手工打字机→电打字机→专业字处理器→个人电脑
照明设备	油灯→煤气灯→白炽灯→荧光灯
玻璃	平板玻璃→铸板玻璃→浮法玻璃
成像技术	银板照相法→锡板照相法→湿板照相法→干板照相法→胶卷照相法→电子成像→数字成像
保鲜技术	自然冰→机械制冰→制冷→无菌包装

同时,创新的过程也是不连续的、非线性的。"在整个突破性创新的周期中,存在许多要决策的点,真实的管理过程与渐进性创新是显著不同的。"在大多数情况下,突破性创新是呈"之"字形合作项目的成果。研究计划往往从一个选定的主攻方向开始,经过搁置、重新开始,最后往往与最初设想的截然不同。显然,创新结果表明创新并不都是连续的;可能是循序渐进,或量变到质变。

创新过程角度,创新是动态性的,周期长。根据创新程度的不同,从新思想的提出到发明成功直到取得创新的成功,所需要的时间从数年到上百年不等。仅从发明到商业化上的创新成功就需要很长的时间(见表2-3)。虽然随着创新管理工具的发展,创新周期有缩短的趋势,但根据Grulke对20世纪80年代的数百项创新的统计研究结果发现,创新项目的平均完成时间一般是10年以上(Grulke,1987)。长期的技术计划是根本保证,拥有创新成果的企业一般都有长期的技术发展计划,而创新辈出的国家一般都有长期的可持续发展规划(Grulke,2001)。

表2-3　历史上重大创新举例

产品或技术	发明年份	创新年份	从发明到创新的周期(年)
日光灯	1859	1938	79
罗盘指南针	1852	1908	56

(续表)

产品或技术	发明年份	创新年份	从发明到创新的周期(年)
采棉机	1889	1942	53
拉链	1891	1918	27
抗皱纤维	1918	1932	14
喷气发动机	1929	1943	14
雷达	1922	1935	13
复印机	1937	1950	13
蒸汽机	1764	1775	11
尼龙	1928	1939	10
无线电报	1889	1897	8
三级真空管	1907	1914	7
DDT	1939	1942	3
壳模铸造	1941	1944	3

资料来源:许庆瑞:《研究、发展与技术创新管理》(第2版),高等教育出版社,2010年。

显然,创新结果与创新周期的长短并不成正比。花费的时间越多,创新未必越大。回顾历史,我们会看到很多创新似乎又有着偶然中的必然。"如果试图消除所有的不确定性以及控制所有风险,你就会发现你待在那里,不做任何事情。"(Grulke,1987)偶然性的确存在,但绝对不是影响创新的本质。

二、东西方创新的分岔

中国是一个有着数千年文明历史的国度,为人类的科学技术发展作出过不可磨灭的贡献。据有关研究的统计曲线表明:在公元前6世纪至公元14世纪的2 000年里,中国的科学技术成果数占世界总数的25%以上。其中在公元前6世纪至公元13世纪超过35%,在公元2—7世纪超过50%[①]。英国著名学者坦普尔认为:"公元前6世纪之前,世界的重要发明创造554项,其中中国占312项。公元前6世纪到公元1500年,世界重要的发明创造里中国占58%。"[②]中国历史上的创新项目占比为6.1%,比欧美相去甚远,但与几大文明古国希腊、埃及、印度、伊拉克(美索不达米亚)等相比,在总数上略为优胜。如果考虑人口和时间基数(由于历史上人口数据不准确,疆域也不确定,很难得到准确数字),中国的成绩单不会这么好看。中国历史上的创新项目,主要在两个时期:春秋战国和唐宋时期,之后的中国创新引擎几乎完全熄火。

---

① 陈文化:《科学技术与发展计量研究》,中南工业大学出版社,1992年,第275页。
② 燕国桢:《科学创造性思维探索》,湖南人民出版社,1996年,第31—32页。

从创新类型来说，中国人的贡献包括著名的四大发明，还有不少居家用品（丝绸、茶叶、陶瓷）、农用工具和天文观察工具等。而在近几百年的工业革命和信息革命这两个人类创新的大项中，中国完全缺席。中国在科学方面的成就十分黯淡（仅占1%），不仅与英、美、德以及欧洲诸国相差甚远，较其他文明古国也相形逊色。

然而，创造发明与创新在中国历史上并不是等同的，如具有革命性意义的四大发明诞生在中国，而创新过程的完成与中国无缘。四大发明在西方获得大规模应用并带来巨大的社会经济效益。正如马克思所说："火药、指南针、印刷术，这是预告资本主义社会到来的三大发明，火药把骑士阶层炸得粉碎，指南针打开了世界市场，并建立了殖民地，而印刷术则变成了新教的工具，总的来说，变成了科学复兴的手段，变成对精神发展创造必要前提的最强大的杠杆。"① 而四大发明在其故乡却是另外一种情景，正如鲁迅所言："外国用火药制造子弹御敌，中国却用它做了爆竹敬神；外国用罗盘针航海，中国却用它看风水。"② 人力资本方面，公元元年至16世纪，印度人口规模大于中国（Maddison，2001），但中国在实用技术上领先；而在明清时期，中国的人口几倍于宋朝时，但是科技进步和制度创新逊于欧洲，甚至宋朝之前的年代（文贯中，2005）。这一时期的中国人口数量较多，尤其是具有相对较多的人力资本。

在资本方面，欧洲于15世纪后找到了新的发明模式——反复实验方法，导致发现发明速增，东西方文明出现增长差异（林毅夫，1995）。而在中国，这些偶然的创新实际上是建立在小概率事件的反复经验试错的基础上的。一旦当大规模资本引入并开始机器化大生产，东西方文明变迁的差距日渐显现。

在信息知识方面，中国统一的大国沟通空间距离与心理距离较大，整个社会缺少信息共享和平等交流的氛围。对此，李约瑟认为："这是因为中国在一个官僚们决心要保护和稳定的农业社会里缺乏这种需要。"③ 国内学者也认为，最根本的原因是"中国古代科学技术的发展缺乏经济上的动力"。"由于中国古代经济结构中缺乏国内外市场需求的刺激，许多创造始终停留在胚胎状态，不能形成对社会产生革命性影响的技术力量。"④ 现在类似的事例还不少。仅从20世纪90年代以来，我国年均获得3万余项重大科技成果，而转化率仅20%—30%，其中形成规模效益的又只有5%—10%。

由此看来，在封闭的条件下，一个国家的创新依赖于其国内的要素、制度等环境。在缺少资本、人力资本、信息知识等条件的情况下，创新就无法产生，只会偶然产生零星的"创新"。因此，西方在15世纪地理大发现后，迅速获得了外生力量的推动，很快在创新方面超越了封闭中的中国（见图2-1）。

一旦创新数量增多，则创新的速度就会加快，我们发现：旧知识越多，创新就越多，经济增长也越快。创新在熊彼特看来就是"新东西"的应用，"旧东西重新组合"的新应用。

---

① 马克思：《机器、自然力和科学的应用》，人民出版社，1987年，第67页。
② 鲁迅：《鲁迅选集》（第1卷），四川人民出版社，1981年，第429页。
③ 李约瑟：《李约瑟文集》，辽宁科技出版社，1986年，第293页。
④ 朱亚宗、王新荣：《中国古代科技与文化》，国防科技大学出版社，1992年，第303页。

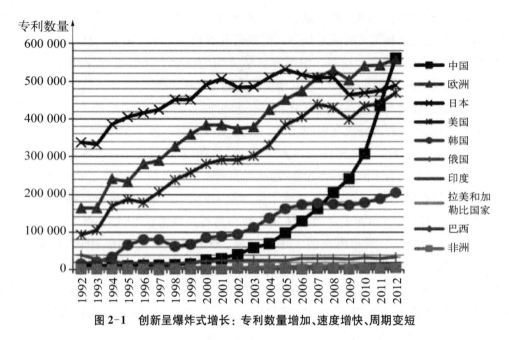

图 2-1　创新呈爆炸式增长：专利数量增加、速度增快、周期变短

随着我国深入改革开放，加入 WTO 带来了更多的创新，创新的数量呈现爆炸式增长。资本、劳动力、知识技术要素会促进创新，创新本身也是要素，可以带动更多创新。

2.4　理解突破性创新：熊彼特式创新

熊彼特在 20 世纪初提出了创新理论，在西方经济学中第一个系统地、完整地描述创新理论。一般谈到创新理论，多是指熊彼特的创新理论。熊彼特的创新理论认为"创新"是经济增长的源泉，熊彼特式创新推动经济增长与波动。本书研究的对象即为熊彼特式创新。

一、熊彼特创新理论

自 19 世纪 70、80 年代资本主义由自由竞争发展到垄断阶段，资本主义内部矛盾日趋尖锐，阶级对立与冲突更加激化。特别是周期性经济危机的频繁发生和世界大战的爆发给资本主义生存与发展造成很大危机。许多思想家从不同角度、不同层次对资本主义的产生、发展过程进行认识、思考、批评或批判。马克思主义、社会民主主义、资本主义等理论和思潮于此过程中相互争论、相互斗争发展起来。

这就是理论背景和目的，1912 年熊彼特在其《经济发展理论》一书中提出"创新理论"，以后又相继在《经济周期》和《资本主义、社会主义和民主主义》等著作中加以运用和发挥，形成了以创新理论为基础的独特理论体系。他突破了西方传统经济学仅仅从人口、资本、工资、利润、地租等经济变量在数量上的增长来认知经济发展，而试图通过分析技术进步和制度变革在提高生产力过程中的作用，揭示并强调创新活动所引起的生产力变动在经济、社会发展过程中的推动作用,从一个全新的视角来阐释和认知资本主义经济活动及其变化,从而揭示资本主义发生、发展和结局。熊彼特的创新理论通过分析技术新发明等创新在资本主义生产过程中的运动和应用,来说明和解释资本主义的本质特征以及产生、发展和趋于灭亡的过程。

创新(Innovation)是熊彼特的经济理论的核心概念。熊彼特提出:所谓创新,就是建立一种全新的生产函数,也就是说——把一种以前从来没有过的,关于生产要素和生产条件的"新组合"引入生产体系①。这种新组合包括以下五种情况:(1)产品创新,是指创造一种产品的新特性,或创造一种新产品;(2)工艺创新,是指采用一种新方法,这种新的方法不仅是采取新的科学技术,即不一定非要建立在科学的新发展基础之上,它还可以是以新的商业方式来处理某种产品;(3)市场创新,是指开辟一个新的市场,这个市场可以是新出现的,也可以是以前存在但并未开发进入的;(4)资源开发利用创新,是指获得或控制原材料、半制成品的一种新的来源,无论这种来源是已经存在的,还是第一次创造出来的;(5)体制和管理创新,是指实现任何一种新的产业组织方式或企业重组,例如造就一种垄断地位(例如通过托拉斯化),或打破一种垄断地位。按照熊彼特创新理论,创新包括企业家对产品、技术、工艺、组织和市场的开拓与控制②。熊彼特式创新渗透在社会的各个领域。

熊彼特式创新用一个组合函数描述创新的过程。熊彼特式创新是经济变动的一种形式或方法,"它从来不是,也永远不可能是静止的"。它本身将"不断地从内部革新经济结构,即不断地破旧的,不断创造新的结构",是一种"创造性毁灭过程"(Process of Creative Destruction)③,又可称为"产业变异"(Industrial Mutation)。在熊彼特看来,创新的手段是"毁灭"旧组合,产生"破坏旧的新力量";其结果是"创新"新组合,成功的创新将会打破旧的、低效的工艺与产品。因此,熊彼特式创新强调的是"旧组合→分拆→新组合"的过程与规则,而不是单纯地强调其"毁灭性创新"式的突破性结果。

二、熊彼特式创新规则

与传统理解的创新不同,熊彼特创新理论从创新的本质入手,视创新为"一种生产函数的转移",或者是"生产要素和生产条件的一种重新组合",并"引入生产体系使其技术体系发生变革"。

熊彼特认为创新是"当我们把所能支配的原材料和力量结合起来,生产其他的东西,或者用不同的方法生产相同的东西",即实现了生产手段的新组合,产生了"具有发展特点的现象"。也就是"企业家把一种从来没有过的生产要素和生产条件实行新的组合,从而建立一种新的生产函数"。这些"所能支配的原材料和力量""生产要素和生产条件"构成了创新的基础条件。创新的动力与成本收益并没有直接的关系,而是受到生产要素与生

---

① 约瑟夫·熊彼特:《经济发展理论》,何畏等译,商务印书馆,1997年,第73—74页。
② 约瑟夫·熊彼特:《经济发展理论》,何畏等译,商务印书馆,1990年,第73—74页。
③ 约瑟夫·熊彼特:《资本主义、社会主义和民主主义》,绛枫译,商务印书馆,1979年,第102页。

产条件的约束。

同时,熊彼特式创新是一个"新的组合"与"新的生产函数",并不是随机偶然的、随心所欲、异想天开的,而是按照一定规则展开的过程。依据这一规则,创新中的偶然因素将大大降低,偶然的创新成为必然的创新;而且可以大大缩短创新周期。

最终,熊彼特式创新将导致"技术体系发生变革",其结果是非线性的。新的或重新组合的或再次发现的知识被引入经济系统,原来的成本曲线因此而不断更新,并导致一种非连续性的经济过程。关于经济学的一般看法,受马歇尔将经济体描述为自我均衡的体系的影响,认为经济总是趋向均衡。影响经济的各种力量通过相互间复杂的传导机制在连续时间中将经济推向最优状态。如果某种投入物或服务供应不足,那么,其价格将上升从而吸引更多的资源来从事该产品或服务的生产,其供应量将上升而价格将下降。这种关于经济变化的观点认为经济体的调整过程是平滑而连续的。而熊彼特式创新的实际过程与马歇尔描述的过程恰恰相反:经济变化是突然的和不连续的,而不是平滑和有序的。经济处在不断运动变化发展之中,其本质特征就是运动和发展,经济变化不是从一个均衡转向另一个均衡的缓慢调整的结果,而是非连续化变化与运动,是某种破坏均衡而又恢复均衡的力量发生作用的结果。创新波动有可能并不是渐进的,而是突发的。在生产过程中,有可能产生外生冲击所带来的经济繁荣与衰退的交替。

如没有创新,资本主义经济就不可能产生,更谈不上它的发展。但是,任何创新必然是对旧的生产结构的破坏,因此它总是一种"产业的变异"。另一方面,创新过程固然对旧的结构起着破坏作用,而它的本身却是"新组合"或新结构的创立过程,故熊彼特又把它称为"创造性的破坏过程"。所以,熊彼特心目中所谓的资本主义经济及其发展过程,就不外乎是通过企业家们体现不断破坏和创新的过程。

因此,熊彼特式创新,其本质是一种创新的规则,或者称之为制度。在一定生产要素与生产条件的动力条件之下,进行创新;依照某种规律进行生产函数的组合,组合生产要素与生产条件的一个过程将大大降低创新的风险,使创新成为必然;而非线性的创新结果将带来丰厚的高收益,从而熊彼特式创新可以获得"企业家利润"或"潜在的超额利润"。

我们可以将创新活动分为两类:一类是集成,另一类是模块化。

集成(Integration)作为一种创新活动,传统上被描述为创新活动周期的一个必要环节,集成是一种特定的技术资源围绕某个单一产品(或产品体系)逐渐体系化(或称固化)的过程,是创新活动沿着所谓流动阶段、转型阶段之后延续发展的最后阶段。在这一过程中,相关技术资源"融合"于以专用设备和专用生产线、特定生产供应链、生产规则和管理体制为特征的生产体系,以获得最经济、最稳定和最可靠的产出效果。

模块化(Modularization)的产品设计和产品创新思想。按照功能将一个软件切分成许多部分单独开发,然后再组装起来,每一个部分即为模块。其优点是利于控制质量、利于多人合作、利于扩充功能等,是软件工程中一种重要的开发方法(Simon,1962)。很显然,模块化的创新思路具备熊彼特创新理论所描述的特征。

1. 彭慕兰:《大分流:欧洲、中国及现代世界经济的发展》,史建云译,江苏人民出版社,2003年。
2. 尤瓦尔·赫拉利:《人类简史》,中信出版社,2016年。
3. 房龙:《发明的故事》,中央编译出版社,2010年。

[思考题]

1. 请以所在专业为例,讲一个创新的故事,讨论创新中最关键的因素是什么?
2. 什么是熊彼特式创新?它与传统理解的创新有哪些区别?

第 3 章　创新的思维

[本章主要内容]

本章介绍批判性思维的基本内容,如何论证?如何提问?探讨思维对于创新的作用。在阅读书目的基础上,讨论思维导图的作用、思维可视化,以及可视化思维在各行各业中的应用。从个人角度,理解创新的工具,并掌握分析问题的思维工具。

3.1　如何提问与论证

一、创新思维

创新思维是指以新颖独创的方法解决问题的思维过程,通过这种思维能突破常规思维的界限,以超常规甚至反常规的方法、视角去思考问题,提出与众不同的解决方案,从而产生新颖的、独到的、有社会意义的思维成果。

创新思维的本质在于用新的角度、新的思考方法来解决现有的问题。批判性思维(Critical Thinking)就是通过一定的标准评价思维,进而改善思维,是合理的、反思性的思维,既是思维技能,也是思维倾向。最初的起源可以追溯到苏格拉底。在现代社会,批判性思维被普遍确立为教育特别是高等教育的目标之一。

创新型思维具有这些能力:
- 综合——有助于个体从一个全新的角度看待问题,在大多数人还没有意识到的时候形成或发现一个问题的价值;
- 分析——识别新创意的好坏,有效分配资源,及完成解决问题的基本步骤;
- 实践——把创新的产品有效地呈现出来的能力。

影响创新思维的人格因素包括:
- 面对障碍时的坚持和毅力,不困在问题当中;
- 愿意冒合理的风险;
- 愿意成长;
- 对暧昧不明的容忍,即忍受不确定性和混乱的能力;
- 接受新经验,即对自己内在自我与外在生存世界都感到好奇;

- 对自己有信心,即相信自己,并对自己的错误有勇气承担。

巴伦(1958)得出了科学家共同的人格特质:
- 高度的自我力量和情绪的稳定性;
- 独立自主的强烈需要;
- 控制冲动的高水平(理智思考);
- 超常的智力;
- 喜欢抽象思维;
- 在人际关系中喜爱独处;
- 喜好次序和精确;
- 对矛盾和障碍表现出极大的兴趣等。

创新思维的基础是批判性思维,培养创新思维的方法与手段有很多,如何提问与论证的批判性思维就是常用方法之一。

二、批判性思维

1. 批判性思维的定义

"批判的"(Critical)源于希腊文 Kriticos(提问、理解某物的意义和有能力分析,即"辨明或判断的能力")和 Kriterion(标准)。从语源上说,该词暗示发展"基于标准的有辨识能力的判断"。批判性思维作为一个技能的概念可追溯到杜威的"反省性思维",即"能动、持续和细致地思考任何信念或被假定的知识形式,洞悉支持它的理由,以及它所进一步指向的结论"。

批判性思维指的是技能和思想态度,没有学科边界,任何涉及智力或想象的论题都可从批判性思维的视角来审查。批判性思维既是一种思维技能,也是一种人格或气质;既能体现思维水平,也凸显现代人文精神。

不可批判性,见于迈克尔·波兰尼《个人知识》,认为"默会知识"具有个人性、内在性、不可批判性等特征。不可批判性指的是存在于个人心中的"默会知识"(隐性知识)具有不易解释、分析、评估、不客观、非逻辑性等特点;而"默会知识"却是认识的基础,在人类知识形成中起决定作用。

2. 批判性思维的基本方法

批判性思维的基本方法主要有六个。

解释,理解和表达极为多样的经验、情景、数据、事件、判断、习俗、信念、规则、程序或规范的含义或意义。子技能包括归类、理解意义和澄清含义。

分析,识别意图和陈述之间实际的推论关系、问题、概念、描述或其他意在表达信念、判断、经验、理由、信息或意见的表征形式。子技能包括审查理念、发现论证和分析论证。

评估,评价陈述的可信性或其他关于个人的感知、经验、境遇、判断、信念或意见的描述;评价陈述、描述、问题或其他表征形式之间实际的或意欲的推论关系的逻辑力量。子技能包括评价主张,评价论证。

推论,识别和维护得出合理结论所需要的因素;形成猜想和假说;考虑相关信息并根据数据、陈述、原则、证据、判断、信念、意见、概念、描述、问题或其他表征形式得出结果。子技能包括质疑证据、推测选择和推出结论。

说明,能够陈述推论的结果;应用证据的、概念的、方法论的、规范的和语境的术语说明推论是正当的;以强有力的论证形式表达论证。子技能包括陈述结果、证明程序的正当性和表达论证。

自我校准,监控一个人认知行为的自我意识、应用于这些行为中的因素,特别在分析和评估一个人自己的推论性判断中应用技能导出的结果,勇于质疑、确证、确认或改正一个人的推论或结果。子技能包括自我审查、自我校正。

3. 批判性思维的思维倾向

批判性思维是创新思维的基础,有以下思维倾向:

求真,对寻找知识抱着真诚和客观的态度。若找出的答案与个人原有的观点不相符,甚至与个人信念背驰,或影响自身利益,也在所不惜。

开放思想,对不同的意见采取宽容的态度,防范个人偏见的可能。

分析性,能鉴定问题所在,以理由和证据去理解症结和预计后果。

系统性,有组织、有目标地去努力处理问题。

自信心,对自己的理性分析能力有把握。

求知欲,对知识好奇和热衷,并尝试学习和理解,就算这些知识的实用价值并不是直接明显。

认知成熟度,审慎地作出判断,或暂不下判断,或修改已有判断。有警觉性地去接受多种解决问题的方法。即使在欠缺全面知识的情况下,也能明白一个即使是权宜的决定有时总是需要的。

三、实践应用

将批判性思维应用于论证,可以分为三个步骤,这三个步骤分别采用批判性思维的基本方法。

- 论点:提出问题、列出论题;
- 论据:解释问题、前提假设(解释、分析、评估等方法);
- 论证:解决问题(推论、自我校准、说明等方法)。

在论证观点的过程中要注意一个经常容易进入的思维陷阱:针对观点本身,而非发出观点或评论的人。保持论证的中立性,就能够确保论证三个步骤完整地运行,不会出现跳跃性思维,盲目得出结论。

在分析论证结构的时候,标准化论证有时是必要的。标准化的作用包括:辨识前提和结论;搞清推理路线;使论证变成清楚、完全的陈述。

标准化论证需要进行四种转换。删除,即在将文本解释为一个或若干论证时,将那些与确立或反驳一个主张不相干的部分、重复的信息去掉;属于交际性的内容、其他话题的插入、无关的枝节、顺便说的话等都可忽略,它们不进入论证结构的描写。补充,使隐含的论点明确化,也可能是使论证成立所需要的隐含的预设、未表达前提。替换,用清楚确切的表达方式来替代含糊的或者间接的表达方式,同义的所有表达式用唯一的表达式代换。排列组合,将有支持关系的陈述放在一块,按有利于对论证开展评估的方式排列组合。

标准化论证和图解论证的一般策略:

(1) 肯定将要处理的语段确实包含论证,即论证的作者试图提出一些理由支持他的主张。

(2) 通过标志词识别主结论或结论。特别在一个人的论证是针对另一人的时候(前者的结论是后者结论的否定),语境常常大有帮助。

(3) 识别语段中支持主结论的那些陈述。

(4) 忽略任何仅仅是背景信息的材料。例如,导言或编者按。

(5) 忽略那些已分析过的材料。例如,同一结论或前提用不同的表述形式几次出现。但是,当这些不同的话语第一次出现表达一个前提,之后的出现表达一个结论时,就应让它在标准形式中出现两次(此时可能有不同的推理路线)。不要重复陈述。剔除在论证中不起实质作用的语句。需要对包括多个断定的陈述进行分解,将其标为几个陈述。

(6) 可对较长的论证语段特别是对话式论证,进行压缩和编辑。但你得认真地阅读或倾听,搞清作者或说者为何这样讲,对于主张其提供的理由是什么。

(7) 对每一前提和结论编号,并按照前提先于结论的标准形式写下论证。

(8) 检核每一前提和结论都是自身完整的陈述(不用参考语境来确定"这""他"等指的是什么)。前提和结论也采用陈述的形式。

(9) 检查你的标准化论证是否遗漏了任何实质性的东西,或混进了本不包括的东西。

(10) 用编号代表前提和结论,用箭头表示支持关系;用英文大写字母表示隐含前提或结论。

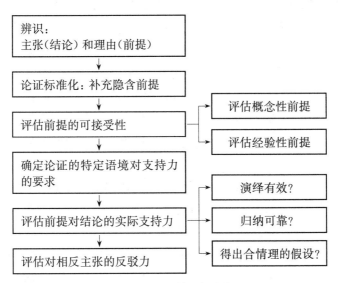

图 3-1 论证的一般流程

论证方法的应用非常广泛,可以应用于科学研究与学术论文的写作中。学术论文的基本结构就是:论题──→文献综述──→论证:假设+论据(模型、数据)──→结论。

一个人的论文如此,科研团队的科研活动分工也是如此,在一个团队中可以按照这几个论证的步骤进行分工合作,从而完成整个科研项目。

3.2 思维导图：思维可视化

一、思维导图的定义

思维导图又称心智导图,是表达发散性思维的有效图形思维工具。它简单,却又很有效,是一种实用性的思维工具。思维导图运用图文并重的技巧,把各级主题的关系用相互隶属与相关的层级图表现出来,把主题关键词与图像、颜色等建立记忆链接。思维导图充分运用左右脑的机能,利用记忆、阅读、思维的规律,协助人们在科学与艺术、逻辑与想象之间平衡发展,从而开启人类大脑的无限潜能。思维导图因此具有描绘人类思维的强大功能。

思维导图是一种将思维形象化的方法。我们知道放射性思考是人类大脑的自然思考方式,每一种进入大脑的资料,不论是感觉、记忆或是想法——包括文字、数字、符码、香气、食物、线条、颜色、意象、节奏、音符等,都可以成为一个思考中心,并由此中心向外发散出成千上万的关节点,每一个关节点代表与中心主题的一个连结,而每一个连结又可以成为另一个中心主题,再向外发散出成千上万的关节点,呈现出放射性立体结构,而这些关节的连结可以视为您的记忆,就如同大脑中的神经元一样互相连接,也就是您的个人数据库。

思维导图又称脑图、心智地图、脑力激荡图、灵感触发图、概念地图、树状图、树枝图或思维地图,是一种图像式思维的工具以及一种利用图像式思考辅助工具。思维导图是使用一个中央关键词或想法引起形象化的构造和分类的想法;它用一个中央关键词或想法以辐射线形连接所有的代表字词、想法、任务或其他关联项目的图解方式。

二、思维导图的应用领域

思维导图是有效的思维模式,应用于记忆、学习、思考等的思维"地图",有利于人脑的扩散思维的展开。思维导图已经在全球范围得到广泛应用,新加坡教育部将思维导图列为小学必修科目,大量 500 强企业也在学习思维导图,中国应用思维导图也有 20 多年时间了。

自 20 世纪 80 年代思维导图传入中国内地。最初是用来帮助"学习困难的学生"克服学习障碍的,但后来主要被工商界(特别是企业培训领域)用来提升个人及组织的学习效能及创新思维能力。在学科教学方面,历经 52 年的发展,思维导图也没在学校得到广泛应用,后经华东师大刘濯源带领的思维可视化研究团队 15 年的研究及实践,得出的结论是"思维导图"并不适合直接应用于学科教学,因为"思维导图"过于强调"图像记忆"和"自由发散联想",而非"理解性记忆"和"结构化思考"。对于抽象思维能力较差的学生,"图像记忆"的确可以帮助学生提高"把知识记住"的效率,但却无法加深学生对知识的理解,属于一种浅层的学习。另外,"自由发散联想"具有天马行空、对思维不加控制的特点,更适合用于"头脑风暴"式的创意活动,而不适合用于学科知识教学,因为任何学科知识都是有其内在逻辑及固定结构的,由不得胡思乱想。基于学科知识的特性,学科教学必须强调"理解性记忆"和"结构化思考",随着学段的升高,知识越来越抽象和复杂,就更加要强调"理解的深度"而非"记住的速度"。也正是基于这些原因,思维可视化研究团队把概念图(由美国康奈尔大学的诺瓦克博士提出)、知识树、问题树等图示方法的优势特性嫁接过来,同时将结构化思考、逻辑思考、辩证思考、追问意识等思维方式融合进来,把"思维导图"转化为"学科思维导图"。"学科思维导图"作为一种"基于系统思考的知识建构策略"已被全国500多所课题实验学校引入应用。

1. 阅读书籍

如果是理论性书籍,很多情况下前后章节连续性不是很强,可以读完一章之后进行一次整理,如果是整体性较强的书籍,并且在短时间内可以阅读完成,可以读完全书一并制作思维导图,这个由大家根据实践情况和书籍难度自行判断。

2. 构建框架

可以直接将书籍的目录录入到思维导图中,也可以选择比较重要的部分录入。主要的目标是将书籍中最重要的部分框架清晰地反映在思维导图中。

3. 录入重点

将书中的重点论证部分录入思维导图,同时将自己摘录、勾画的部分录入,这个时候不必变更书中原句,简单录入即可。这时有两种内容:第一种是和书籍框架及论证有关的,放入导图的对应分支下;第二种是与框架无关,可以在导图中建立一个"杂项"的分支,将所有内容统统扔进这个分支下。

4. 调整方式

如果读书的目的不是为了了解作者的思路,或者纯粹和作者有关的东西,那么,绝对不关心作者或者本书的思维框架如何,但是在书中可能关心其中某些部分。比如《如何阅读一本书》认为,关心如何做分析阅读,如何做检视阅读,如何做主题阅读,那么,可能要做三个主要的分支。

5. 论证引入

将内容和论证放入相应分支中,完成整体框架的构建,这时就是该进行细化的时候了。

6. 细化语言

细化每个分支的逻辑性和语言。框架已经有了,每个分支下也有了一定内容,但是每个独立分支下的逻辑性并不清楚,需要将书中原话转变成自己理解的话语,尽力简化。同时,将这些句子的逻辑关系理清,用分支的形式体现出来,这时就有了一个层次、逻辑清楚的思维导图了。

7. 处理杂项

杂项中还有很多内容,处理一下这些句子,有些内容可以放入前面整理出的框架中,有些东西则和全书整体框架并不相关。

8. 内容归档

比如管理一个专门学科的导图、日常杂项一个导图、谈读书系列一个导图。将杂项中的内容分门别类地归入这些导图中去,不必太过在意构架和体系,可以同样在它们中建立杂项,扔进去就 OK 了。等到想用的时候再说,到时候不过是一个搜集资料的过程而已。同时,最好注明该条出自哪本书和页码。

常见的思维图有这八种参见图 3-2:

● Circle Map 圆圈图:Defining in Context Circle map 主要用于把一个主题展开来,联想或描述细节。它有两个圆圈,里面的小圈圈是主题,而外面的大圈圈里放的是和这个主题有关的细节或特征。

● Tree Map 树状图:Describing Qualities,用 Bubble Map 来帮助学习知识、描述事物,因为这个真的比较简单和管用。

● Bubble Map 气泡图:Comparing and Contrasting 气泡图还有一个"升级版",叫双重气泡图(Double Bubble Maps),这也是一件分析"神器",它的妙处在于,可以对两个事物做比较和对照,找到它们的差别和共同点。

● Double Bubble Map 双重气泡图:Classifying,主要用于分组或分类的一种图。主题,一级类别,二级类别,等等。可以用这种图来整理归纳一些知识。

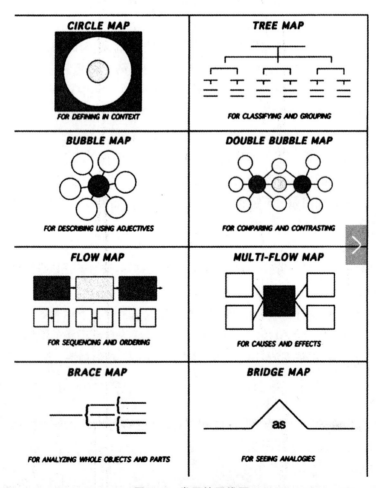

图 3-2　常见的思维图

- Flow Map 流程图：Sequencing，可以用流程图从先后顺序的角度去分析事物的发展、内在逻辑。
- Multi-flow Map 多重流程图：Cause and Effect，这个也称因果关系图，用来帮助孩子分析一个事件产生的原因，和它导致的结果。当中是事件 Main Event，左边是事件产生的多种原因，右边是事件导致的多个结果。
- Brace Map 括号图：Part-Whole，这种图我们平时用得很多，分析整体与局部的关系。
- Bridge Map 桥型图。Seeing Analogies 这是一种主要用来进行类比和类推的图。在桥型横线的上面和下面写下具有相关性的一组事物，然后按照这种相关性，列出更多具有类似相关性的事物。

虽然这些图的基本形式和应用都很简单，但学生们要花很多课时去深入理解和使用这些图。

为什么呢？因为图是简单的，但理清思维并不简单。随着思维越来越严密，图也会变得越来越复杂，应用起来也有无穷变幻。

说到底，画图不是目的，理清思维是目的。而要理清思维，真正的功夫其实是在图外了。

三、思维导图的学习方法

思维导图的学习方法，可以应用于笔记（康奈尔笔记法）、活动（头脑风暴）、组织（学习型组织，将在 3.4 节中介绍）。

1. 笔记

笔记法，是指 5R 笔记法，又称康奈尔笔记法。

这是用产生这种笔记法的大学校名命名的。

这一方法几乎适用于一切讲授或阅读课，特别是对于听课笔记，5R 笔记法应是最佳首选（见图 3-3）。

这种方法是记与学、思考与运用相结合的有效方法。

- 记录（Record）。在听讲或阅读过程中，在主栏（将笔记本的一页分为左大右小两部分，左侧为主栏，右侧为副栏）内尽量多记有意义的论据、概念等讲课内容。
- 简化（Reduce）。下课以后，尽可能及早将这些论据、概念简明扼要地概括（简化）在回忆栏，即副栏。
- 背诵（Recite）。把主栏遮住，只用回忆栏中的摘记提示，尽量完满地叙述课堂上讲过的内容。
- 思考（Reflect）。将自己的听课随感、意见、经验体会之类的内容，与讲课内容区分开，写在卡片或笔记本的某一单独部分，加上标题和索引，编制成提纲、摘要，分成类目。并随时归档。
- 复习（Review）每周花十分钟左右时间，快速复习笔记，主要是先看回忆栏，适当看主栏。

2. 活动

思维导图还可应用于活动，通常指头脑风暴法。

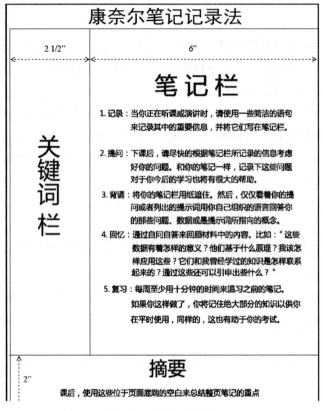

图 3-3　康奈尔笔记法

头脑风暴法出自"头脑风暴"（Brain-storming）一词。所谓头脑风暴，最早是精神病理学上的用语，指精神病患者的精神错乱状态，现在转而为无限制的自由联想和讨论，其目的在于产生新观念或激发创新设想。头脑风暴法，又称智力激励法、BS法、自由思考法，是由美国创造学家奥斯本于1939年首次提出，于1953年正式发表的一种激发性思维的方法。此法经各国创造学研究者的实践和发展，已经形成了一个发明技法群，如奥斯本智力激励法、默写式智力激励法、卡片式智力激励法等。

当一群人围绕一个特定的兴趣领域产生新观点的时候，这种情境就称为头脑风暴。由于团队讨论使用了没有拘束的规则，人们就能够更自由地思考，进入思想的新区域，从而产生很多的新观点和问题解决方法。当参加者有了新观点和想法时，他们就大声说出来，然后在他人提出的观点之上建立新观点。所有的观点被记录下但不进行批评。只有头脑风暴会议结束的时候，才对这些观点和想法进行评估。头脑风暴的特点是让参会者敞开思想，使各种设想在相互碰撞中激起脑海的创造性风暴，其可分为直接头脑风暴法和质疑头脑风暴法：前者是在专家群体决策基础上尽可能激发创造性，产生尽可能多的设想的方法；后者则是对前者提出的设想与方案逐一质疑，发现其现实可行性的方法，这是一种集体开发"思维导图"，进行创造性思维的方法。

头脑风暴法力图通过一定的讨论程序与规则来保证创造性讨论的有效性，由此，讨论程序构成了头脑风暴法能否有效实施的关键因素，从程序来说，组织头脑风暴法关键在于以下七个环节。

（1）确定议题。一个好的头脑风暴法从对问题的准确阐明开始。因此，必须在会前确定一个目标，使与会者明确通过这次会议需要解决什么问题，同时不要限制可能的解决方案的范围。一般而言，比较具体的议题能使与会者较快产生设想，主持人也较容易掌握；比较抽象和宏观的议题引发设想的时间较长，但设想的创造性也可能较强。

（2）会前准备。为了使头脑风暴畅谈会的效率较高，效果较好，可在会前做一点准备工作。如收集一些资料预先给大家参考，以便与会者了解与议题有关的背景材料和外界动态。就参与者而言，在开会之前，对于待解决的问题一定要有所了解。会场可作适当布置，座位排成圆环形的环境往往比教室式的环境更为有利。此外，在头脑风暴会正式开始前还可以出一些创造力测验题供大家思考，以便活跃气氛，促进思维。

（3）确定人选。一般以 8—12 人为宜，也可略有增减（5—15 人）。与会者人数太少不利于交流信息，激发思维；而人数太多则不容易掌握，并且每个人发言的机会相对减少，也会影响会场气氛。只有在特殊情况下，与会者的人数可不受上述限制。

（4）明确分工。要推定一名主持人，1—2 名记录员（秘书）。主持人的作用是在头脑风暴畅谈会开始时重申讨论的议题和纪律，在会议进程中启发引导，掌握进程。如通报会议进展情况，归纳某些发言的核心内容，提出自己的设想，活跃会场气氛，或者让大家静下来认真思索片刻再组织下一个发言高潮等。记录员应将与会者的所有设想都及时编号，简要记录，最好写在黑板等醒目处，让与会者能够看清。记录员也应随时提出自己的设想，切忌持旁观态度。

（5）规定纪律。根据头脑风暴法的原则，可规定几条纪律，要求与会者遵守。如要集中注意力积极投入，不消极旁观；不要私下议论，以免影响他人的思考；发言要针对目标，开门见山，不要客套，也不必做过多的解释；与会者之间相互尊重，平等相待，切忌相互褒贬等。

（6）掌握时间。会议时间由主持人掌握，不宜在会前定死。一般来说，以几十分钟为宜。时间太短，与会者难以畅所欲言；太长则容易产生疲劳感，影响会议效果。经验表明，创造性较强的设想一般要在会议开始 10—15 分钟后逐渐产生。美国创造学家帕内斯指出，会议时间最好安排在 30—45 分钟。倘若需要更长时间，就应把议题分解成几个小问题分别进行专题讨论。

（7）讨论时间。
- 每人用头脑风暴法独自写下尽可能多的建议；
- 每人轮流发表一条意见；
- 在活页纸或黑板上记下每一条意见；所有的意见应随时可见；
- 若讨论或评价某一条意见时，主持人应提醒他们注意规则；
- 在继续轮流发言时，若无意见，则说"通过"，轮流发言至人人皆无意见为止；
- 必要时，主持人应设法激发更多的观点；
- 若无新的意见产生，如果必要，可要求组员解释、确认先前发表的意见。

这些步骤完成后，结束头脑风暴法，用其他的分析工具来正式评价这些观点的质量和有效性。合并问题的同类项,对问题进行排序,组合问题,评论问题,认证问题的可行性。

3.3 学习型组织

一、学习型组织定义

学习型组织是指通过培养弥漫于整个组织的学习气氛、充分发挥员工的创造性思维能力而建立起来的一种有机的、高度柔性的、扁平的、符合人性的、能持续发展的组织。这正是知识型组织的理想状态,也是知识型组织的实践目标,这种组织具有持续学习的能力,具有高于个人绩效总和的综合绩效的效应。

等级权力控制是以等级为基础,以权力为特征,对上级负责的垂直型单向线性系统。它强调"制度+控制",使人"更勤奋地工作",达到提高企业生产效率、增加利润的目的。权力控制型企业管理在工业经济时代前期发挥了有效作用,它对生产、工作的运行和有效指挥具有积极意义。但在工业经济后期,尤其是进入信息时代、知识时代以后,这种管理模式越来越不能适应企业在科技迅速发展、市场瞬息万变的竞争中取胜的需要。企业家、经济学家和管理学家们都在探寻一种更有效的能顺应发展需要的管理模式,即另一类非等级权力控制型管理模式,学习型组织理论就是在这样一个大背景下产生的。

学习型组织最初的构想源于美国麻省理工大学佛瑞斯特教授。他是一位杰出的技术专家,是20世纪50年代早期世界第一部通用电脑"旋风"创制小组的领导者。他开创的系统动力学是研究人类动态性复杂的方法。所谓动态性复杂,就是将万事万物看成是动态的、不断变化的过程之中,仿佛是永不止息之流。1956年,佛瑞斯特以他在自动控制中学到的信息反馈原理研究通用电气公司的存货问题时有了惊人的发现,从此致力于研究企业内部各种信息与决策所形成的互动结构,究竟是如何影响各项活动的,并回过头来影响决策本身的起伏变化的形态。佛瑞斯特既不做预测,也不单看趋势,而是深入地思考复杂变化背后的本质——整体动态运作的基本机制。他提出的系统动力学与目前自然科学中最新发展的混沌理论和复杂理论所阐述的概念在某些方面具有相通之处。1965年,他发表了一篇题为"企业的新设计"的论文,运用系统动力学原理,非常具体地构想出未来企业组织的理想形态——层次扁平化、组织信息化、结构开放化,逐渐由从属关系转向为工作伙伴关系,不断学习,不断重新调整结构关系。这是关于学习型企业的最初构想。

彼得·圣吉是学习型组织理论的奠基人。作为佛瑞斯特的学生,他一直致力于研究以系统动力学为基础的更理想的组织。1970年在斯坦福大学获航空及太空工程学士学位后,彼得·圣吉进入麻省理工大学斯隆管理学院攻读博士学位,师从佛瑞斯特,研究系统动力学与组织学习、创造理论、认识科学等融合,发展出一种全新的组织概念。他用了近十年的时间对数千家企业进行研究和案例分析,于1990年完成其代表作《第五项修炼——学习型组织的艺术与实务》。他指出现代企业所欠缺的就是系统思考的能力。它是一种整体动态的搭配能力,因为缺乏它而使得许多组织无法有效学习。之所以会如此,正是因为现代组织分工、负责的方式将组织切割,而使人们的行动与其时空上相距较远。当不需要为自己的行动的结果负责时,人们就不会去修正其行为,也就是无法有效地学习。

《第五项修炼》提供了一套使传统企业转变成学习型企业的方法,使企业通过学习提升整体运作"群体智力"和持续的创新能力,成为不断创造未来的组织,从而避免了企业"夭折"和"短寿"。该书一出版即在西方产生极大反响,彼得·圣吉也被誉为20世纪90年代的管理大师,未来最成功的企业将是学习型企业。学习型组织的提出和一套完整的修炼方法的确立,实际上宣告整个管理学的范式在彼得·圣吉这里发生了转变。正是在这个意义上,不少学者认为,《第五项修炼》以及随后的《第五项修炼·实践篇》《变革之舞》的问世,标志着学习型组织理论框架的基本形成。

二、学习型组织的内涵

知识经济迅速崛起,对企业提出了严峻挑战,现代人工作价值取向的转变,终身教育、可持续发展战略等当代社会主流理念对组织群体的积极渗透,为组织学习提供理论上支持。结合研究现状,我们提出学习型组织的内涵包含以下五个方面。

1. 学习型组织方法——发现、纠错、成长

组织学习普遍存在"学习智障",是由于个体思维的误区,没有找到关键的要点,你的远景是什么?如何去除其中的限制因素障碍,获得组织肌体的修复,找到合适的成长环路,这需要个体之间不断去学习、探索,达到互动的目的。一切心理和机构层面的考量都不是学习的关键元素,修复和行动力才是主导。所以,方法只能在动态的过程里找到,最后成长。发现、纠错、成长是一个不断循环的过程,也是学习的自然动力。

2. 学习型组织核心——在组织内部建立"组织思维能力"

学会建立组织自我的完善路线图。学习型组织具有"假设、信念、行动、反思"这一自我学习机制,组织成员在工作中学习,在学习中工作,学习成为工作新的形式。

3. 学习型组织精神——学习、思考和创新

学习是团体学习、全员学习,思考是系统、非线性的思考,创新是观念、制度、方法及管理等多方面的更新。

4. 学习型组织的关键特征——系统思考

只有站在系统的角度认识系统,认识系统的环境,才能避免陷入系统动力的漩涡里去。

5. 组织学习的基础——团队学习

团队是现代组织中学习的基本单位。许多组织中不乏对组织现状、前景的热烈辩论,但团队学习依靠的是深度会谈,而不是辩论。深度会谈是一个团队的所有成员摊出心中的假设,从而进入真正一起思考的能力。深度会谈的目的是一起思考,得出比个人思考更正确、更好的结论;而辩论是每个人都试图用自己的观点说服别人同意的过程。

在此基础上,形成学习型组织需要五项要素。

(1)建立愿景(Building Shared Vision)。愿景可以凝聚公司上下的意志力,通过组织

共识,大家努力的方向一致,个人也乐于奉献,为组织目标奋斗。组织的共同愿景来源于员工个人的愿景而又高于个人的愿景。它是组织中所有员工愿景的景象,是他们的共同理想。它能使不同个性的人凝聚在一起,朝着组织共同的目标前进。

(2)团队学习(Team Learning)。团队智慧应大于个人智慧的平均值,以作出正确的组织决策,通过集体思考和分析,找出个人弱点,强化团队向心力。这是学习型组织的特征。所谓"善于不断学习",主要有四点含义。一是强调"终身学习",即组织中的成员均应养成终身学习的习惯,这样才能形成组织良好的学习气氛,促使其成员在工作中不断学习。二是强调"全员学习",即企业组织的决策层、管理层、操作层都要全心投入学习,尤其是经营管理决策层,他们是决定企业发展方向和命运的重要阶层,因而更需要学习。三是强调"全过程学习",即学习必须贯彻于组织系统运行的整个过程之中。约翰·瑞定提出了一种被称为"第四种模型"的学习型组织理论。他认为,任何企业的运行都包括准备、计划、推行三个阶段,而学习型企业不应该是先学习然后进行准备、计划、推行,不要把学习和工作分割开,应强调边学习边准备、边学习边计划、边学习边推行。四是强调"团队学习",即不但重视个人学习和个人智力的开发,更强调组织成员的合作学习和群体智力(组织智力)的开发。在学习型组织中,团队是最基本的学习单位,团队本身应理解为彼此需要他人配合的一群人。组织的所有目标都是直接或间接地通过团队的努力来达到的。学习型组织通过保持学习的能力,及时铲除发展道路上的障碍,不断突破组织成长的极限,从而保持持续发展的态度。

(3)改变心智(Improve Mental Models)。组织的障碍多来自于个人的旧思维,如固执己见、本位主义,唯有通过团队学习,以及标杆学习,才能改变心智模式,有所创新。

(4)自我超越(Personal Mastery)。个人有意愿投入工作,专精工作技巧的专业,个人与愿景之间有种"创造性的张力",这些正是自我超越的来源。企业的工作有两类,一类是反映性的,另一类是创造性的。反映就是上级来检查了,下级反映一下。出了事故,反映一下。反映有什么作用?最多能维持现状,绝大多数人、绝大部分精力都用于反映,而没有用于创造。企业的发展是创造性的工作。没有创造,企业就会被淘汰。

(5)系统思考(System Thinking)。应通过资讯搜集、掌握事件的全貌,以避免见树不见林,培养综观全局的思考能力,看清楚问题的本质,有助于清楚了解因果关系。

学习是心灵的正向转换,企业如果能够顺利导入学习型组织,不只能够达致更高的组织绩效,更能够带动组织的生命力。

三、学习型组织的应用

管理理论的发展是为了适应社会进步的需要,战略的柔性要求企业成为学习型组织,由于社会环境、管理基础、制度效率等因素,引入学习型组织的时候,需要考虑其适用性。

(1)要与社会环境及相关背景相适应。学习型组织的五项修炼不是拿来即用,学习型组织这一尚未成熟的理论在我国企业中的运用必须有一个本土化的过程。

(2)要与企业管理的基础相适应。在学习型组织案例中,都是管理基础比较好的企业。学习型组织是众多组织形式中的一个,并不是每一个企业都适合建立。

(3) 要与企业的发展阶段相适应。从制度效率角度来看，一个企业在生命周期的不同阶段，应采取一个能够实现其效用最大化的组织形式，不能刻意追求最先进的，而是应该采取最合适的组织形式。

基于模块组织结构的连接与变迁视角，学习型组织的特点从以下五个方面区别于传统组织，可以概括为：
- 信息关联方式为信息共享；
- 决策目标是共同承担；
- 决策方式是独立决策；
- 决策依据是系统环境；
- 动态变迁过程为捆绑、松绑再捆绑。

表 3-1 基于模块结构理论比较学习型组织与传统组织

	学习型组织		传统组织
信息关联	团队学习	信息共享（信息包裹）	信息纵向传递（层级分解） 信息共享（信息同化）
决策方式	自我超越	独立决策	（非）独立决策
决策依据	系统思考	系统环境	系统规则
决策结果	建立共同愿望	结果各异共同承担	结果相同独自承担
动态变迁	改善心智模式	捆绑/松绑再捆绑	嵌入/重叠性嵌入 互补/动态的互补性

[参考阅读]

1. 彼得·圣吉：《第五项修炼——学习型组织的艺术与实务》，郭进隆译，上海三联书店，1994年。
2. 拉斯·特维德：《创造力社会》，王佩译，中信出版社，2016年。
3. 布鲁克·诺埃尔·摩尔等：《批判性思维》，朱素梅译，机械工业出版社，2014年。
4. 东尼·博赞等：《思维导图》，卜煜婷译，化学工业出版社，2015年。

[思考题]

1. 请以所在专业或经济现象（例如，经济学十大原理）为例，用批判性思维分析评论该现象。
2. 请以现象、著作、影视、演讲、小组讨论为例，用思维导图来帮助你复述该对象。

第二部分
创新的实践

第 4 章 创新的企业

[本章主要内容]

从企业角度,理解创新与企业家精神。熊彼特创新理论从微观创新动力和宏观经济周期角度,提出了区别于传统理解的"创新"——熊彼特式创新。熊彼特式创新将创新看成是一个松绑再捆绑的规则。一个完整的制度系统促成了突破性创新;区别于创新的动力、创新的结果、创新的过程,是一种创新的规则。

4.1 创新的模块:企业

一、企业与要素

科斯(1937)的研究把经济学的研究范围渗透到了企业内部。"市场的运行是有成本的,通过形成一个组织,并允许某个权威来支配资源,就能节约某些市场运行成本。"因此,企业是市场的替代,它是一系列由权力或权威管制的交易,是人力资本和物质资本的结合物。这不仅说明了企业的性质,同时也试图说明企业边界的决定因素:企业与市场的边界取决于两者边际协调成本或称交易成本的大小[①]。"当存在企业时,契约不会被取消,但却大大减少了,某一生产要素(或它的所有者)不必于企业内部同他合作的一些要素签订一系列的契约。……一系列的契约被一个契约替代了。"

科斯的研究同样适用于研究抽象的创新原域。创新原域的边界也取决于内部与外部交易成本的大小关系。创新原域内部的交易成本要小于外部的交易成本。

自科斯之后,很多经济学家开始对企业理论进行了研究,很多研究都可以归并到新制度经济学的范畴。相比新古典经济学,新制度经济学主要在三个方面有新的假设:有限理性[②]、

---

① 科斯在其 1937 年的经典论文"公司的本质"(*The Nature of the Firm*)中首次提出责难:什么是企业?什么是企业的边界?什么是决定交易在市场还是企业进行的因素?

② 指的是环境的不确定性、信息的不完全性及人们对环境与信息的计算能力和认识能力的有限性。在有限理性的前提下,人们不可能完全依靠契约来处理复杂的现实问题,人们需要设立各种制度安排来建立良好秩序,规范人的行为。

机会主义[①]、效用最大化[②]。在新制度经济学中，有关企业理论的分类没有一个统一的说法，这是因为这些理论的前提假定非常类似，并且它们的分析方法也是属于新制度经济学范畴。要完全在它们之间分出一个明显的界线很难。这些理论都是属于契约经济学的范畴，都是在有限理性、信息非对称的假定下展开的。对于创新原域的研究也适用这样的假定，创新单元之间的连接，也是建立在科斯假定的基础上的。

交易成本理论[③]、代理理论[④]和产权理论[⑤]的分析，都可以归纳到新制度经济学的范畴（迈克尔·迪屈奇，1999）；这些理论都延续了科斯的分析方法，承认在影响人的行为决定、资源配置与经济绩效的诸制度变量中，产权的功能极其重要。Erik G. Furubotn 和 Rudolf Richter（1998）指出：“产权模型……不仅能在人们的行为遵守规范的情况下，而且能在不对称信息允许隐藏行为和机会主义行为出现的情况中研究激励的作用。”

契约，是新制度经济学对企业理论讨论的焦点，即各个要素之间是如何通过谈判来签订契约的。在分析过程中，新制度经济学吸收了很多信息经济学的方法。在信息不对称的条件下，契约的签订才显得格外重要。不管是原域内部成员之间的契约约定还是企业与外部的供应商或是消费者之间都是以契约的形式进行的。企业的激励制度是企业治理结构的重要部分，它规定了企业的各要素如何参与企业的利润分配。所以说，企业的本质是契约。契约包括隐性契约与显性契约。

基于企业理论，展开创新原域中外生要素激励制度的研究。创新原域与企业的共同点都在于：建立在契约的基础上。创新原域从封闭状态走向开放状态，也是通过契约的形式约定进行连接与变迁的。因此，创新原域中外生要素激励可以用契约理论来解释。契约理论又分为两个大分支：不完备契约理论和委托代理理论。契约理论探讨了外生资本、外生人力资本与外生信息知识等外生要素在原域连接与变迁中的关系。

不完备契约理论，从引入外生要素出发，以有限理性和信息非对称假设为前提，区分人力资本与非人力资本（物质资本、信息知识等），把企业的要素所有者划分为人力资本所有者和非人力资本所有者，通过不确定性、资产专用性和机会主义行为等重要概念的引入，分析两类要素所有者的产权特征，并讨论企业所有权的可分离性及其可抵押性，主张"资本雇佣劳动"的企业所有权安排是最优的。不完备契约理论又可以分为交易成本理论和产权理论。

---

① 指的是人们的一种狡诈的自私自利倾向，包括投机取巧、见机行事、有意隐瞒歪曲信息等。

② 指的是人们在有限理性的情况下追求家庭和个人的效用最大化。

③ 交易成本理论强调事后治理，主要利用资本专用性的观点来分析企业内部权利的分配，并且认为，由于物质资产所有者有很大的专用性，可能会面临投资后的"敲诈"现象。为了鼓励其投资，企业的剩余权的分配应该是属于物质资产所有者。

④ 代理理论强调事前的激励一致性。此理论强调的不是企业契约的不完整性，而是企业的要素各方如何进行博弈，制订合同。在信息不对称的情况下，企业的委托人为了降低代理成本，和企业的代理人之间的合同会尽量使代理人的利益最大化和企业的利益最大化相结合。

⑤ 产权理论强调事前的制度安排。主要的代表是 Grossman、Hart 和 Moore（GHM）。他们在分析中，将企业的产权直接定义为企业的剩余控制权，并且认为企业的剩余控制权（也就是科斯所说的权威）来自于对企业物质资产的占有。由此，企业的剩余控制权应该属于物质资产的所有者。

委托代理理论,从引入外生人力资本出发,在坚持新古典经济学传统和理性经济人假设的基础上,从信息非对称的角度讨论企业的委托人和代理人之间如何签订有效契约,实现委托人的利益最大化。(如图 4-1)

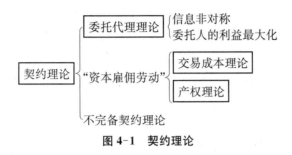

图 4-1　契约理论

二、交易成本理论

最初提出交易成本经济学理论的是威廉姆森(Williamson)。他早期的研究倾向于强调双方关系中的事后低效率,这是由信息不对称的谈判引起的,而他后来的研究更强调专用性投资[①]。

交易成本经济学为了描述交易的目的而倚重的主要维度是:(1)交易重复发生的频率;(2)它们受其影响的不确定性的程度和种类;(3)资产专用性条件(奥利弗·威廉姆森,2001)。基本的分析逻辑是:更高的不确定性和资产专用性特别是两者同时发生时,会导致一个更复杂的合约订立环境和更多的事后调整。一个科级关系(一方对双方的交易有控制权)能够比市场更好地解决潜在的纠纷。交易的频率也很重要,因为交易发生得越频繁,建立非市场治理机制的固定成本就会被更大的分摊。三者中资产专用形式是最独特的。由于资产专用性的存在,各方对具有这种性质的资产的投入就会有意规避,或者对它的投资就会更为谨慎,因为生怕在投资后会处于谈判的劣势地位。

然而,不论是一个社会还是一个企业的高效率生产都是和专用性资产的使用分不开的。如果谁也不愿意进行专用性资产的投资,生产效率就会降低。如果事前不进行有效的制度安排的话,交易费用就会升高,以致制约交易的发生。资产专用性不仅引起复杂的事前激励反应,而且更重要的是,它还引起复杂的事后治理结构反应。为了鼓励专用性资产的投资,在事前的安排中就会把发生意外情况之后的决策权分配给拥有专用性资产的一方,可以鼓励社会或者个人对专用性资产的投资,提高生产效率。

交易成本理论认为产权是重要的,但是在分析的过程中,它并不涉及产权的安排,而主要以交易成本为分析单位。在分析企业的内部结构中,着重于企业的治理结构。创新原域中资本所有者,包括内生资本与外生资本,由于承担企业专用性资产的投资,为了鼓励其投资,就应该将原域的剩余权赋予资本所有者。这一点在第 5 章讨论创新原域中外

---

① 交易费用理论认为,物质资产的投资具有很大的资产专用性。比如,一个厂房或者一些机器设备投资后,如果不再用作生产原先的产品就会贬值。它是指在不牺牲其生产价值的前提下,某种资产能够被重新配置于其他替代用途或是被替代使用者重新调配使用的程度。这与沉淀成本的概念有关。

生资本的激励机制中将会提及。

威廉姆森也认识到了人力资本交易专用性的特点,生产经营中的专门培训和边学边干就是例子。人力资本可以进一步细分为一般人力资本和特质人力资本①。在传统原域中,人力资本之间的差异性很小,一般的劳动力很容易内替代,人力资本的投资成本也小。而在创新原域中,高度专用化人力资本方面的投资对于创新极为重要,人力资本也是"股东",也是剩余索取者,并成为剩余风险的承担者。

关于威廉姆森对交易成本理论的解释,其他制度经济学派的学者也提出了不同的看法。青木昌彦对威廉姆森定义的资产专用性提出了自己的看法。他认为,专用性资源的形成不是来自于资本,而是外生人力资本经过长期的工作和协调,已经相互之间达成一种默契,这种基于专门的信息交流方式和交流网络的长期稳定关系才是专用性资源的源泉。所以,尽管资本所有者通过实物资产承担了一部分风险,但外生人力资本通过专用性人力资产也承担了一定的风险。外生人力资本的这种特殊资产有时也被称为外生人力资本的"人质抵押"②,通过自身的人力资本投资,形成了一定专用性的资产。

总的来说,交易成本理论更强调在连接过程中创新原域的治理结构,并且更多的是应用在分析原域的边界上。比如,企业之间的兼并收购、企业的纵向一体化等方面的现象,交易成本理论对此作了较多的解释。

三、产权理论

产权理论在企业内部研究所有权,产权是通过企业所有权③体现的。本著作在回顾产权理论对创新原域制度的解释时,就直接将产权理论在创新原域中的应用等价于所有权理论。效率最大化要求企业剩余所有权的安排和控制权的安排应该对应,或者风险承担者和风险制造者对应,否则会出现外部性。然而,企业是一个不完备的契约,未来世界是不确定的,要使所有要素都得到固定的收入是不可能的。这就是剩余索取权④的由来。另一方面,当事前没有确定的实际状态出现时,必须有人决定如何填补契约中存在的"漏洞"。

---

① 一般人力资本主要是指生产能力;而特质人力资本主要是指经营能力。交易理论把生产能力归为一般人力资本,可以看出这种生产能力是可以很容易被别的劳动者替代的,也就不存在专用性,对于这样的劳动是不需要强调激励的。而对具有特质的人力资本投资,威廉姆森并没有太多的讨论。在创新中,关键人力资本具有很高的资产专用性,这种能力并不是每个人力资本所有者都具有的。由于人力资本不可避免要承担与特定投资,特别是与"人力资本"投资相关的风险。因此,必须对这种具有高度资产专用性的投资行为进行激励,才会有人力资本投资,从而促进创新与增长。

② 如果该人力资本退出原域,那么原域就会损失这部分资产,所以外生人力资本的这部分资产就相当于抵押给企业,迫使外生人力资本自己好好干活。从这个角度,外生人力资本人质的抵押相当于股东的物质资产抵押,两者都承担企业的经营风险。

③ 企业的所有权指的是对企业的剩余索取权和剩余控制权。在完全契约的条件下,企业所有权的分配是没有意义的,因为在这种情况下,所有的情况都是可以预测的,这样就完全可以事先规定。

④ 剩余索取是相对合同收益权而言的,指的是对收入在扣除有固定的合同支付的余额的要求权。剩余索取者也即企业的风险承担者,因为剩余是不确定的,没有保证的。在企业理论的早期文献中,经济学家是以剩余索取权定义企业所有权的。

这就是控制权的来源。在科斯 1937 年《企业的性质》的论文中,剩余控制权被称为权威。

Grossman 和 Hart(1986)以及后来的 Hart 和 Moore 的经典 GHM 理论中,将企业所有权定义为"剩余控制权"。他们认为,相对于剩余索取权而言,剩余控制权更容易定义,并且也更容易衡量。企业的剩余控制权的定义可以代替企业所有权。不同的治理结构的一个重要区别被认为在其"剩余决策权"的配置上,剩余决策权指的是对那些合同没有事前明确规定的企业行为进行控制的权利。这些剩余决策权一般被指派给了资本的所有者。与此同时,Hart 等人还断言在合同不完全的环境中,物质资本所有权是权力的基础,而且对物质资产所有权的拥有将导致对人力资本所有者的控制,因此企业,乃至原域,也就是由它所拥有或控制的资本所规定。

产权理论的观点主要讨论的是如何分配企业的控制权。对于如何分配控制权,经济学家很早就有一个共识,效率最大化要求剩余索取权和控制权的安排应该对应。所有权理论将重点放在所有权的效率安排上,忽视人力资本、信息知识产权的重要性,从而也忽视了激励问题。

四、委托代理理论

代理理论起源于对企业的观察,后来扩展到很多经济领域。正如肯尼斯·阿罗所说,委托代理关系在经济生活中无处不在、无时不有。根据代理理论的观点,创新组织可以被视为一系列创新原域的连接,是一系列委托代理关系的总和,无论从本质上还是从形式上看都是一种契约关系。一般情况下,委托人与代理人之间的信息是非对称的,所有代理理论又可以被看成是信息经济学领域的一部分。这也从另一个角度说明了新制度经济学与信息经济学密不可分的关系。

新制度经济学派将企业建立在新制度经济学有关企业性质的根本基础上,即企业的本质是契约。从根本上说,交易成本理论、产权理论、委托代理理论都是建立在"资本至上"的前提上的。它们更多地考虑物质资产所有者的利益,而忽视企业中人力资本、信息知识的产权性质。但是,委托代理理论开始关注非物质要素的利益。

在 20 世纪 80 年代中期之前,经典委托代理理论是研究合同和企业理论的主流,并能够对许多现象有很强的解释力:委托人如何选择或设计最优合同来克服代理问题。由于这些最优合同包容了几乎所有的或然情况(Contingencies)及其行动对策,所以在本质上属于不需要事后再谈判的完全合同。因此,除了暗含假设委托人拥有选择代理人和设计合同的权力之外,在该分析框架中一般也就不会有控制权、权威等变量存在的空间。相比古典的企业理论,代理理论不仅仅分析企业利益的最大化,而是将企业看成是委托人和代理人之间的契约关系,分析委托人利益最大化的同时还关注代理人的效用函数。代理理论强调更多的是委托人如何降低代理成本,这当中委托人就必须考虑到代理人的利益。其应用范围已是一般意义上的经济学了。

对人力资本产权的激励问题,国内的经济学家也存在很大的争论[①]。人力资本产权有

[①] 国内学者对人力资本激励问题的相关争论可以参考《经济研究》杂志 1996 年、1997 年的相关文章。

三大特征：第一，人力资本天然属于个人；第二，人力资本的产权权利一旦受损，其资产可以立刻贬值或荡然无存；第三，人力资本总是自发地寻求实现自我的市场。张维迎(2000)认为人力资本产权的"不可分离性"这一特征为"资本雇佣劳动"提供了解释①。但是，这种解释似乎更适合传统行业中的企业。在传统行业中，人力资本的投入较少，也很容易在市场找到人力资本的替代，人力资本的激励可以比较简单，相应地，人力资本承担的风险就比较小。因为人力资本对企业的贡献比较容易观察，只需要简单的固定工资激励就可以了。

进一步地，周其仁(1996)认为，土地和其他自然资源无须激励，厂房设备无须激励，而单单人力资本就需要激励的原因就是人力资本的产权特性使然。他甚至认为，就算是在奴隶社会下，人力资本的产权特性也确定了对人力资本产权进行激励的必要性。因此，在创新原域中人力资本掌握着企业的关键资源，并且具有很大的信息非对称性。在这样的企业里，传统的激励机制很难发挥作用。创新原域中独特的激励制度安排就显得尤为重要。在人力资本密集的行业中，物质资本的专用性投入可以比较小，比如电脑的投入可以很容易转移使用，创新原域的最后风险承担者更可能是人力资本。既然人力资本是风险的承担者，他就必然要求获得一定的剩余权利。"资本雇佣劳动"的基础在这样的企业不复存在，"人力资本至上"成为创新中激励人力资本的重要基础假设。

4.2　创新与企业家精神

一、微观逐利机制

从微观层面，熊彼特提出创新的动力。熊彼特创新理论认为，企业创新的动力来自于资本逐利性以及企业家精神。企业创新推动社会经济的发展。创新是企业家的唯一职能，企业家是资本主义的"灵魂"，创新有资本主义经济发展自身的内在的创造作用。关于创新的研究大都集中于强调创新的重要性和企业作为创新主体的重要性②。

在熊彼特(1911)的早期研究中，他认为发明是由非经济力量决定的，无法通过研究经济学来理解。在后来的研究中，熊彼特(1942)认为创新是由大企业内部的经济力量所形成的。但是，在熊彼特的一生中，他拒绝承认创新是一种理性的活动；相反，他认为这是无法解释的创造性活动，也不能当作理性思考过程的结果去理解。创新与发明的代理者是企业家。

与他同时代的经济学家不同，熊彼特认为企业家不仅仅是为了在最低成本上生产商品和满足消费者需求而雇佣资源。相反，他赞同坎蒂隆的观点，认为企业家是愿意冒险的

---

① "……非人力资本与其所有者的可分离性意味着非人力资本具有抵押功能，而人力资本与其所有者的不可分离性意味着人力资本不具有抵押功能。这意味着，非人力资本的承诺比人力资本所有者的承诺更值得信赖。……负责经营决策的创新者是没有非人力资本的，他就不可能成为真正意义上的风险承担者……"

② 古捷、叶静："企业创新模式的探讨之一——创新模式"，《改革与理论》，2001年第9期。

个体。正是这样的企业家成为促使资本主义经济增长的中坚力量。当存在许多企业家时,资本主义将兴旺发达;另一方面,若企业家精神被破坏或遭受严重阻碍,资本主义将平静地转变到社会主义。

熊彼特认为,企业家要想获得成功,就必须塑造和形成消费者口味。与其他认为厂商应该响应消费者口味的经济学家的观点相左,熊彼特(1939)认为:"消费者选择消费品的大多数变化是由厂商强制造成的,这些消费者往往抵制这种改变,却又被广告精心策划的心理技术学所诱导和培养。"消费者偏好并没有导致生产与创新;而是由创新造就新的商品与服务,消费者或者拒绝,或者培养对新事物的口味。

熊彼特认为创新发生的根本原因在于社会存在着某种潜在利益,创新的目的就是为了获得这种潜在利益。当企业家意识到社会中存在某种潜在利益时,就会主动地投入资本或吸引他人投资,创造或引进一种新的生产方式去获取这种利益。在利益的追求中,企业家又会不断改进所采用的生产函数,使获取的利益尽量最大。当企业家实现了利润最大化时就会暂时停止创新,直到有其他的利益吸引他们再次进行创新。

在熊彼特看来,"企业家的行为和动机是理智的",企业家进行创新的直接原因是为了获取垄断利润和创新利润。

二、逐利下的创新选择

熊彼特创新理论中,假设企业家以利润最大化为目标,选择不同的技术轨道。可以借助多西的技术轨道概念来理解(Alison Seiffer & Clay Christensen, 1997)。在不同的创新阶段,渐进性创新与突破性创新的收益与风险不同。

1. 阶段性共存

渐进性创新可以理解为,在原有技术轨道上进行的渐进性创新,在一段时间内会优于新技术下的突破性创新,然而新技术将很快会导致市场竞争格局的重新洗牌(见图4-2)。

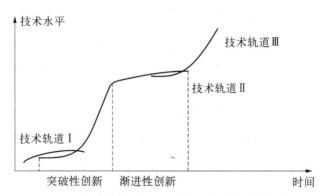

图4-2 突破性创新与渐进性创新的技术轨道比较

当一种区别于技术Ⅰ的新技术Ⅱ的新思想提出以后,首先要进行突破性的创新,尽管这种突破性创新的产品可能在早期阶段要比前一代技术差,产品的性能不如前一代产品。例如,最初发明的火车,其速度不如马车跑得快,但当解决了主要技术难题之后,将经历一个技术水平与产品性能急剧上升的过程,直到产品的主要技术性能指标稳定下来。这时企业就转入渐进性创新阶段,直到出现新的技术轨道 III,当技术轨道 III 所带来的技术生产的产品在市场上超过技术轨道 II 时,渐进性创新便以衰败告终。

如果一个企业同时开展技术轨道 II 上的渐进性创新与技术轨道 III 上的突破性创新的研究工作,那么该企业可以保持持续的竞争优势。如果从事技术轨道 II 上的渐进性创新研究的企业没有从事技术轨道 III 上的技术轨道的研究,新企业将挑战在技术轨道 II 领先的企业,导致技术轨道 III 中期阶段市场竞争格局的重新洗牌。例如,当石英钟技术出现的时候,千年品牌的瑞士钟表业并没有采纳这一技术进步一度面临日本石英钟表业的后起竞争。又如,在个人电脑刚要发展的时候,当时计算机业巨头美国 Digital 公司以不入流的态度看待这项产品技术,今天个人电脑的功能已经可以完全取代迷你电脑,Digital 也已被本来不入流的个人电脑大厂 Compaq 所购并。

2. 风险与收益对称

渐进性创新与突破性创新不仅仅在同一项技术的发展轨道上的先后出现的顺序不同,突破性创新与渐进性创新过程技术水平的变化轨迹也是显著不同的(见图 4-3)。

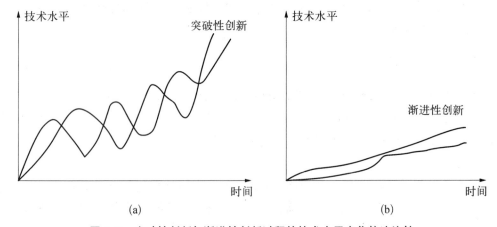

图 4-3 突破性创新与渐进性创新过程的技术水平变化轨迹比较

突破性创新由于整个过程不确定性很大。新的突破性技术在起步阶段甚至可能比旧技术的技术水平要差,主要表现在产品性能比前一代产品性能差,而且在改善的过程中,因为方案的变更或工艺的变革以及不同技术的采用,可能出现产品性能与技术水平的较大波动(见图 4-3)。然而,渐进性创新是对现有技术的改善,是现有技术的拓展,一般而言,其轨迹是稳定上升的平滑线(见图 4-3)。但应指出的是,尽管突破性创新的过程轨迹是剧烈波动的。但其最终结果——突破性技术或有关产品的技术性能最终要比渐进性创新高得多。

从静态当期角度来看,以企业为例,根据利润最大化原则进行创新策略的选择。企业都在进行渐进性的创新,不断完善自己的产品与技术,只是各个企业的渐进性创新绩效有所不同而已。突破性创新一般要求重塑企业目标和生产设施,一家领导市场发展的成功企业,主流市场才是成长获利的主要来源,企业一般是遵循主流市场与投资股东利益目标,来进行各种经营资源的配置决策。不符合顾客需求与股东利益的创新计划,一般都很难获得经营阶层的支持。创新开始的时候,不但不符合主流市场的需求,甚至威胁主流市场的既有利益。历史上,也有许多公司为了维护自己的利益(例如,与前一代技术相关的设备投入没有收回投资),把有用的技术成果购买封存,拖延多年才实施的例子。因此,由于企业对已有技术路径的依赖性,在突破性创新领域做出突出贡献,并大大提升公司价值的企业并不多。逐利假设下的成本收益分析无效。

从动态跨期角度来看,突破性创新多发生于一些中小企业,而大型企业多从事渐进性的创新。历史的研究也发现,成熟型大公司往往被小公司的突破性创新淘汰出局。这主要是因为原有的在前一代技术轨道上建立起来的组织规章、企业文化、激励机制、经营策略、组织能力都与前一代技术轨道后期的渐进性创新相适应。在前一代技术轨道积累的成功经验、核心能力与竞争优势恰恰成为新一轮竞争的障碍(Christernsen,1999)。不同的创新主体在创新过程中会有不同的未来的预期成本与收益。旁支新兴市场很难成为成功企业的经营焦点,而突破性创新正是由旁支小市场开始的。技术替代过程是较大的企业经常被较小的企业所替代的动态过程,并刺激收入迅速增长。在此过程中,大企业中偏好稳定的收入和工作保障甚于创新和冒险的资本家,会失去倾向创新的动态趋势,以及不断进取与变化的精神。

熊彼特(1942)对经济变化采用了一种更为广阔的观察方法。不是检验资本主义经济所经历过的周期变化,而是考察资本主义的未来。熊彼特认为,资本主义不会永远"活下去",将自动趋于社会化;然而,资本主义并不是被自己的失败毁灭的,而是将被自己的诸多成功所毁灭。

因此,在微观逐利的假设下,创新依赖于静态当期的技术与动态跨期的预期,因此只有在创新进入成熟期,并且具有一定市场规模预期的条件下,逐利动机才会推动创新。而在创新的萌芽时期,并且预期市场规模不确定的情况下,逐利动机就难以推动创新。

三、企业家精神也是创新动力

除了逐利目标外,熊彼特还提出,推动和促使企业家从事创新还有几类"动机",那就是"存在着一种梦想和意志,要去找到一个私人王国""存在有征服的意志:战斗的冲动""存在有创造的欢乐,把事情办成的欢乐,或者只是施展个人的能力和智谋的欢乐"[①];也就是所谓的"企业家精神"。企业家精神是企业家追求自我实现需要的满足,是企业家为了体现自己特殊的权力和地位、展示自己的才华、获得事业成功的欲望。正是这种可贵的企业家精神使得各种创新能够不断出现和发展,促进社会的进步。

熊彼特认为,创新是企业家精神的灵魂。熊彼特关于企业家是从事"创造性毁灭"(Creative Destruction)的创新者观点,凸显了企业家精神的实质和特征。创新让过去的固定资产设备和资本投资过时无效、悉数贬值,创新产生大量新的资本(利润)来弥补这些贬值和无效。一个企业最大的隐患,就是创新精神的消亡。一个企业,要么增值,要么就是在人力资源上报废,创新必须成为企业家的本能。

---

① 约瑟夫·熊彼特:《经济发展理论》,何畏等译,商务印书馆,1990年,第102—104页。

企业家推陈出新，创新是企业家的工具。熊彼特总结说，企业家的使命是"创造性地破坏"。企业家精神是一种行为和实践，创新是企业家精神的特殊手段。

逐利假设与企业家精神并不总是契合的。在逐利条件下，看似不确定性高且毫无预期收益可言的项目，常常就是在企业家精神的推动下实现的。然而，在逐利条件下看似利润丰厚的模仿从众行为，却是企业家精神最无法容忍的。企业家精神克服了利润最大化假设的短视，能够从长远角度来衡量成本与收益。企业家精神是支撑创新的非基于利润最大化的微观动力。

熊彼特发现许多企业没有系统的书面战略，而是靠企业家个人的诸如直觉、判断、智慧、经验和洞察力等素质，来预见企业未来的发展，并通过他的价值观、权力和意志来约束企业的发展。战略是一个企业家对企业未来图景的洞察过程，其核心概念是远见。他认为，解释企业发展的因素，不是企业为追求利润最大化的目标而进行的企业行为，而是企业应对即将变化的环境的战略意图。这种战略意图，就是企业应付不断变化的经济和社会形势而做出的努力，它是企业培养的一种能够"在正从其脚下溜走的大地上站稳脚跟"的能力。在熊彼特看来，企业家是企业发展的发动机，正是企业家带领企业实现着"创造性破坏"。企业家的功能不在于去寻找初始资本，也不是去开发新产品，他最核心的功能在于提供一种经营思想。这种经营思想经与企业资源结合后，将使企业创造巨大利润。企业家可以在不增加任何现有有形生产要素的情况下，通过引入一种"新的生产组合"，使得企业现有生产要素更加合理和更加有效地得到利用，从而创造出超额利润。熊彼特指出，"新的生产组合"包括"新项目的开发和用新办法开展原有的项目"，这是企业得以发展的关键。另外，熊彼特还认为，虽然企业的创建者在一开始领导着他的企业，推动了企业最初的发展。但是，一旦停止了创新活动，他也就不再发挥企业家的功能了。可以说，企业家在企业发展中最核心的功能就是创新，企业发展的最本质特征也是创新。

但是，创新不是"天才的闪烁"，而是企业家艰苦工作的结果。创新是企业家活动的典型特征，从产品创新到技术创新、市场创新、组织形式创新等。创新精神的实质是"做不同的事，而不是将已经做过的事做得更好一些"。所以，具有创新精神的企业家更像一名充满激情的艺术家。然而，谁也无法说清楚，企业家精神如何形成？企业家精神是不是遗传与生俱来；或者，企业家精神是否可以后天习得，像人品习惯性格一样？管理学家与心理学家在此方面有了些研究（彼得·圣吉，1998；David Mc Clelland，2006）；但是有一点是肯定的，后天环境下对于企业家精神具有重要的影响，接下来我们将从宏观角度来探求关于"企业家精神"的缘起。

4.3 创新与突破要素禀赋约束

一、创新带来宏观经济周期

从宏观角度，熊彼特以创新理论为依据，提出了其独特的多层次经济周期理论，以及创新的运行方式。熊彼特的创新理论基于创新、经济增长、经济周期之间的关系,认为"创新",即"创造性毁灭"(Creative Destruction),推动经济增长,将经济周期与投资波动和创新、制度创新联系了起来。

在经济处于静态的一般均衡中,即企业在经营中的支出与收入完全相等,没有垄断利润。这种状态没有企业家,也没有创新,因而也没有发展,生产水平始终在原有水平上均衡地循环流转、周而复始,即马克思所说的"简单再生产"。

他指出,经济周期的形成与创新直接相关的,推动经济增长周期波动的力量来自于"创新"。经济运行过程不只是表现为简单的"纯模式",而是表现为繁荣、衰退、萧条、复苏四个阶段的循环往复的周期性模式,因为"新的组合,不是像人们依据一般的概率原理所期望的那样,从时间上均匀分布的",而是"如果一旦出现,那就会成组或成群地不连续地出现"①。也就是说,创新活动引进新的技术和生产方法并没有规律性,而是一个时高时低、时疏时密的间断性过程。而且,企业家的出现也不是连续的,而是成群的出现,"一个或者少数几个企业家的出现可以促使其他企业家出现,于是又可促使更多的企业家以不断增加的数目出现"。这样,由于创新活动时而高涨、时而停滞,这就决定了社会和经济的发展也不是均匀的,时而繁荣,时而衰退,呈现一定的周期性(见图4-4)。

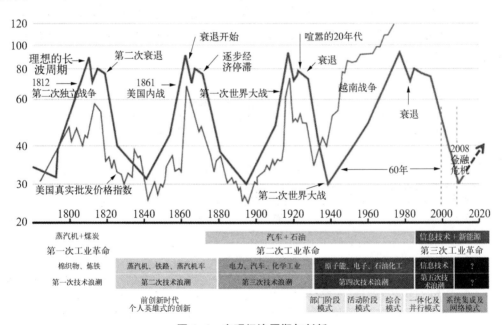

图4-4 宏观经济周期与创新

对于熊彼特来说,经济学的全部内容就是变化。他既研究了短期经济波动,又研究了资本主义的长期趋势。他通过这些研究确定了经济周期的阶段与成因,还检验了资本主义兴衰的成因。

---

① 约瑟夫·熊彼特:《经济发展理论》,何畏等译,商务印书馆,1990年,第249页。

创新的产生带来繁荣阶段,创新占据主导地位,周期的主导产品供不应求;在周期的衰退阶段,重要的创新活动已经衰竭,周期的主导产品供过于求,非成本竞争取代创新。由于创新的产生、创新的普及、创新的消失和新一轮创新的开始。这种创新模式应该是一种广泛意义上的系统现象,不仅仅涉及表象的经济增长,更是涉及资本、知识、制度与增长,推动蛙跳式经济增长[①]。

由于社会存在具有"企业家精神"的以追逐利益为目标的企业家,他们看到潜在利益的存在,便积极实行生产要素的新组合。由于新组合比旧组合更为合理和有利,使得新产品价格和生产要素价格之间产生了价值差额,企业家获得正常利润之外的超额利润,即企业家因创新而获得的额外报酬。因而,吸引其他的企业主进行模仿和创新,逐渐形成一种创新和投资的风潮,从而大力推动经济发展和社会进步。随着创新的普及和竞争的加剧,创新带来的利润被逐渐细分、减少直到消失,创新的动力也在逐渐降低直至消失,社会和经济的发展速度由快变慢,直到停滞。发展停滞后,由于前面创新带来的投资扩张和投机因素仍然大量存在,将会严重阻碍和破坏社会和经济的发展,甚至引起倒退。这个时候"企业家精神"就成为创新的初始动力。当新一轮的创新开始后,社会和经济发展又会进入新的循环周期。因此,熊彼特认为使经济呈现周期性波动的创新是从事物内部产生并发展起来的。

综合而言,经济周期是经济经历的规律性波动。在前人的基础上,熊彼特界定了长、中、短三种周期并存的复合模式。认为这几种周期并存且互相交织的状况进一步证明了"创新理论"的正确性(见表4-1)。

表4-1 熊彼特创新的周期理论

周 期	主要过程形式
短周期,平均40个月,3—4年的短期波动,代表人物:约瑟夫·基钦(Joseph Kitchin),也称之为基钦周期、基钦波	该周期由于商业存货的变化而造成的。厂商为使存货的增长超前于销售的增长,将扩张存货1—2年。但是,当销售增长缓慢时,存货将在仓库中囤积。因而,厂商将在1年左右的时间内削减产量以减少存货积压。当存货最终恢复到更适当的水平时,销售额回升,厂商将再次寻求扩张存货。
中周期,平均持续8—11年,代表人物:克莱门特·尤格拉(Clement Jugtar),也称之为"尤格拉周期"、尤格拉波	该周期关系到厂商投资于新厂房和设备的变化。人们通常所述的"经济周期"(Bussiness Cycle)指的就是这种经济波动。由于厂商希望扩张自己的固定资产并使其现代化,扩张将持续4—5年。但是,当厂商已经扩张和实现装备现代化后,将不再需要新的投资。因此,接下来的4—5年中,在厂房与设备方面的支出将减少。经过这段时期,固定资产将损耗、过时,因此又转移到另一个4—5年的投资繁荣阶段。

---

① 黄先海:《蛙跳式经济增长》,复旦大学经济学院博士论文,2003年。

(续表)

周 期	主 要 过 程 形 式
长周期,历时45—60年,代表人物:尼古拉·康德拉季耶夫(Nikolai Kondratieff),也称之为康德拉季耶夫周期(Kondratieff Cycle)、康德拉季耶夫波。第一轮长周期:蒸汽机、纺织机以及其他发明的工业革命。第二轮长周期:19世纪中叶的铁路建设。第三轮长周期:20世纪初,电力、汽车和化学。	该周期将发明与创新看成是长期周期背后的驱动力。在经济增长缓慢时,厂商不可能引进新的创新。因此,新的发明与创新将被积压几十年。当经济迅猛增长最终开始启动时,贮存了几十年的创新将被运用于生产过程,经济迅速增长。企业家的发明与创新是长期经济周期背后的驱动力。由银行信用支持的发明导致了创新与日益的繁荣。效仿者很快被吸引进来,于是最初的创新造就了经济的繁荣。但是,效仿者的效率总是比创新者的效率低,而且有很多效仿者在这个扩张期中姗姗来迟。错误的估算和紧缩的信用将一些企业推向破产的境地,并导致萧条与不景气。但是,破产也将低效的企业清除出去,从而纠正了以往扩张中的错误。发明在经济紧缩期间积聚,此时企业家无法募得资金将发明转换为能够刺激增长的创新,因而常备不懈,等待启动新的一轮增长周期。

二、周期性的要素禀赋约束

根据宏观周期理论,纵观世界经济增长的历史,要素约束始终都在制约着经济增长,可以表示为产出 $Y_t = y(T_t, K_t, H_t, I_t)$,其中 T_t 代表 t 时土地投入量,K_t 代表 t 时资本投入量,H_t 代表 t 时人力资本投入量,I_t 代表 t 时知识信息投入量。在不同经济时期,四个要素按照一定技术水平比例推动经济增长,要素的协同增长将会推动产出的增加;而增长偏慢、停滞甚至减少的要素将制约经济增长。周期性的要素禀赋约束导致经济周期性波动。突破要素禀赋约束成为创新的动力,以获得持续增长。

在农业为主社会里,土地是人类生息繁衍的基础,人类活动不断改变着土地的状况与性质;因此,土地能源 T 约束是制约许多国家经济发展的主要因素。土地与能源(动力)是农业社会与工业社会中所面临的增长瓶颈,一般具有不可再生性。数千年的农业社会见证了随着人口增长所出现的土地资源短缺的瓶颈。突破土地的制约,一条路是外生获得新的土地或内生围海造田开垦荒地;15世纪的地理大发现、19世纪的殖民政策、20世纪的世界大战,很大程度上就是为了获得土地和其他资源以突破土地资源对经济发展的约束。另一条路是提高农业生产技术。东方社会以精耕细作、节约土地、使用劳动、耕种技术创新为特点,突破土地约束的资源瓶颈。从农业社会到工业社会,人类历史上发生过三次农业革命,基本上都是围绕农业的生产技术而发生的:从采集经济向种植农业、畜牧经济生产模式过渡,化肥等生物技术在农业生产中的应用与普及。

进入工业为主的社会,工业文明是以开发、加工、利用自然资源(特别是能源)为主的复杂(高级)的物质性(含能源)活动方式,即使是工业社会后期出现的信息活动方式仍然处于服务于物质性活动的附属地位。在工业社会中,能源和动力成为维系供求平衡的枢纽。19世纪初,马尔萨斯认为人类社会终究会因为自然资源的匮乏而面临灭顶之灾。从自然的牲畜力、水力、风力到蒸汽动力,再到电力,从木材到煤炭再到石油、核能;每一种能源与动力的变革都意味着工业社会向纵深发展。

相对于农业来说,工业是资本更加密集的产业,资本 K 约束成为制约经济增长的因素,用于生产过程中的耐用品构成。英国的第一次产业革命和欧美的第二次产业革命都投入了大量资本,迅速地积累资本。中国古代有著名的四大发明,但是这些发明都没有真正形成生产力。19世纪中期,马克思指出资本的相对短缺导致的失业劳动力增加将会破坏经济的正常运行进程。

当一个国家基本实现工业化、成为发达国家后,资本的边际生产率已大幅度下降了,技术和人力资本H约束就是最重要的因素了。人力资本与物质资本相对应,通过人力资本投资形成的、寓寄在劳动者身上并能够为其使用者带来持久性收入来源的劳动能力,是以一定的劳动者的数量和质量为表现形式的非物质资本。一般地,劳动者的知识、技能以及体力(健康状况)等构成了人力资本。20世纪70年代,认识到劳动力才是最匮乏的生产禀赋,将成为制约经济持续增长的关键因素①。同时,还有信息知识②I约束。在经过一段迅速的资本积累阶段以后,在公开可得到的便宜技术已经大体上吸收完毕后,由于技术上还比较落后,也由于主要发达国家对技术的控制日益严密(比如知识产权保护),一个相对落后的国家的继续发展就日益受到技术的制约。由于这时主要是从国外获得技术,因此这时的约束就是信息与知识,从国外获得技术后进行模仿、消化、吸收、改造、提高。第二次世界大战后的日本、韩国和东亚其他国家和地区的迅速发展很大程度上就是通过这种方式实现的。

可见,在不同时期突破禀赋的路径选择是不同的,创新本质上是突破要素禀赋约束的过程。要素禀赋瓶颈的压力之下,宏观经济增长停滞或者衰退,微观企业出现生存危机;周期性的要素禀赋约束是创新的动力。

三、促进要素内生增长的"企业家精神"

人类经济增长周期不断地面临一种或者几种禀赋的约束。突破增长的瓶颈,就要突破禀赋约束的瓶颈。突破禀赋约束有两大途径(见表4-2)。

表4-2　国家或者地区突破禀赋约束的途径

	土地自然资源	劳动力、人力资本	资　本	信息知识
外生增长	战争掠夺	殖民	直接投资、间接投资	技术模仿
内生增长	成本高、周期长	人口自然增长、教育、干中学、培训	资本积累	技术创新

一是禀赋的外生增长。禀赋在不同禀赋的地区间流动,充分发挥地区的资源比较优势。禀赋的跨地域流动包括正常的市场交易方式,以及军事掠夺和赠送等渠道。从理论上讲,资本、劳动和自然资源都可以跨国流动,但是不同禀赋跨国流动的成本存在明显的差异。

从跨国流动成本来看,自然资源的跨国流动成本最高,往往只能通过战争掠夺或者赠

---

① 杰拉尔德·冈德森:《美国经济史新编》,商务印书馆,1994年,第706—708页。
② 知识和信息可以看作是组织的基本源泉。知识和信息是创新原域的一种资产,会影响到企业生产可能性边界,提高组织对所承担工作的协调能力(Prescott and Visscher, 1980)。

送转让贸易等手段获得。劳动、技术知识、资本的跨国流动成本基本上是依次降低的；文化、制度是吸引人才、促进外生增长能力的关键。劳动力、技术的跨国转移，导致技术进步后，通常也会带来地区间的技术传播与模仿，甚至产生更新更好的技术，这就是外生条件下创新。

通过引进外国的禀赋补充本国的短缺禀赋，这种途径不稳定，不具有可持续性，最终将取决于世界范围内某种资源的总量水平；除非要素的外生增长"内生化"引致要素的内生增长，才能够避免外生途径的不可持续性。

二是禀赋的内生增长。资本、劳动力和土地（包括自然资源）都可以被再生产出来。生产禀赋再生产的成本、速度，关键是看这种生产禀赋恢复至原来生产能力的可能性大小，以及相关技术。

通常，人口日益增长，对物质产品的需求增多。土地、森林等自然资源禀赋虽然可以通过开垦增加土地种植能力，但是土地、森林的再生成本高、速度慢，而且矿产、石油、煤等其他能源资源更是不可再生的禀赋，与生产需要之间会出现短缺；因此土地等自然资源的再生产成本最高。资本的增殖能力取决于资本的利润率与循环周期。劳动在生产过程中可以得到不断的锻炼，劳动的使用过程就是劳动的再生产过程，通过自然人口增长、教育、干中学来不断提高自身的劳动生产率，实现技术进步①，因此劳动既是最稀缺的生产禀赋，又是最丰裕的生产禀赋②。最后，信息知识的内生增长依赖于技术与知识的创新；同时技术创新对于其他要素的再生产而言，也会加快速度，降低成本。

可见，从宏观上看，唯有通过要素内生增长才可以做到消耗更少的物质资源而达到更高的经济水平，突破要素禀赋瓶颈。要素内生增长途径是突破瓶颈的关键，外生要素内生化，形成突破要素禀赋瓶颈的力量。

而在微观层面，在这个过程中所产生的动力、激情、梦想、创造力，正是熊彼特所提出的企业家精神。资本（Ricardo，1817）、人力资本（Romer，1986；Lucas，1988；Rebelo，1991；Uzawa，1965），以及信息知识（Varian，1999；OECD，2001）等要素内生增长，可以视为微观的企业家精神的集中表现。禀赋内生增长的路径选择，区别于传统经济学模型报酬递减和成本递增的假定，整个经济最终收敛于唯一的均衡点的反馈经济③；依赖要素内生增长的经济是一种正反馈经济④。

---

① 非中性的技术进步会导致要素间的替代，产业结构升级。
② 马尔萨斯和马克思认为劳动力是丰裕的资源，不会制约经济的持续增长，非劳动力资源（资本和自然资源）才是制约经济持续增长的关键因素，正是强调了劳动本身特有的、很强的再生产能力。冈德森认为劳动是最稀缺的生产禀赋，则着重强调人类劳动在生产过程中的主观能动性，强调劳动对资本和土地的替代作用，以及劳动对资本和土地再生产的促进意义。
③ 就古典和新古典的经济模型而言，当一种商品的价格上涨时，生产者会增加产出，但是消费者会减少消费；反之，情况则相反。生产者与消费者之间的这种负反馈机制会使一种失衡的市场重新恢复均衡。
④ 以互联网经济为例，需求增加会创造更高的效率和报酬，从而导致供给方价格的进一步下降，进而创造出更多的需求。这种需求与供给互为因果的正反馈机制使得新经济的发展具有自我实现的滚雪球式效应，而非自我恢复的均衡效应。

综上所述,熊彼特式创新,其本质是一种创新的规则,或者称之为制度。在一定生产要素与生产条件的动力条件之下,进行创新;依照某种规律进行生产函数的组合,组合生产要素与生产条件的一个过程将大大降低创新的风险,使创新成为必然;而非线性的创新结果将带来丰厚的高收益,从而熊彼特式创新可以获得企业家利润或潜在的超额利润。

资本、人力资本、信息知识等宏观要素禀赋瓶颈,引致突破约束的推动力,通过外生或者内生的途径来实现突破约束瓶颈。内生途径,产生微观企业家精神动力;企业家精神是突破要素禀赋约束的动力,推动新一轮的创新;内生要素增长是可持续的内动力;但若基于逐利目标则会产生新的要素约束,而推动新一轮经济周期波动。相对应的,外生途径不具有可持续性,除非外生要素增长内生化,才能产生企业家精神,推动创新与增长(如图 4-5)。

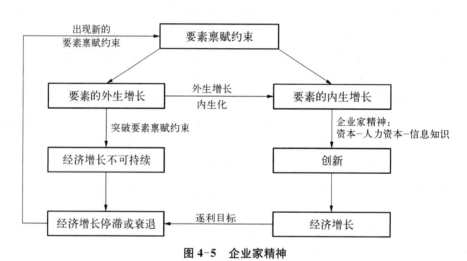

图 4-5　企业家精神

根据人类经济发展历史的回顾,以及要素禀赋约束相关文献综述,可以得出:资本、人力资本、信息知识都是创新中的关键因素,共同决定空间与资源约束。人类很早就已经认识到空间与资源约束对经济增长的意义。地理大发现后西方文明的崛起,与空间资源禀赋拓展相关联(彭慕兰,2003)。因此,从空间角度,可以构建"资本——人力资本——信息知识"的水平维度,研究这些要素激励企业家精神的作用机理。

[参考阅读]

1. 诺斯·道格拉斯:《制度、制度变迁与经济绩效》,刘守英译,上海三联书店,1994 年。

2. 青木昌彦:《比较制度研究》:上海远东出版社,2001 年。

3. 威廉姆森:《市场与层级制:分析与反托拉斯含义》,上海财经大学出版社,2012 年。

[思考题]

1. 什么是企业？企业为什么要创新？
2. 企业家精神的本质与内涵是什么？如何培育企业家精神？

第5章 创新的产品

[本章主要内容]

本章从微观经济学视角,探讨一个新产品的创意产生、定价、渠道与营销市场化的整个过程。将微观经济学的知识与市场营销、广告媒体、创意设计等领域相结合,扩展学生的思维。

5.1 产品与新产品

一、产品与新产品的三个层次

产品就是购买者通过采购/拥有或消费而得到物质上/心理上或社会上满足的任何东西。产品是能满足一定的消费需求并能通过交换实现其价值的物品和服务。

根据使用产品和服务的顾客类型,可以将产品和服务分成两大类——消费品和产业用品。从广义上讲,产品还包括其他可提供出售的服务等内容。

一类是消费品(Consumer Product),这是最终消费者购买用于个人消费的产品。营销人员根据顾客购买产品的方式,将消费品进一步分为便利品、选购品、特殊品和非渴求品。

● 便利品(Convenience Product)是消费者经常购买的产品和服务;购买时几乎不做比较,很快拿定主意。

● 选购品(Shopping Product)是消费者购买频率较低的产品和服务,会仔细比较其适用性、质量、价格和款式。

● 特殊品(Specialty Product)具有独一无二的特点或品牌识别特征;特定重要的群体会购买。

● 非渴求品(Unsought Product)是顾客或者了解,或者虽然了解但一般不考虑主动购买的消费品。

另一类是产业用品(Industrial Product),这是购买后用于进一步加工或企业经营的产品。消费品和产业用品之间的显著区别在于它们被购买的目的,主要有三类产业用品和服务:材料和零部件、资本项目、辅助品和服务。

产品策划者需要考虑产品或服务的三个层次(见图5-1)。每个层次都会增加顾客价值。

最基础的一层是核心顾客价值,它提出购买者真正购买的是什么。营销人员设计产品时必须首先确定顾客追求的旨在解决问题的核心利益或服务。

在产品的第二层次,产品策划者必须围绕产品的核心利益构造一个实体产品,他们需要构建产品和服务的特征、设计、质量水平、品牌名称和包装。

最后在产品的第三层次,策划者还要向顾客提供一些附加服务和利益,以便围绕核心利益和实体产品扩展产品。

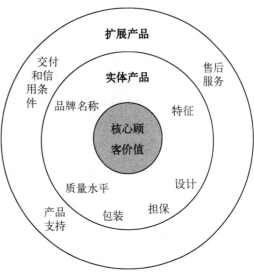

图 5-1 产品的三个层次

产品的创新可以根据创新所在产品的层次分为:全新产品,核心层的创新;改进产品,非核心层的创新;没有任何层面的创新的仿制产品;以及增补产品,产品组合的创新。

二、产品组合中的新产品

产品组合,也称产品的各色品种集合(Product Assortment),是指一个企业在一定时期内生产经营的各种不同产品、产品项目的组合。产品组合,是企业生产和经营的全部产品的结构,企业提供给用户的所有类别和品种的产品,是产品花色品种的配备,包括产品线和产品项目。

产品线是指企业所经营的核心内容相同的一组密切相关的产品,通常称为产品大类。

产品项目是产品线中一个明确的产品单位,产品线中包含不同品种、规格、质量和价格的特定产品。

产品组合包括四个因素:产品系列的宽度、长度、产品系列的深度和产品系列的关联性。这四个因素的不同,构成了不同的产品组合。

- 宽度:企业的产品线总数。产品线也称产品大类、产品系列,是指一组密切相关的产品项目。这里的密切相关可以是使用相同的生产技术,产品有类似的功能,同类的顾客群,或同属于一个价格幅度。对于一个家电生产企业来说,可以有电视机生产线、电冰箱生产线。产品组合的宽度说明了企业的经营范围大小、跨行业经营,甚至实行多角化经营程度。增加产品组合的宽度,可以充分发挥企业的特长,使企业的资源得到充分利用,提高经营效益。此外,多角化经营还可以降低风险。产品线策略会根据企业发展战略而选择不同的划分,如按品牌、品类,或细分市场。
- 长度:一个企业的产品项目总数。产品项目指列入企业产品线中具有不同规格、型号、式样或价格的最基本产品单位。通常,每一产品线中包括多个产品项目,企业各产品线的产品项目总数就是企业产品组合长度。

● 深度：产品线中每一产品有多少品种。例如，M 牙膏产品线下的产品项目有三种，a 牙膏是其中一种，而 a 牙膏有三种规格和两种配方，a 牙膏的深度是 6。产品组合的长度和深度反映了企业满足各个不同细分子市场的程度。增加产品项目，增加产品的规格、型号、式样、花色，可以迎合不同细分市场消费者的不同需要和爱好，招徕、吸引更多顾客。

● 关联性：一个企业的各产品线在最终用途、生产条件、分销渠道等方面的相关联程度。较高的产品的关联性能带来企业的规模效益和企业的范围效益，提高企业在某一地区、行业的声誉。

例如，快消企业，一般以品牌为核心的产品组合；制造类企业，一般以产品为核心的产品组合。

企业创新产品组合，也是创新思路之一。在进行产品组合时，涉及三个层次的问题，需要做出抉择，即：

(1) 是否增加、修改或剔除产品项目；

(2) 是否扩展、填充和删除产品线；

(3) 哪些产品线需要增设、加强、简化或淘汰（以此来确定最佳的产品组合）。

产品组合的四个因素和促进销售、增加利润都有密切的关系。一般来说，拓宽、增加产品线有利于发挥企业的潜力、开拓新的市场；延长或加深产品线可以适合更多的特殊需要；加强产品线之间的一致性，可以增强企业的市场地位，发挥和提高企业在有关专业上的能力。

一种分析产品组合是否健全、平衡的方法称为三维分析图。在三维空间坐标上，以 x、y、z 三个坐标轴分别表示市场占有率、销售成长率以及利润率，每一个坐标轴又分为高、低两段，这样就能得到 8 种可能的位置，如图 5-2 所示。

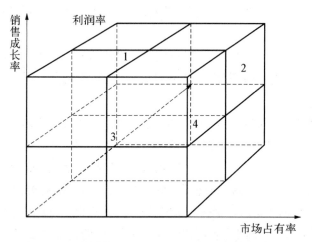

图 5-2 三维分析图（1、2、3、4 位置为利润高的情况）

如果企业的大多数产品项目或产品线处于 1、2、3、4 号位置上，就可以认为产品组合已达到最佳状态。因为任何一个产品项目或产品线的利润率、成长率和占有率都有一个由低到高，又转为低的变化过程，不能要求所有的产品项目同时达到最好的状态，即使同时达到，也是不能持久的。

因此，企业所能要求的最佳产品组合，必然包括：

- 虽不能获利但有良好发展前途、预期成为未来主要产品的新产品；
- 已达到高利润率、高成长率和高占有率的主要产品；
- 虽仍有较高利润率而销售成长率已趋降低的维持性产品，以及已决定淘汰、逐步收缩其投资以减少企业损失的衰退产品。

根据以上产品线分析，针对市场的变化，调整现有产品结构，从而寻求和保持产品结构最优化，这就是产品组合策略，其中包括如下策略：

(1) 产品线扩散策略：包括向下策略、向上策略、双向策略和产品线填补策略；
(2) 产品线削减策略；
(3) 产品线现代化策略：在迅速变化的高技术时代，产品现代化是必不可少的。

三、产品—市场矩阵确定新产品

企业会根据自身资源和发展战略，会在新产品—新市场矩阵中进行选择产品创新策略。安索夫矩阵是由策略管理之父安索夫博士(Doctor Ansoff)于1957年提出，以产品和市场作为两大基本面向，区别出四种产品/市场组合和相对应的营销策略，是应用最广泛的营销分析工具之一(见表5-1)。

表 5-1 安索夫矩阵

	新产品	已有产品
新市场	市场渗透	市场拓展
已有市场	产品拓展	无创新

安索夫矩阵是以2×2的矩阵代表企业企图使收入或获利成长的四种选择，其主要的逻辑是企业可以选择四种不同的成长性策略来达成增加收入的目标。产品/市场策略(Product-market Strategy)也往往被称为安索夫矩阵(Ansoff Matrix)、产品市场扩张方格(Product Market Expansion Grid)、成长矢量矩阵(Growth Vector Matrix)。

1. 市场渗透(Market Penetration)

市场渗透是指以现有的产品面对现有的顾客，以其产品市场组合为发展焦点，力求增大产品的市场占有率。采取市场渗透的策略，借由促销或是提升服务品质等方式来说服消费者改用不同品牌的产品，或说服消费者改变使用习惯、增加购买量等。

2. 市场开发(Market Development)

市场开发是指提供现有产品开拓新市场，企业必须在不同的市场上找到具有相同产品需求的使用者顾客，往往产品定位和销售方法会有所调整，但产品本身的核心技术则不必改变。

3. 产品延伸(Product Development)

产品延伸是指推出新产品给现有顾客，采取产品延伸的策略，利用现有的顾客关系来借力使力。通常是以扩大现有产品的深度和广度，推出新一代或是相关的产品给现有的顾客，提高该厂商在消费者中的占有率。

4. 多元化经营（Diversification）

多元化经营是指提供新产品给新市场，此处由于企业的既有专业知识能力可能派不上用场，因此是最冒险的多角化策略。其中，成功的企业多半能在销售、通路或产品技术等核心知识（Know-how）上取得某种综效（Synergy），否则多元化的失败概率很高。

安索夫（Ansoff）后来对矩阵做了一个修改，增加了地理区域上的复杂性。这种三维模式的矩阵可以被用来定义战略选择和业务的最终范围。客户可以选择市场需求、产品/技术、地理范围等变量中的一种来界定服务市场。安索夫（Ansoff）定义的投资组合战略的第二个要素是公司在每一个服务市场上设法获取的竞争优势。第三个要素由可获得的业务之间的协同作用构成，最后一个要素是可获得的战略灵活性程度。战略灵活性可以通过两种途径获得。第一种途径是在公司外部，通过地理区域、服务需求和技术的多元化获得，使得任何战略业务单位的突然变化都不会对公司产生严重的影响。其次，战略灵活性可以通过增大业务间资源和能力的可转移性获得。

5. 市场巩固（Consolidation）

市场巩固是指以现有的市场和产品为基础，以巩固市场份额为目的，采用产品差异化战略来加强客户忠诚度。同时，当市场份额总体有所下降时，缩小规模和缩减部门成为不可避免的应对措施。通常，市场巩固在安索夫矩阵中与市场开发占据同一格。

四、从 4P 到 4C 理解新产品

4P，即产品（Product）、价格（Price）、促销（Promotion）、渠道（Place）四要素，其由密西根大学教授杰罗姆·麦卡锡（E. Jerome Mccarthy）于 1960 年提出，"它的伟大在于它把营销简化，并便于记忆和传播"。

产品包含核心产品、实体产品和延伸产品。广义的产品可以是有形的实体，也可以是无形的服务、技术、知识或智慧等。

价格的制定手段很多，有竞争比较法、成本加成法、目标利润法、市场空隙法，这些方法的目标是使产品成为可交换的商品。企业以盈利为目标，所以定价要具有兼顾销售效率和企业效益的双重考虑，打价格战是一种定价和竞争策略，但价格低并非总是奏效。曾经就有人在面临玉兰油的同一个产品在两个不同商家销售价格不同的购买选择时，一家是按全价销售，另一个则是八折销售，结果却是选择了原价购买。信息不对称，使价格中蕴涵了太多的附加臆测信息，品质、期限、真伪、质量、效用，价格不仅与产品本身相关联，也与品牌的附加内涵和价值相关联，与市场的供求关系相关联，与所选择的购物场所的信誉相联系。

传统意义的促销是人员推广、广告、公关活动和销售促进。这些方式在营销过程中有着非常广泛的应用。

渠道是产品从生产方到消费者终端所经历的销售路径。普通消费品会经过代理商、批发商、商场或零店的环节。B2C 模式中也有电话直销、电视直销、网络直销、人员直销、专卖店直销等模式。直销模式大大缩减了从厂家到买家的中间环节，将中间利润让渡给消费者或作为新的营销模式所产生的额外费用的补偿。B2B 模式中也可能采取厂家对厂

家的直接销售或选取代理商的中间销售模式。

4P 之后,因为服务业在 20 世纪 70 年代迅速发展,有学者又增加了第 5 个 P,即"人"(People)。又因为包装在包装消费品营销中的重要意义,而使包装(Packaging)成为另一个 P。20 世纪 70 年代,"营销管理之父"科特勒在强调"大营销"的时候,又提出了两个 P,即公共关系(Publications)和政治(Politics)。当营销战略计划受到重视的时候,科特勒又提出了战略计划中的 4P 过程,即研究(Probing)、划分(Partitioning)、优先(Prioritizing)、定位(Positioning),营销组合演变成了 12P。但 4P 作为营销基础工具,依然发挥着非常重要的作用。

以消费者为中心的 4C 理论,逐渐挑战 4P 理论。20 世纪 90 年代,随着消费者个性化日益突出,加之媒体分化,信息过载,传统 4P 渐被 4C 所挑战。从本质上讲,4P 思考的出发点是企业中心,是企业经营者要生产什么产品、期望获得怎样的利润而制定相应的价格,要将产品以怎样的卖点传播和促销,并以怎样的路径选择来销售。这其中忽略了顾客作为购买者的利益特征,忽略了顾客是整个营销服务的真正对象。以客户为中心的新型营销思路的出现,使以顾客为导向的 4C 理论应运而生。20 世纪 90 年代,美国学者劳特朋(Lauteborn)教授提出了与 4P 相对应的 4C 理论。

4C 理论的核心是顾客战略。而顾客战略也是许多成功企业的基本战略原则,比如,沃尔玛"顾客永远是对的"的基本企业价值观。4C 理论的基本原则是以顾客为中心进行企业营销活动规划设计,从产品到如何实现顾客需求(Consumer's Needs)的满足,从价格到综合权衡顾客购买所愿意支付的成本(Cost),从促销的单向信息传递到实现与顾客的双向交流与沟通(Communication),从通路的产品流动到实现顾客购买的便利性(Convenience)。

顾客需求,有显性需要和潜在需要之分。显性需要的满足是迎合市场,潜在需要的满足是引导市场。营销人的首要功课是要研究客户需求,发现其真实需求,再来制定相应的需求战略,以影响企业的生产过程。由于市场竞争的加剧,客户对于同质化产品表现出消费疲惫,而适度创新则是引导和满足客户需求的竞争利器。

顾客需求层次也是进行市场细分的依据之一。满足何种需求层次,直接决定了目标市场定位抉择。根据马斯洛的需求层次理论,顾客需求从基本的产品需求向更高的心理需求满足的层次发展,因此,企业不仅要做产品,还要做品牌,做生活,通过创建品牌核心价值,营造新型生活方式,实现顾客在社会认同、生活品位等层次上需求的满足。

顾客成本是顾客购买和使用产品所发生的所有费用的总和。价格制定是单纯的产品导向,而顾客成本则除了产品价格之外,还包括购买和熟练使用产品所发生的时间成本、学习成本、机会成本、使用转换成本、购买额外配件或相关产品的成本付出的统合。对于这些成本的综合考虑,更有利于依据目标客户群的特征进行相关的产品设计和满足顾客的真实需要。

顾客沟通首先明确企业传播推广策略是以顾客为导向而非企业导向或竞争导向。现实的许多企业以竞争导向制定促销策略,结果陷入了恶性竞争的迷茫之中。顾客导向才更能使企业实现竞争的差异性和培养企业的核心竞争能力。顾客沟通也更强调顾客在整个过程中的参与和互动,并在参与互动的过程中,实现信息的传递以及情感的联络。一方面,沟通要选择目标客户经常接触的媒介管道;另一方面,由于社会信息爆炸,消费者每天所接触的信息来源非常广泛,因而单向的信息传递会由于消费者的信息接收过滤而造成传播效率低下。沟通所强调的客户参与,则使顾客在互动的过程中对于信息充分接收,并产生记忆。当前的体验营销就是客户在体验的过程中,了解产品与自身需求的契合,发现产品的价值所在,并在无形中领悟品牌文化,在潜移默化中达致心理的感动。在体验的过程中,顾客的心声被企业接纳,又成为下一次创新的方向。

综上,根据4P与4C的理论,为我们提供了决定新产品创意的基本原则:新产品除了新产品本身之外,还包括新市场、新盈利模式、新供应链、新的营销方式等因素(见表5-2)。

表5-2 4P与4C对比表

4P		4C		创新的产品
Product	产品	顾客	Customer	新产品、新市场
Price	价格	成本	Cost	新盈利模式
Place	渠道	便利	Convenience	新供应链
Promotion	促销	沟通	Communication	新营销方式

5.2 产品生命周期

一、产品生命周期的概念

产品生命周期理论是美国哈佛大学教授雷蒙德·弗农(Raymond Vernon)于1966年在其《产品周期中的国际投资与国际贸易》一文中首次提出的。弗农认为:产品生命是指市场上产品的营销生命。产品和人的生命一样,要经历形成、成长、成熟、衰退这样的周期,而这个周期在不同技术水平的国家里,发生的时间和过程是不一样的,存在一个较大的差距和时差,正是这一时差,表现为不同国家在技术上的差距。它反映了同一产品在不同国家市场上的竞争地位的差异,从而决定了国际贸易和国际投资的变化。为了便于区分,弗农把这些国家依次分成创新国(一般为最发达国家)、一般发达国家、发展中国家。

市场营销领域中的产品生命周期(Product Life Cycle),亦称商品生命周期,是指产品从投入市场到更新换代和退出市场所经历的全过程。是产品或商品在市场运动中的经济寿命,也即在市场流通过程中,由于消费者的需求变化以及影响市场的其他因素所造成的商品由盛转衰的周期,主要是由消费者的消费方式、消费水平、消费结构和消费心理的变化所决定的。一般分为导入(进入)期、成长期、成熟期(饱和期)、衰退(衰落)期四个阶段。这就是一种新产品从投入市场直到被市场淘汰的整个过程。

产品生命周期的概念也随着经济活动的发展而不断衍生。市场营销学定义的产品生命周期为：导入、成长、成熟、衰退。这个已经不能概括当前产品生命周期的全过程。随着 PLM(Product Lifecycle Management，产品生命周期管理)软件的兴起，产品生命周期开始包含需求收集、概念确定、产品设计、产品上市和产品市场生命周期管理。就像人的生命周期中把父母前期的准备和孕育的过程、分娩的过程也定义进人的生命周期。近现代很多优秀的企业觉得上述两种生命周期并不能完全概括产品生命周期。在基于产品管理概念的基础上把产品生命周期概括为：产品战略、产品市场、产品需求、产品规划、产品开发、产品上市、产品退市生命周期管理 7 个部分。

一般产品的产品生命周期各阶段特点可以用图 5-3 表示。

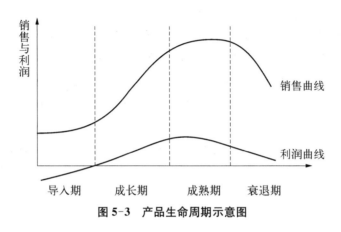

图 5-3 产品生命周期示意图

二、产品生命周期的四个阶段

市场营销领域中的产品生命周期(Product Life Cycle)观念，简称 PLC，是把一个产品的销售历史比作人的生命周期，要经历出生、成长、成熟、老化、死亡等阶段。就产品而言，也就是要经历一个开发、引进、成长、成熟、衰退的阶段。

1. 投入期

新产品投入市场，便进入投入期。此时，顾客对产品还不了解，只有少数追求新奇的顾客可能购买，销售量很低。为了扩展销路，需要大量的促销费用，对产品进行宣传。在这一阶段，由于技术方面的原因，产品不能大批量生产，因而成本高，销售额增长缓慢，企业不但得不到利润，反而可能亏损。产品也有待进一步完善。从开发产品的设想到产品制造成功的过程中，该产品销售额为零，公司投资不断增加。新产品新上市，销售缓慢。由于引进产品的费用太高，初期通常利润偏低，或为负数，但此时没有或只有极少的竞争者。在产品开发期间该产品销售额为零，公司投资不断增加。

投入期的特征是产品销量少，促销费用高，制造成本高，销售利润很低甚至为负值。根据这一阶段的特点，企业应努力做到：投入市场的产品要有针对性；进入市场的时机要合适；设法把销售力量直接投向最有可能的购买者，使市场尽快接受该产品，以缩短介绍期，更快地进入成长期。

在产品的投入期，一般可以由产品、分销、价格、促销四个基本要素组合成各种不同的市场营销策略。仅将价格高低与促销费用高低结合起来考虑,就有下面四种策略。

（1）快速撇脂策略,即以高价格、高促销费用推出新产品。实行高价策略可在每单位销售额中获取最大利润,尽快收回投资;高促销费用能够快速建立知名度,占领市场。实施这一策略须具备以下条件:产品有较大的需求潜力;目标顾客求新心理强,急于购买新产品;企业面临潜在竞争者的威胁,需要及早树立品牌形象。一般而言,在产品引入阶段,只要新产品比替代的产品有明显的优势,市场对其价格就不会那么计较。

（2）缓慢撇脂策略。以高价格、低促销费用推出新产品,目的是以尽可能低的费用开支求得更多的利润。实施这一策略的条件是:市场规模较小;产品已有一定的知名度;目标顾客愿意支付高价;潜在竞争的威胁不大。

（3）快速渗透策略。以低价格、高促销费用推出新产品。目的在于先发制人,以最快的速度打入市场,取得尽可能大的市场占有率。然后再随着销量和产量的扩大,使单位成本降低,取得规模效益。实施这一策略的条件是:该产品市场容量相当大;潜在消费者对产品不了解,且对价格十分敏感;潜在竞争较为激烈;产品的单位制造成本可随生产规模和销售量的扩大迅速降低。

（4）缓慢渗透策略。以低价格、低促销费用推出新产品。低价可扩大销售,低促销费用可降低营销成本,增加利润。这种策略的适用条件是:市场容量很大;市场上该产品的知名度较高;市场对价格十分敏感;存在某些潜在的竞争者,但威胁不大。

2. 成长期

这时顾客对产品已经熟悉,大量的新顾客开始购买,市场逐步扩大。产品大批量生产,生产成本相对降低,企业的销售额迅速上升,利润也迅速增长。竞争者看到有利可图,将纷纷进入市场参与竞争,使同类产品供给量增加,价格随之下降,企业利润增长速度逐步减慢,最后达到生命周期利润的最高点。产品经过一段时间已有相当知名度,销售快速增长,利润也显著增加。但由于市场及利润增长较快,容易吸引更多的竞争者。

新产品经过市场介绍期以后,消费者对该产品已经熟悉,消费习惯也已形成,销售量迅速增长,这种新产品就进入了成长期。进入成长期以后,老顾客重复购买,并且带来了新的顾客,销售量激增,企业利润迅速增长,在这一阶段利润达到高峰。随着销售量的增大,企业生产规模也逐步扩大,产品成本逐步降低,新的竞争者会投入竞争。随着竞争的加剧,新的产品特性开始出现,产品市场开始细分,分销渠道增加。企业为维持市场的继续成长,需要保持或稍微增加促销费用,但由于销量增加,平均促销费用有所下降。针对成长期的特点,企业为维持其市场增长率,延长获取最大利润的时间,可以采取下面四种策略。

（1）改善产品品质。如增加新的功能,改变产品款式,发展新的型号,开发新的用途等。对产品进行改进,可以提高产品的竞争能力,满足顾客更广泛的需求,吸引更多的顾客。

（2）寻找新的细分市场。通过市场细分,找到新的尚未满足的细分市场,根据其需要组织生产,迅速进入这一新的市场。

（3）改变广告宣传的重点。把广告宣传的重心从介绍产品转到建立产品形象上来,树立产品名牌,维系老顾客,吸引新顾客。

(4) 适时降价。在适当的时机,可以采取降价策略,以激发那些对价格比较敏感的消费者产生购买动机和采取购买行动。

3. 成熟期

市场需求趋向饱和,潜在的顾客已经很少,销售额增长缓慢直至转而下降,标志着产品进入了成熟期。在这一阶段,竞争逐渐加剧,产品售价降低,促销费用增加,企业利润下降。此时市场成长趋势减缓或饱和,产品已被大多数潜在购买者所接受,利润在达到顶点后逐渐走下坡路。此时市场竞争激烈,公司为保持产品地位须投入大量的营销费用。

进入成熟期以后,产品的销售量增长缓慢,逐步达到最高峰,然后缓慢下降;产品的销售利润也从成长期的最高点开始下降;市场竞争非常激烈,各种品牌、各种款式的同类产品不断出现。

对成熟期的产品,宜采取主动出击的策略,使成熟期延长,或使产品生命周期出现再循环。为此,可以采取以下三种策略。

(1) 市场调整。这种策略不是要调整产品本身,而是发现产品的新用途、寻求新的用户或改变推销方式等,以使产品销售量得以扩大。

(2) 产品调整。这种策略是通过产品自身的调整来满足顾客的不同需要,吸引有不同需求的顾客。整体产品概念的任何一层次的调整都可视为产品再推出。

(3) 市场营销组合调整。即通过对产品、定价、渠道、促销四个市场营销组合因素加以综合调整,刺激销售量的回升。常用的方法包括降价、提高促销水平、扩展分销渠道和提高服务质量等。

4. 衰退期

随着科学技术的发展,新产品或新的代用品出现,将使顾客的消费习惯发生改变,转向其他产品,从而使原来产品的销售额和利润额迅速下降。于是,产品又进入了衰退期。这期间产品销售量显著衰退,利润也大幅度滑落。优胜劣汰,市场竞争者也越来越多。

衰退期的主要特点:产品销售量急剧下降;企业从这种产品中获得的利润很低甚至为零;大量的竞争者退出市场;消费者的消费习惯已发生改变等。面对处于衰退期的产品,企业需要进行认真的研究分析,决定采取什么策略,在什么时间退出市场。通常有以下四种策略可供选择。

(1) 继续策略。继续沿用过去的策略,仍按照原来的细分市场,使用相同的分销渠道、定价及促销方式,直到这种产品完全退出市场为止。

(2) 集中策略。把企业能力和资源集中在最有利的细分市场和分销渠道上,从中获取利润。这样有利于缩短产品退出市场的时间,同时又能为企业创造更多的利润。

(3) 收缩策略。抛弃无希望的顾客群体,大幅度降低促销水平,尽量减少促销费用,以增加利润。这样可能导致产品在市场上的衰退加速,但也能从忠实于这种产品的顾客中得到利润。

(4) 放弃策略。对于衰退比较迅速的产品,应该当机立断,放弃经营。可以采取完全放弃的形式,如把产品完全转移出去或立即停止生产;也可采取逐步放弃的方式,使其所占用的资源逐步转向其他的产品。

三、产品品类的生命周期

产品品类,包含产品种类与产品形式两层含义。产品种类是指具有相同功能及用途的所有产品;产品形式是指同一种类产品中,辅助功能、用途或实体销售有差别的不同产品。产品品牌则是指企业生产与销售的特定产品。例如,白沙牌过滤嘴香烟,香烟表示产品种类;过滤嘴香烟是香烟的一种形式,即产品形式;白沙牌过滤嘴香烟则专指过滤嘴香烟中的一种特定产品,一种产品品牌。产品种类的生命周期要比产品形式、产品品牌长,有些产品种类生命周期中的成熟期可能无限延续。产品形式一般表现出上述比较典型的生命周期过程,即从介绍期开始,经过成长期、成熟期,最后走向衰落期。至于品牌产品的生命周期,一般是不规则的,它受到市场环境及企业市场营销决策、品牌知名度等影响。品牌知名度高的,其生命周期就长;反之亦然。例如,像国际知名品牌"可口可乐"近百年来仍受欢迎。

总之,产品生命周期(Product Life Cycle),是指生产者生产过程的技术新旧,与生产周期中微观管理控制的过程相关。产品品类的生命周期与该品类的技术发展紧密相连。比如,传呼机随着技术被淘汰而走向衰落。但品牌的生命周期可以随着企业战略选择进入不同产业而遇到新机遇。

与产品生命周期概念容易混淆的概念是产品寿命(Life of Product),它是指消费者使用过程的产品新旧,与产品使用过程的消耗速度有关,与经济周期中宏观经济波动的过程无关。

一般而言,快速消费品的产品寿命较短,产品技术变化不大,其生命周期也较长,产品的创新比较缓慢。耐用消费品的产品生命较长,一旦这类产品的技术迭代速度增快,则生命周期小于其产品寿命,产品的创新速度较快。

对于这些特殊产品,我们可以把特殊的产品生命周期分为风格型产品生命周期、时尚型产品生命周期、热潮型产品生命周期、扇贝形产品生命周期四种特殊类型,它们的产品生命周期曲线并非通常的 S 型。

风格(Style),是一种在人类生活中基本但特点突出的表现方式。风格一旦产生,可能会延续数代,根据人们对它的兴趣而呈现出一种循环再循环的模式,时而流行,时而又可能并不流行。

时尚(Fashion),是指在某一领域里目前为大家所接受且欢迎的风格。时尚型的产品生命周期特点是,刚上市时很少有人接纳(称之为独特阶段),但接纳人数随着时间慢慢增长(模仿阶段),终于被广泛接受(大量流行阶段),最后缓慢衰退(衰退阶段),消费者开始将注意力转向另一种更吸引他们的时尚。

热潮(Fad),是一种来势汹汹且很快就吸引大众注意的时尚,俗称时髦。热潮型产品的生命周期往往快速成长又快速衰退,主要是因为它只是满足人类一时的好奇心或需求,所吸引的只限于少数寻求刺激、标新立异的人,通常无法满足更强烈的需求。

扇贝型产品生命周期主要指产品生命周期不断地延伸再延伸,这往往是因为产品创新或不时发现新的用途。以上四种特殊生命周期如图 5-3 所示。

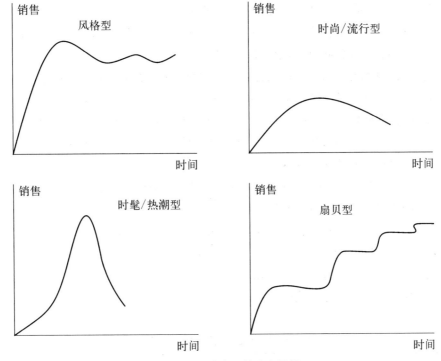

图 5-3 特殊产品的生命周期

可见,快速消费品比较适合选择风格型、时尚/流行型或时髦/热潮型生命周期的技术或产品。而耐用消费品由于更替周期长,只有扇贝型生命周期的技术或产品才能鼓励消费者不断更新升级产品。

5.3 新产品创意

一、新产品的定义

市场营销意义上的新产品是一个广义的新产品概念,包括新发明产品、改进的产品、改型的产品和新的品牌。新产品除包含因科学技术在某一领域的重大发现所产生的新产品外,还包括如下方面:在生产销售方面,只要产品在功能或形态上发生改变,与原来的产品产生差异,甚至只是产品单纯由原有市场进入新的市场,都可视为新产品;在消费者方面则指能进入市场给消费者提供新的利益或新的效用而被消费者认可的产品。按产品研究开发过程,新产品可分为全新产品、改进型新产品、换代新产品、仿制新产品、市场再定位型新产品和降低成本型新产品。

(1) 全新产品是指应用新原理、新技术、新材料,具有新结构、新功能的产品。该新产品在全世界首先开发,能开创全新的市场。它占新产品的比例为 10% 左右。

(2) 改进型新产品是指在原有老产品的基础上进行改进,使产品在结构、功能、品质、花色、款式及包装上具有新的特点和新的突破,改进后的新产品,其结构更加合理,功能更加齐全,品质更加优质,能更多地满足消费者不断变化的需要。它占新产品的 26% 左右。

(3) 模仿型新产品是企业对国内外市场上已有的产品进行模仿生产,称为本企业的新产品。模仿型新产品约占新产品的 20% 左右。

(4) 形成系列型新产品是指在原有的产品大类中开发出新的品种、花色、规格等,从而与企业原有产品形成系列,扩大产品的目标市场。该类型新产品占新产品的 26% 左右。

(5) 降低成本型新产品是以较低的成本提供同样性能的新产品,主要是指企业利用新科技,改进生产工艺或提高生产效率,削减原产品的成本,但保持原有功能不变的新产品。这种新产品的比重为 11% 左右。

(6) 重新定位型新产品指企业的老产品进入新的市场,从而被称为该市场的新产品。这类新产品约占全部新产品的 7% 左右。

因此,可以把新产品按照"熊彼特创新"理论理解为旧产品分解之后的重新组合。分解的层次越细、越基础,则新产品创新程度就越高。

综合新产品、产品生命周期理论、市场—产品矩阵、4C 等概念,可以归纳出新产品创意的综合分析框架。新产品的创意可以从产品市场、行业、技术、产业链角度寻找突破点(见表 5-3)。

表 5-3　新产品创意的综合分析框架

视角	分析方法	判断标准	举例
产品	产品—市场矩阵	细分市场规模与利润空间	拼多多(价格敏感的重社交人群) 一条(精致生活年轻人)
技术	产品生命周期 投入产出分析法 总利润＝产量＊利润率＊风险	初创期 成长期 成熟期 衰退期	区块链、大数据、人工智能 电动汽车、电动自行车 智能手机 自行车
行业	宏观经济周期 时间贴现率	长周期:耐用消费品 短周期:快消品	航运、地产(泛海、万达) 日化、饮料(宝洁、可口可乐)
产业链	产品内价值链分工:生产、外包、贸易	研究开发 生产组装 营销品牌 辅助	华为、英特尔 富士康 恒源祥、小米 外服、会计、法律、物业、后勤等

注:请在表格中补充你想到的其他案例。

二、新产品开发过程

新产品开发的方式,包括独立研制开发式、科技协作式、技术引进式。

新产品的开发原则有三个:

(1) 市场需求。根据市场需要开发适销对路的产品;开发新产品能够更好地满足人们日益增长的物质和文化生活要求。

(2) 自身能力。从企业实际出发确定开发方向,采用有效方式;开发新产品是企业生存和发展的根本保证。

(3) 发展动向。注意新产品开发的动向,不断创新;开发新产品是提高企业竞争能力的重要手段,也是提高企业经济效益的重要手段。

国际市场新产品的开发过程是一个复杂的系统工程,它需要营销、开发、生产等各部门的参与,而且风险较大,因此遵循科学的开发程序十分重要。新产品设计开发过程可分为八个阶段:构思产生、构思筛选、概念发展和测试、营销战略发展、商业分析、产品实体开发、市场试销、商业化。

1. 构思产生

具体而言,国际市场新产品的构思可来源于诸多方面:国外消费者和用户对现有产品的反映以及新的需求,公司技术人员及经理人员,国外经销商和企业海外营销人员,国外科技情报,国外营销调研公司,国际竞争对手的产品启示,国际产品展览会、展销会、博览会,以及政府出版的行业指导手册等。

2. 构思筛选

新产品创意筛选这一阶段是从征集到的许多方案中选择出具有开发条件的构思创意。筛选时一要坚持新产品开发的正确方向;二要兼顾企业长远发展和当前市场需要;三要有一定的技术储备。新产品构思筛选是采用适当的评价系统及科学的评价方法,对各种构思进行分析比较,从中把最有希望的设想挑选出来的一个过滤过程。在这个过程中力争做到剔除亏损大和必定亏损的新产品构思,选出潜在盈利大的新产品的构思。构思筛选包括以下两个步骤。

首先,要确定筛选标准。其次,要确定筛选方法。对构思进行筛选的主要方法是建立一系列的评分模型。评分模型一般包括评价因素、评价等级、权数和评分人员。其中,确定合理的评价因素和适当的权数是评分模型是否科学的关键。影响国际市场新产品开发成功的各主要评价因素可以从企业拓展海外市场目标、技术优势、生产的可能性、产品的国际市场吸引力、产品的盈利能力等方面进行评价,以提高筛选的准确程度。

3. 概念发展和测试

这是指将有关市场机会、竞争力、技术可行性、生产需求、对上一代产品优缺点的反馈的信息综合起来,确定新产品的框架,包括新产品的概念设计、目标市场、期望性能的水平、投资需求与财务影响。在决定是否开发某一新产品之前,企业还可以用小规模实验对概念、观点进行验证。实验可包括样品制作和征求潜在顾客意见。

从产品构思发展成产品概念,通常要回答下面三个问题:谁使用该产品?该产品提供的主要利益是什么?何时使用该产品?新产品概念测试主要是调查消费者对新产品概念的反应,测试的内容如下:产品概念的可传播性和可信度;消费者对该产品的需求程度;该产品与现有产品的差距;消费者对该产品的认知价值;消费者的购买意图;谁会购买此产品及购买频率。

4. 营销战略发展计划

这是指确定与支持新产品配套的产品、价格、渠道、促销等营销策略。营销战略计划包括三个部分:第一部分是描述目标市场的规模、结构和行为,新产品在目标市场上的定位,市场占有率及初始期的销售额和利润目标等;第二部分是对新产品的价格策略、分销策略和第一年的营销预算进行规划；第三部分则描述预期的长期销售量和利润目标，以及不同时期的市场营销组合。

5. 商业分析

确定决策方案和编制设计任务书阶段。在新产品进入正式产品开发阶段以前还须对已经形成的产品概念进行商业分析。商业分析的主要内容是对新产品概念进行财务方面的分析，即估计销售额、估计成本和利润，判断它是否满足企业开发新产品的目标。根据新产品开发目标的需求，对未来产品的基本特征和开发条件进行概括性描述，包括主要性能、目标成本、销售预计、开发投资、企业现有条件利用程度等，然后对不同方案进行技术经济论证比较，决定取舍。设计任务书包括新产品的结构、特征、技术规格用途、使用范围，与国内外同类产品的分析比较，以及开发这一新产品的理由和根据等。

6. 产品实体开发

新产品的实体开发是指将新产品概念转化为新产品实体的过程，主要解决产品构思能否转化为在技术上和商业上可行的产品这一问题。它是通过对新产品实体的设计、试制、测试和鉴定来完成的。新产品开发过程是对企业技术开发实力的考验，能否在规定时间内用既定的预算开发出预期的产品，是整个新产品开发过程中最关键的环节。

新产品设计一般分为初步设计、技术设计和工作图设计三个阶段。新产品试制一般包括样品试制和小批试制两个阶段。样品试制是校核设计的质量、产品的结构和性能等；小批试制是校核工艺，检查图纸的工艺性等。对决定试制的产品，还要进行商标、装潢设计。最后还要进行成本财务分析和初步定价。

7. 市场试销

对多数产品来说，还须通过试用或试销检验。市场试销是对新产品的全面检验，可为新产品是否全面上市提供全面、系统的决策依据，也为新产品的改进和市场营销策略的完善提供启示，但试销也会使企业成本增加。由于产品试销时间一般要花费一年以上的时间，这会给竞争者提供可乘之机，而且试销成功并不意味着市场销售就一定成功，因为各国及各地区消费者的心理本身不易准确估计，还有竞争的复杂多变等因素，因此企业对试销结果的运用应考虑一个误差范围。试用是指请用户直接试用样品，企业跟踪观察，及时收集试用实况、改进意见、用户的使用习惯，以及对包装、装潢、商标设计的要求等。试销是指将产品及其商标、装潢与广告、销售服务的组织工作置于一个小型市场环境中，实地检验用户反应。

8. 商业化

正式生产和销售阶段。产品正式生产之前，要进行大量的生产技术准备工作，包括设备、工艺、工装、工具、动力、材料、人员培训等，它涉及企业的每个职工。

产品投放市场，必须以试用试销过程中取得的信息为依据，制定出有效的营销组合策略，以便最快地进入和占领市场，进入产品寿命周期的成长期，迅速达到一定的市场占有率。如果新产品试销达到了预期的结果，企业就应该决定对新产品进行商业性投放。

产品投放市场之后，还要进行一次全面、系统的分析，包括市场销售状况、产品前景、竞争形势和产品收益率的分析，并与原计划目标进行比较；寻求进一步改进产品设计和营销策略的措施，以达到新产品开发的最佳收益。

三、新产品开发战略

新产品开发战略的类型是根据新产品战略的维度组合而成，产品的竞争领域、新产品开发的目标及实现目标的措施构成了新产品战略。对各维度及维度的诸要素组合便形成各种新产品开发战略。

1. 冒险或创业战略

冒险战略是具有高风险性的新产品战略，通常是在企业面临巨大的市场压力时为之，企业常常会孤注一掷地调动其所有资源投入新产品开发，期望风险越大，回报越大。该战略的产品竞争领域是产品最终用途和技术的结合，企业希望在技术上有较大的发展，甚至是一种技术突破；新产品开发的目标是迅速提高市场占有率，成为该新产品市场的领先者；创新度希望是首创，甚至是首创中的艺术性突破；以率先进入市场为投放契机；创新的技术来源采用自主开发、联合开发或技术引进的方式。实施该新产品战略的企业须具备领先的技术、巨大的资金实力、强有力的营销运作能力。中小企业显然不适合运用此新产品开发战略。

2. 进取战略

进取新产品战略是由以下要素组合而成：竞争领域在于产品的最终用途和技术方面，新产品开发的目标是通过新产品市场占有率的提高使企业获得较快的发展；创新程度较高，频率较快；大多数新产品选择率先进入市场；开发方式通常是自主开发；以一定的企业资源进行新产品开发，不会因此而影响企业现有的生产状况。新产品创意可来源于对现有产品用途、功能、工艺、营销策略等的改进，改进型新产品、降低成本型新产品、形成系列型新产品、重新定位型新产品都可成为其选择。也不排除具有较大技术创新的新产品开发。该新产品战略的风险相对较小。

3. 紧跟战略

紧跟战略是指企业紧跟本行业实力强大的竞争者，迅速仿制竞争者已成功上市的新产品，来维持企业的生存和发展。许多中小企业在发展之初常采用该新产品开发战略。该战略的特点是：产品的战略竞争领域是由竞争对手所选定的产品或产品的最终用途，本企业无法也无须选定；企业新产品开发的目标是维持或提高市场占有率；仿制新产品的创新程度不高；产品进入市场的时机选择具有灵活性；开发方式多为自主开发或委托开发；紧跟战略的研究开发费用小，但市场营销风险相对要大。实施该新产品战略的关键是及时、全面、快速和准确地获得竞争者有关新产品开发的信息；其次，对竞争者的新产品进行模仿式改进会使其新产品更具竞争力；强有力的市场营销运作是该战略的保障。

4. 保持地位或防御战略

该战略是为了保持或维持企业现有的市场地位。该战略的产品竞争领域是市场上的新产品；新产品开发的目标是维持或适当扩大市场占有率，以维持企业的生存；多采用模仿型新产品开发模式；以自主开发为主，也可采用技术引进方式；产品进入市场的时机通常要滞后;新产品开发的频率不高;成熟产业或夕阳产业中的中小企业常采用此战略。

企业开发新产品失败的原因,主要有以下四个方面。

(1) 事先的市场调研和预测失误。如果事先的市场调研和预测不能判断市场真实的潜力,如夸大市场潜力,将带来过度投资、生产过量、产品积压等严重问题。

(2) 产品设计决策不当,新产品不能符合买主的需求。由于产品设计原因,生产技术不成熟或不稳定,新产品在款式、色彩、结构、功能、质量等方面存在缺陷,与消费者的愿望有较大差距,导致新产品失去市场,开发失败。

(3) 成本、售价过高。产品实际成本高于预期成本,抬高售价,难以形成规模市场,若降价销售,企业又无法获得满意的利润,甚至无法收回成本,是新产品开发失败的又一要因。

(4) 营销策略不当,没有及时推广新产品或推广不力,也常导致新产品的开发失败。

企业为提高新产品开发的成功率,可以从以下三个方面进行努力:

(1) 建立或改进新产品开发的组织机构,进行新产品生产前的可行性管理;

(2) 规范生产工艺,稳定生产技术,推行规模化生产,降低生产成本,保证产品质量;

(3) 结合企业自身资源实力,合理运用营销策略,占领市场,迅速回收成本和利润。

[参考阅读]

1. 菲利普·科特勒:《市场营销原理》,清华大学出版社,2018年。
2. 彼得·斯旺:《创新经济学》,格致出版社,2014年。

[思考题]

1. 用 A4 思维导图画出一个新产品的设计概念。
2. 请回顾自己小组的创意过程,总结成功或失败的经验。
3. 请按照产品、产品组合、产品生命周期、产业链等新产品创意的综合分析框架评估本组和其他组的创新概念。

第6章 创新的治理

[本章主要内容]

本章以产品与企业的创新项目为讨论对象,学习创新的项目激励约束机制,尤其关注新产品的定价机制及盈利模式。从偶然的创新变成必然的熊彼特式创新的条件:偶然创新的条件取决于资本、人力资本、知识信息的数量;而必然创新的条件取决于人力资本激励、资本结构、知识信息结构。

从资本、劳动力及人力资本、知识及专利三个角度,介绍要素对于创新的激励约束机制。

6.1 创新项目的风险与收益

一、创新项目的成本与收益

在创新项目中,资本、人力资本、信息知识共同按照一定比例进行创新(见图6-1)。这种比例是一个函数,创新项目的生产函数可以表示为 $Y = y(K, L)$,其中 K 为大量资本,L 为大量人力资本。另外,以 G 表示信息,C 表示信息成本。

图6-1 封闭式创新项目

资本所有权清晰,保证资本可以从属于某一创新项目;分散的资本不足以构成创新基本单元所需要的创新资本数量。所有权是资本集中的保证。假设不存在外生资本。同时,暂时先不区分资本所有者与资本经营者,创新项目中的资本为自有资本,所有权属于资本经营者。

假设不存在外生人力资本,且拥有人力资本的创新者风险偏好中性。

信息共享的含义包括信息知识溢出的共享,以及知识成本的分担。

接下来就要在封闭创新项目中,分析创新项目的成本与收益。创新会产生不同的创新结果：渐进性创新，或突破性创新。不同的创新结果，不仅意味着项目的收益不同，还意味着创新的投入也不同。

假设，VC_N 表示新的创新模式下生产某种产品的平均变动成本；VC_0 表示现有的创新模式下生产某种产品的平均变动成本；I_N 表示新的创新模式下生产某种产品所需的前期投资。在创新过程中，可能会损害现有组织成员的既得利益，组织成员有动机夸大重新构建与创新战略相匹配的核心知识的困难和成本，进一步提高了企业选择创新战略的约束条件。I_N 取决于创新主体的组织结构，以及影响组织结构的其他因素。I_0 表示现有的创新模式下生产某种产品所需的前期投资。

假设创新主体要求创新的预期收益为正，以保证企业在未来的基本生存。在此基础上，创新企业将进行均衡分析，根据预期收益与投入成本选择创新方式与途径。

假设企业可以自由选择在两种创新模式中的一种从事创新，则企业是否选择某一种创新模式的约束条件是，新创新策略的成本小于原有策略的成本：$VC_N + I_N < VC_0 + I_0$。即 $I_N - I_0 < VC_0 - VC_N$。令 $I_N - I_0 = \Delta I$，$VC_N - VC_0 = \Delta VC$；则 $\Delta I < \Delta VC$。这一条件表明，如果创新所节约的平均变动成本现值 ΔVC 大于创新所需要的额外投资 ΔI 时，企业将选择这一创新策略。以上为创新成本，可以减弱已经获得成功的企业的创新动力。

创新主体除了考虑创新成本，还会考虑创新收益，包括创新的当期收益和创新的预期收益。其中，P_N 表示新的创新模式下的当期收益，P_0 表示现有的创新模式下的当期收益。因此，要求新创新策略的当期收益要大于原有策略的当期收益：$P_N - VC_N - I_N > P_0 - VC_0 - I_0$，即 $P_N - P_0 + VC_0 - VC_N > I_N - I_0$。令 $P_N - P_0 = \Delta P$；则 $\Delta P > \Delta VC + \Delta I$。这一条件表明，如果创新的当期额外收益 ΔP，大于平均变动成本现值 ΔVC 加上创新所需要的额外投资 ΔI 时，企业将选择这一新的创新策略。

同时假设，EP_N 表示新的创新模式下的未来预期收益。要求新创新策略的预期收益大于原有策略的当期收益：$EP_N - VC_N - I_N > P_0 - VC_0 - I_0$，即 $EP_N - P_0 + VC_0 - VC_N > I_N - I_0$。令 $EP_N - P_0 = \Delta EP$，则 $\Delta EP > \Delta I + \Delta VC$。这一条件表明，如果创新的未来预期额外收益，大于平均变动成本现值 ΔVC 加上创新所需要的额外投资 ΔI 时，企业将选择这一创新策略。

结论 6-1：创新的预期收益越高，可变成本越低，前期投入越少，越有可能选择某一创新项目。也就是说，创新项目的风险选择，与该项目的预期收益、现期成本有关。

这一结论并没有解释创新选择与项目风险之间的关系。进一步提问，如何选择不同风险的创新项目呢？有哪些因素将会导致选择高风险创新项目呢？接下来，将建立经济学模型引入项目风险程度变化，研究创新企业的风险选择。

二、寻求创新的动力：利润最大化？

进一步分析创新的动力。基于带有技术进步系数的柯布—道格拉斯生产函数为：

$$Y(t) = AL(t)^\alpha K(t)^\beta g(t)^{\gamma-1} \tag{6-1}$$

其中，A 表示技术进步系数，$L(t)$、$K(t)$、$g(t)$ 分别表示生产所投入的劳动力、资本与知识等要素。由于存在创新，按现有技术扩大生产规模有利于增加产出，因此 $\alpha+\beta+(\gamma-1)\geqslant 1$，即 $\alpha+\beta+\gamma\geqslant 2$。$\gamma$ 为创新指数，$\gamma>1$，表明知识随着创新增加而呈指数式增长，且创新程度 γ 越高，则知识投入也就越多。

为了讨论的方便，假设资本与劳动可以替代。则得到如下结果：$Y(t)=AK(t)^{\alpha+\beta}g(t)^{\gamma-1}$，两边取导数。

则有 $\dot{Y}(t)=A(\alpha+\beta)K(t)^{\alpha+\beta-1}\dot{K}(t)g(t)^{\gamma-1}+AK(t)^{\alpha+\beta}(\gamma-1)g(t)^{\gamma-2}\dot{g}(t)$

$$=AL(t)^{\alpha}K(t)^{\beta}g(t)^{\gamma-1}\left[(\alpha+\beta)\frac{\dot{K}(t)}{K(t)}+(\gamma-1)\frac{\dot{g}(t)}{g(t)}\right]$$

$$=Y(t)[(\alpha+\beta)K_g(t)+(\gamma-1)g_g(t)]。$$

得到：$Y_g(t)=(\alpha+\beta)K_g(t)+(\gamma-1)g_g(t)$。其中，$Y_g(t)=\dfrac{\dot{Y}(t)}{Y(t)}$ 表示产出增长率；$K_g(t)=\dfrac{\dot{K}(t)}{K(t)}$ 是在知识创新过程中所需要的资本增长率；$g_g(t)=\dfrac{\dot{g}(t)}{g(t)}$ 为知识创新的累积增长率。这表明产出增长率与资本、劳动力、知识的投入率呈正相关，投入增加则产出增加。知识创新是资本积累与知识积累的函数，即知识创新是社会经济发展水平的结果。知识创新与资本、人力资本的增长水平有关，是创新企业和个人的知识累积和内生结果。这就是知识创新的累积与内生过程。

由于创新指数与创新成功概率成反比，创新程度越高则成功率越低；反之亦然。因此，有 $\gamma-1=\dfrac{1}{\theta}$。其中，$\theta$ 表示创新的成功率，$0\leqslant\theta\leqslant 1$，则创新收益可以改写为：

$$Y(t)=AL(t)^{\alpha}K(t)^{\beta}g(t)^{\gamma-1}=AL(t)^{\alpha}K(t)^{\beta}g(t)^{\theta-1} \tag{6-2}$$

前期投入，即创新企业的资本占用的机会成本，$C=m\cdot K\cdot r\cdot T$。其中，r 为利润，$r=i-\pi_e$，i 表示实际利率；m 为资本市场效率产权界定清晰度；T 为融资时间。

可变成本，即创新企业的试错成本 $\Gamma(\tau)\cdot F(\tau)$，其中 τ 为创新的失败率或风险系数，$\tau=1-\theta$，$0\leqslant\tau\leqslant 1$；$\Gamma(\tau)$ 试错的次数与 τ 成正比，F 为单次失败的成本，与 τ 成正比。自有资本的情况下，风险承担系数为 1。$\Gamma(\tau)\cdot F(\tau)=\Gamma F(\tau)=\dfrac{1}{1-\tau}\Gamma F$。

创新企业选择创新项目的最基本约束条件，即创新的预期利润为正，$E(P)>0$。创新企业的预期收益为：

$$E(P)=(1-\tau)[Y(\tau)-VC]+\tau[0-VC] \tag{6-3}$$

$$E(P)=(1-\tau)Y(\tau)-VC(\tau)=\theta Y(\theta)-VC(\theta)$$

同时，令创新收益 $Y(t)=\theta AL(t)^{\alpha}K(t)^{\beta}g(t)^{\gamma-1}=\theta AL(t)^{\alpha}K(t)^{\beta}g(t)^{\theta-1}$

创新成本为 $VC(\tau)=\dfrac{VC}{1-\tau}=\theta^{-1}VC$；

综上，$E(P)=\theta Y(\theta)-VC(\theta)=\theta AL(t)^\alpha K(t)^\beta g(t)^{\theta^{-1}-1}-\theta^{-1}VC$

令 $\Theta=AL(t)^\alpha K(t)^\beta$，则 $E(P)=\theta\Theta g(t)^{\theta^{-1}}-\theta^{-1}VC$。

一阶条件为：$\dfrac{\partial E(P)}{\partial\theta}=\theta\dfrac{\partial Y(\theta)}{\partial\theta}+Y(\theta)-\dfrac{\partial VC(\theta)}{\partial\theta}=\Theta\theta^{-1}g^{\theta^{-1}}\ln\theta+\Theta g^{\theta^{-1}}+\theta^{-2}VC$

$=\Theta g^{\theta^{-1}}[\theta^{-1}\ln\theta+1]+\theta^{-2}VC$

一阶条件分析：

$\theta^{-1}\ln\theta+1\mid_{\theta\to 1}=1$，$\theta^{-1}\ln\theta+1\mid_{\theta\to 0}=1$，则 $\dfrac{\partial E(P)}{\partial\theta}=AL^\alpha K^\beta g^{\frac{1}{\theta}}\left[\dfrac{1}{\theta}\ln\theta+1\right]+\dfrac{VC}{\theta^2}>0$。表明在利润最大化的条件下，会选择成功率为1的创新项目，即失败概率为0。

结论6-2：创新追求的利润越高，创新投入增长则要求越快，或者风险系数越小。突破性创新并不是由资本的逐利性造成，而是因为创新的要素禀赋条件。预期利润最大化，将导致低风险投资项目。

利润最大化并不是创新的动力。可见，"创新"是一种允许失败的宽容态度。

三、利润增长率最大化

接着，继续进行二阶条件：$\dfrac{\partial^2 E(P)}{\partial\theta^2}=\dfrac{\partial Y(\theta)}{\partial\theta}+\theta\dfrac{\partial^2 Y(\theta)}{\partial\theta^2}+\dfrac{\partial Y(\theta)}{\partial\theta}-\dfrac{\partial^2 VC(\theta)}{\partial\theta^2}$

$=\theta\Theta g^{\theta^{-1}}[\theta^{-3}\ln^2\theta+\theta^{-2}+\theta^{-2}\ln\theta-\theta^{-2}\ln\theta]-\dfrac{2}{\theta^3}VC$

$=\theta AL^\alpha K^\beta g^{\frac{1}{\theta}}\left[\dfrac{1}{\theta^3}\ln^2\theta+\dfrac{1}{\theta^2}\right]-2\dfrac{1}{\theta^3}VC$

二阶条件分析：$\dfrac{\partial^2 E(P)}{\partial\theta^2}\bigg|_{\theta=1}=AL^\alpha K^\beta g-2VC$。（如图6-2）

(1) $AL^\alpha K^\beta g<VC$，创新项目始终亏损。二阶条件小于0。$\theta=1$时取最大值。

(2) $AL^\alpha K^\beta g=VC$，预期利润为0。二阶条件小于0。$\theta=1$时取最大值。

(3) $VC<AL^\alpha K^\beta g<2VC$，预期利润为正。二阶条件小于0。$\theta=1$时取最大值。

(1)、(2)、(3) 这三个二阶条件小于0。$\theta=1$时取最大值，即选择低风险项目。预期利润增长率趋缓。利润增长率递减，处于增长减缓期。

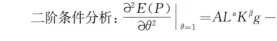

图6-2 创新企业的最优分析

(4) $AL^\alpha K^\beta g=2VC$，预期利润为正。二阶条件等于0。$\theta=1$时取最大值。预期利润增长率不变，即选择低风险项目。

(5) $AL^\alpha K^\beta g>2VC$，预期利润为正。二阶条件大于0。$\theta=0$时取最大值。预期利润增长率递增，处于增长递增期。对于成功率趋向于0，失败概率趋向于1的$\theta=0$的高风险

创新项目,二阶条件 $\frac{\partial^2 E(P)}{\partial \theta^2}\Big|_{\theta=0} < 0$,表明预期利润加速增长。预期利润增长率递增,处于利润率上升剧增期。

结论 6-3: 创新的推动力不是利润率,而是利润增长率,也就是创新投入率。利润增长率与创新投入率呈正比,与创新产出增长呈反比。预期利润增长率较低,创新投入率相近也较低;或者,预期利润增长率较高,则创新投入率也必然相近较高。

利润增长率最大化,才是创新的动力。我们可以把追求利润增长率最大化,理解为是一种追求卓越的超越精神,也就是"企业家精神"。

推论 6-3-1: 当创新投入增长率趋近于创新产出增长率,人们偏向于低风险创新。

推论 6-3-2: 预期利润增长率最大化,导致高风险投资项目。当创新投入增长率大大高于创新产出增长率,人们偏向于高风险创新。$\ln E(P)$ 小于创新投入率,与创新产出增长没有必然联系,趋向于高风险创新。预期利润增长率较低,创新投入率则较高;或者,预期利润增长率较高,创新投入率则更高许多。

可见,追求预期利润最大化/较大化,并不是实现高风险创新的必要条件。相反,在投入增长率无法达到一定规模时,甚至可能放弃创新,或者选择低风险创新。较高创新投入率是进行高风险创新的必要条件,是"企业家精神"的集中表现。

四、"资本—人力资本—信息知识"三要素

由于形成突破性创新必须具备以下条件,当 $\theta \to 0$ 时,

$\frac{\partial E(P)}{\partial \theta}\Big|_{\theta \to 0} = AL^\alpha K^\beta g^\theta [\theta \ln \theta + 1] + \frac{VC}{\theta^2} = AL^\alpha K^\beta g + VC$ 代表预期利润的增长率。α、β 代表 L、K 的组织形式;g 代表创新积累。创新投入增长率包括:人力资本努力程度、资本投入率、信息使用率。

结论 6-4: 预期利润的增长率与 L、K 数量成正比。人口、资本的数量、结构与预期利润增长率成正比。

预期收益最大的条件下,$0 < g \leqslant \frac{VC}{AL^\alpha K^\beta}$,创新积累较少,选择无风险项目。$g > \frac{VC}{AL^\alpha K^\beta}$,创新积累较多,选择某一风险率的项目。当 $g > \frac{2VC}{AL^\alpha K^\beta}$,创新积累更加多,会选择较高风险项目。

结论 6-5: 创新积累与预期利润的增长率成正比。在预期收益最大化的情况下,创新积累程度与风险选择成正比。在预期收益增长率最大化的情况下,创新积累程度与风险选择无关。

因此,创新积累较高的情况下,预期收益最大化会选择较高风险的项目。在创新积累较低的情况下,预期收益最大化会选择较低风险的项目。创新积累程度与创新阶段有关,可以推导出以下三个推论。

推论 6-5-1: 在创新的初始阶段,如果追求预期收益最大化,将选择低风险项目,减缓

创新积累速度。选择风险较小的项目,以获得正的预期利润,和递增的预期利润增长率。创新投入率低于创新产出率。

推论6-5-2:在创新的初始阶段,如果追求预期收益增长率最大化,则将进行高风险项目,加速创新积累,创新投入率大于创新产出率。

推论6-5-3:在创新成熟阶段,随着时间的递增,知识积累递增,选择项目的选择范围更大。在预期利润最大化和预期利润增长率最大化的情况下,都会选择高风险项目。高风险项目促进创新的积累。

综上所述,创新选择的路径与较低的预期利润率、较高的创新投入成本、创新所处的阶段相关。接下来就要在"资本—人力资本—信息知识"水平分析框架中,分别研究在创新企业中资本、人力资本、信息知识要素的投入率,即人力资本增长率、资本增长率、知识增长率及其他影响创新的因素。

五、新农村的家庭与创新

同样,也可以将农村某区域内以家庭联产责任承包制为基础的家庭视为一个创新原域。再由创新原域组成创新组织。由于家庭联产责任承包制的存在,导致创新原域无法连接,因此也无法实现内部合作与外部竞争的网络效应,不可能在农村产生熊彼特式创新。在新农村建设中,将重新设定农村家庭在创新的定位。

我国于1979年推行的家庭联产承包责任制,农村家庭联产责任承包制在改革开放初期曾经发挥了非常重要的作用,破解长期制约农村经济发展的桎梏,将投入产出落实到家庭,打破了"大锅饭"机制,大大提高了农民的积极性,极大地调动了农民生产经营积极性,因而促进了农村生产力的巨大释放和中国经济的迅猛发展。但是,随着国内外形势的变化以及农村生产力的逐步释放,家庭联产承包责任制已经不能进一步推动农村经济持续向前发展了,在一定程度上甚至已成了农业经济快速发展和农业国际竞争力提高的障碍了,乃至阻碍了农村的创新。

家庭为原域。家庭联产承包责任制在公有制经济基础上,以家庭为单位进行承包,其核心是"包":包土地、包分配、包干到户。其特点是责任明确,利益直接,分配方法简便,即"交够国家的,留足集体的,剩下全是自己的"。因此,可以将农村家庭责任承包制中的家庭视为一个创新原域。家庭所在的农村集体即为一个社会域。

集体为组织。在实行承包后,一些大型的水利工程和单家独户不能做的事,仍然统一经营。例如,翻耕土地可由统一经营的农机服务公司包耕代耕,农田灌溉由统一经营的灌溉公司承包等。分散经营者虽然要向这些集体经营的公司缴纳一定的费用,但比他们独自去干这些事要省钱省工,而且可以避免各家之间产生纠纷。此外,大型水利工程和农田基本建设也仍由集体进行规划和组织建设,继续发挥集体经济的优越性。

联产承包制下的农村家庭与集体之间通过嵌入式方式连接在一起。家庭与家庭之间互相独立地进行生产,根据自身的条件来选择生产,独立承担生产过程中的成本与收益;家庭与集体之间的关系是紧密的,每个家庭独立地从集体处获取信息技术与各类帮助支援,属于垂直层级体系,每个家庭都与集体建立连接,承担各自的承包责任,享受集体的公共产品。

1. 相对独立的家庭原域：资本方面

家庭为单位的生产模式，原域的资本规模较小，其无法承受农业现代化所带来的高成本。我国农村改革实践证明，家庭经营是一种比较适宜农村生产的经营方式，而且，小规模的家庭经营与农业现代化并不存在实质性的矛盾，小块土地的所有者和经营者照样可以广泛使用各种现代化生产要素。但是，化肥农药及农业机械等现代化生产要素的广泛使用，必然导致农业生产成本的增加，而家庭联产承包责任制条件下的一家一户为单位的家庭经营者是无力承受农业现代化所带来的农业生产的高成本。独立的家庭，不利于开展大规模的机器化生产，当然家庭内部也会以保守为主，并不会出现突破性创新；这种现状无法与国外实行规模经营的现代农业进行竞争。劳动密集型投入也导致农村生产依赖劳动力，而劳动力的性别就成为生产效率高低的关键因素；而且，家庭之间的连接也往往以父系血亲为纽带。这一点就成为农村超生重男轻女的一个重要原因。

同时，家庭联产承包责任制条件下耕地的条块分割，日渐成为土地流转制度的障碍，不利于规模化的形成。在家庭联产承包责任制的土地政策下，由于把土地按人口实行"均包"，土地经营权凝固在千家万户手里，而且一家一户承包的土地小而分散，从而形成普遍的超小型小块土地经营格局，成为土地流转制度的障碍，不利于生产的集中和经营的规模化，不利于农业规模经济和规模效益的形成。

2. 家庭与集体的嵌入式结构

家庭从组织域获取信息保障，各个家庭独立进行生产创新，独立承担风险。家庭责任承包制以家庭为单位生产，当然收益也是以家庭为单位的。简单来说，就是每个家庭必须要独立承担在生产中的所有风险：生老病死、天灾人祸。由于农村社会保障问题的滞后，中国农民的土地目前在一定程度上发挥的则是社会保障的功能，因为对大多数农民来说，农业收入已经不是其主要收入来源，而且在人均土地面积那么少的情况下，也根本不可能成为其主要收入来源。农业生产中无保障的巨大风险，导致劳动力在生产过程会采取规避保守不创新的对策。目前将农田荒芜或减产，外出打工，就是其中的一个对策。

在信息知识方面，硬件设施的缺失只是农村信息知识传播障碍的一个小原因，更多的原因来自于独立的原域而产生的信息知识无法共享。集体并无法解决信息知识在集体中溢出与共享。家庭联产承包责任制条件下的农业现代化造成重复投资和资源严重浪费，造成生产成本的增加。虽然家庭联产承包责任制与农业现代化并不存在实质性矛盾，但是在以一家一户为单位的家庭联产承包的土地经营政策下，农业现代化不可避免地要造成重复投资和资源的严重浪费。嵌入式层级结构，多个家庭处理同一个创新任务。每个家庭都独立地进行生产，摸索新的生产方式，由于家庭收益独立核算，在家庭逐利的目标下，创新成果并不会在集体中进行共享。嵌入结构会增加生产过程中的试错成本。

因此，嵌入式连接的家庭联产承包责任制导致农业投入不足，从而影响农业科技的推广，极大地限制了农业劳动生产率和农产品商品率的提高，造成农民增收困难。以家庭联产承包责任制为主的农村土地政策，本质上是以家庭为创新原域的嵌入式连接，并不能够在农村产生熊彼特式创新。

唯有捆绑式连接才能够在农村产生熊彼特式创新。在联产承包制下,将独立的家庭捆绑起来,一起来承担成本,分享收益,在组织域内部信息知识产生溢出与共享。在农村中嵌入式的家庭联产承包制并不能满足创新的条件,也无法产生家庭原域之间的网络效应。农村家庭联产承包责任制都需要进一步改革,进而适应农业经营规模化、专业化,以及农民职业化的需要。

从现实来看,凡是出现生产创新、经济增长的农村集体,大都拥有一个良好的保障家庭与家庭之间连接的集体。例如,浙江的温州、义乌产业集群。

联产承包制要从现在的独立家庭连接成的农村集体,转变成为家庭与家庭之间的连接而成的集体。家庭与集体之间的关系,从原先的上下级层级直接的监督管理,转变为提供保障与服务。

首先,在地理条件允许的地区可以开展农村家庭之间的联合,家庭之间的联合要从传统依靠血亲关系为纽带,转向为以法律制度为基础,做到:共享信息知识;共同承担生产创新中的成本;分享收益,降低农业生产中家庭的风险。

我国目前将村庄规划正式纳入各级政府的工作范畴,提出要安排资金支持编制村庄规划和开展村庄治理试点,向农民免费提供经济安全适用、节地节能节材的住宅设计图样。家庭之间的联合、集中规模居住能够保证农业生产的规模效应,共享信息,促进信息知识的溢出效应。

需要在农村形成为家庭进行融资的资本金融市场。为农村家庭的小规模贷款提供金融体系上的支撑。资本市场的保证将推动农村家庭创新活动的开展,培育在生产过程中所出现的新技术、新方法,为进一步推向市场提供必要的经济保障。

在农村形成农村家庭的保险、补贴体系,要有完善的社会保障体系将独立的家庭捆绑在一起,才能够保证每个家庭都可以享受到社会经济增长带来的人力资本收益增加的好处,也即是将创新原域、组织域与社会域连接起来。

6.2 资本的激励约束机制

一、资本与融资途径

创新企业从封闭走向开放,外生资本的界定在于资本所有权。产权界定不清晰的情况下,土地、资本、劳动力、技术与知识,都不可能进行拆分。那么,所有的创新企业相互独立,创新缓慢,属于嵌入式创新模式,例如古代中国。

为了讨论问题的简洁,我们将所有的资本所有者视为一个资本集合,拥有所有的外生资本。这些外生资本参与创新企业的连接与变迁。外生资本在创新连接与变迁中涉及三个主要的问题。

第一个问题在于清晰的资本所有权。清晰的所有权界定将保障外生资本的所有权,将分散的资本聚集起来;然后,可以再分拆进入不同的创新企业或企业连接而成的创新组织。在这个过程中,相当于资本将它们重新连接捆绑起来了。资本所有权保障资本所有者在资本分拆捆绑过程中的利益。在信息共享、未来收益界定的基础上,将创新企业进行捆绑。更重要的是,在这个过程中,外生资本可以通过多样化组合降低捆绑后创新组织的投资风险。这就形成了建立在产权界定明晰基础之上的资本拆分捆绑机制,实现资本收益。

资本所有权影响资本的收益分配,即第二个问题。资本所有权使资本与人力资本结合,资本所有权与经营权分离。随着资本所有权与经营权的分离,资源的所有者和使用者分属于不同人,激励约束机制是资本促进创新,发挥人力资本在创新中的作用。

如果资源的所有者对于收益过高预期,就会导致资源使用者保守地使用资源,只产生保守的创新;或者导致创新者的道德风险与冒险,未必能够获得比较好的创新结果。如果资源的所有者对于收益过低预期,那么,就会导致资源使用者滥用资源,也是没有创新的。

第三,创新过程中的风险。风险既可能来自于企业内部的技术开发与研究、管理和生产带来的不确定性,也可能来自于外部对产品需求的变化。一方面,它会降低风险厌恶投资者的投资水平。这些投资者由于厌恶风险,为了避免不确定产生的效用减少(与风险喜好的投资者相比),他们将更多的个人财富以流动资产的形式持有,这种流动资产不是风险性的,也缺乏生产性。另一方面,高技术通常会意味着高回报,但也往往同时伴随着高风险(Obstfeld,1994),企业为了避免过高的风险,会做出无效的技术选择。而有效的融资体系还可能规避与单个创新企业相联系的生产性风险。

虽然这些风险是无法避免的,但是,金融市场区分出了系统性风险和非系统性风险①,可以有效地分散非系统性风险。在成熟的金融市场中,分散的资本聚集后,通过金融市场分散地投资于不同比例份额的创新企业,其前提就是创新企业或组织产权明晰,可以按比例份额进行拆分。通过投资组合投资管理分散并消除非系统性风险,总体风险就会低于单个投资项目的风险,因此风险较高的创新企业也可以获得外生资本,可以选择更为专业化的技术。分工细化促进了经济发展和生产力的提高。在不够成熟的金融市场中,通过金融市场分散风险并不可行,企业只能选择比较灵活通用的非专业化的技术来规避风险,社会分工无法细化,产生生产效率损失,是一种低效率均衡(见表6-1)。

表6-1 分散风险的多重均衡

	成熟的金融资本市场	不成熟的金融资本市场
专业化技术	分散风险的高效率均衡	非均衡
非专业化技术	非均衡	分散风险的低效率均衡

通过上面的分析可以看到,从分散风险的角度而言,通过技术选择分散风险还是通过金融市场分散风险是企业必须面对的抉择。但是,由于金融市场的完善程度对创新企业

---

① 由于非系统性风险往往是某个原域所特有的风险,如某个公司、某个项目,融资不足的问题主要就源于其个别风险太大,又无法通过金融市场分散风险,只好通过使用非专业化的技术分散风险,达到低效率的经济均衡。

而言是外生给定的,事实上企业只能在既定的金融成熟度条件下,选择或者专业化技术(成熟的金融市场),或者非专业化的技术(不成熟的金融市场)。这两种选择对企业而言都是理性的,所以,虽然选择非专业化的技术是低效率的,但仍然是一种稳定的均衡。

在市场经济中,创新企业融资方式一般分为内源融资和外源融资(间接融资和直接融资)。

1. 内源融资

由于内源融资是创新企业内部挖掘,是对创新企业原有闲置资产的利用,并不涉及创新企业资金所有权、控制权的变更和转移,所以创新企业不必对外付出任何代价,不会减少创新企业的现金流量,也不需要还本付息,是一种低成本、高效益的融资方式。内源融资不涉及创新企业与外部的关系,可根据自身需要灵活进行,这大大提高了融资效率。

2. 间接融资

一是银行借款融资①,对于一些资信较好、发展稳定的中小创新企业而言,也可以公开发行债券直接融资。

3. 直接融资

直接融资即股权融资。从融资方式角度来看,股权融资主要表现为吸收风险资本②、私募融资③、上市前融资④、共同基金⑤及管理层收购 MBO、M&A 等方式。除此以外,非

---

① 银行借款与其他融资方式相比,其优点主要表现在:筹资速度快,银行借款与发行证券相比,一般所需时间较短,创新原域可迅速获得所需资本。筹资成本低,利用银行借款融资,利息可在税前支付,减少创新原域实际负担的利息费用,并且银行借款的利率通常低于债券利率,筹资成本较低于股权与债券融资。借款弹性好,创新原域与银行可以直接接触,可通过直接商议或者修改来确定借款的时间、数量和利息。便于利用财务杠杆效应,由于银行借款的利率一般是固定或相对固定的,这就为创新原域利用财务杠杆效应创造了条件,当创新原域的资本报酬率超过贷款利率时,会提高创新原域的净资产报酬率。

② 从行业上看,IT 创新原域仍然是最能吸引风险投资的行业,占到总数量的 63%。

③ 私募融资是相对于公募融资而言更快捷有效的一种融资方式,通过非公开宣传,私下向特定少数投资募集资金,它的销售与赎回都是通过资金管理人私下与投资者协商而进行的。虽然这种在限定条件下"准公开发行"的证券至今仍无法走到阳光下,但是不计其数的成功私募昭示着其渐趋合法化。并且较之公募融资,私募融资有着不可替代的优势,由此成为众多创新原域成功上市的一条理想之路。

④ 广义的上市融资不仅包括首次公开上市之前的准备工作,而且还特别强调对创新原域管理、生产、营销、财务、技术等方面的辅导和改造。相比之下,狭义的上市融资目的仅在于使创新原域能够顺利地融资成功。风险资本市场的出现使得创新原域获得外部权益资本的时间大大提前了,在创新原域生命周期的开始,如果有足够的成长潜力就有可能获得外部的权益性资本,这种附带增值服务的融资伴随创新原域经历初创期、扩张期,然后由投资银行接手进入狭义的上市融资,逐步稳固地建立良好的运行机制,积累经营业绩,成为合格的公众公司。这对提高上市公司整体质量,降低公开市场的风险乃至经济的增长都具有重要的意义。

⑤ 在英语中,共同基金 mutual fund 的 mutual 意为 joint(联合),而 fund 有 holding(控制)之意,即把许多人的钱集中起来进行专业化投资的运作。共同基金其实就是一种投资公司。作为公司,每一个共同基金都有各自的经理、员工、运作方式和目标等。基金的投资目标反映出它之所以成立和存在的理由。简而言之,共同基金集合了一部分委托人的资金,并代表他们的利益进行有预设目的的投资。每个基金公司都会雇佣投资专业人士来管理基金的投资组合,通常称他们为投资组合管理者。这些专业人士可以组成团队来经营基金,有些投资公司甚至委托其他公司或自由投资专业人士来帮助公司进行资本运作。共同基金的投资组合常在变动。

法集资①、项目融资②也是融资的渠道。通常筹资者根据筹资成本、速度、风险,制定严格的、科学的、技术的财务计划以及形成最小的资本结构,并在资产的规划和投入过程中做出理性的投资决策。

综合以上融资方式,按照融资所承担的风险程度的不同,金融结构大致可以分为两类:固定风险融资和分担风险融资。以国家金融结构为例,有以德日为代表的以银行融资为主的金融结构,通常采取以银行贷款为主的间接融资;以英美为代表的以资本市场融资为主的金融结构③,发行有价证券(债券和股票)进行资金融通的直接融资。

创新原域获取外生资本渠道的选择,随着资本市场流动性而变化。企业的资本结构在(债权融资与股权融资的比例)不同发展阶段的国家随股市流动性的提高有不同的变化方向。Demirguc-Kunt 和 Maksimovic(1996)发现:在发展中国家,股市流动性的增加提高了公司的债务融资比例,股市流动性的提高并没有导致股权融资对债权融资的替代。

在发达国家,随着股市流动性的增加,公司的债务融资比例趋于下降,股市流动性的提高导致了股权融资对债权融资的替代。其根本原因是不同的国家处于不同的企业生命周期阶段(见图6-3)。

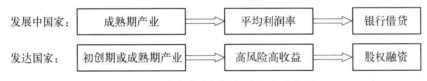

图6-3 企业生命周期与融资方式选择

---

① 指单位或者个人未依照法定的程序经有关部门批准,以发行股票、债券、彩票、投资基金证券或者其他债权凭证的方式向社会公众筹集资金,并承诺在一定期限内以货币、实物及其他利益等方式向出资人还本付息给予回报的行为。非法集资往往表现出下列特点:一是未经有关部门依法批准,包括没有批准权限的部门批准的集资;有审批权限的部门超越权限批准集资。二是承诺在一定期限内给出资人还本付息。还本付息的形式除以货币形式为主外,也有实物形式和其他形式。三是向社会不特定的对象筹集资金。这里"不特定的对象"是指社会公众,而不是指特定少数人。四是以合法形式掩盖其非法集资的实质。一般来说,具有以上四个特征的集资行为可以认定为非法集资,但判断非法集资的根本特征是集资者不具备集资的主体资格以及有承诺给出资人还本付息的行为。

② 一种特殊的融资方式,它是依靠项目自身的未来现金流量为担保条件而进行的融资。项目融资具有两个特点:至少有项目发起人、项目公司、资金提供方三方参与;资金提供方主要依靠项目自身,而非法融资与其有本质不同。项目融资是一种无追索权或有限追索权的融资方式,即如果将来项目无力偿还借贷资金,债权人只能获得项目本身的收入与资产,而对项目发起人的其他资产却无权染指。项目融资与传统融资的主要区别在于,按照传统的融资方式,贷款人把资金贷给借款人,然后由借款人把借来的资金投资于兴建的某个项目,偿还债款的义务由借款人承担,贷款人所看重的是借款人的信用、经营情况、资本结构、资产负债程度等,而不是他所经营的项目的成败,因为借款人尚有其他资产可供还债之用。但按照项目融资的方式,工程项目的主办人或主办单位一般都专门为该项目的筹资而成立一家新的项目公司,由贷款人把资金直接贷给工程项目公司,而不是贷给项目的主办人,在这种情况下,偿还贷款的义务是由该工程项目公司来承担,而不是由承办人来承担,贷款人的贷款将从该工程项目建设投入营运后所取得的收益中得到偿还,因此,贷款人所看重的是该工程项目的经济性、可能性以及其所得的收益,项目的成败对贷款人能否收回其贷款具有决定性的意义。而项目成败的关键是项目公司在投资项目的分析论证中要有准确完备的信息来源和渠道,要对市场进行周密细致的调研。

③ Council of Economy Advisers, http://www.gpoaccess.gov/eop.

对于发展中国家而言,其企业结构基本处于成熟期企业这一阶段,成熟期的企业面临激烈的竞争,只能获得平均利润率,很难向投资者支付比银行贷款利率高的股利和资本利得。与发展中国家相比较,发达国家的经济结构较多地偏向初创期和成长期的企业,以及高风险和高收益的创新企业。高风险迫使企业选择更能有效分散并承担风险的股票市场,高收益率使这些企业能够支付比银行贷款利率高的股利支付率和资本利率以回馈股票投资者,因此发达国家的融资结构偏向较高的股权融资比例。

经济发展和金融市场之间是相互影响相互促进的。现代经济越来越复杂多样,处于各种不同生命周期的创新原域都有,与之相适应的金融体系也需要多样化、多层次。尽管一般来说,对传统原域进行固定风险融资和对创新原域采取分担风险融资是可以提高资源配置效率的;而对创新原域采用固定风险融资会增加中介的系统性风险。但现实世界的经济现象更为复杂,对于采用分担风险融资的非熊彼特式创新原域(如表6-2所示),就有很多种变化:(1)对于有些逐渐步入衰退期(或者消费者偏好改变)的非熊彼特式创新原域,已经不能支付高于市场平均利润时,如果没有新的创新,就会被市场淘汰;(2)有些传统原域会通过多元化进入其他行业,抓住新的盈利机会,如果进入的行业选择正确就能够生存下来;(3)也有一些传统原域会进行成功的升级和创新,变成另一种意义上的创新原域。也就是说,现实世界是异常复杂的,在经济发展的不同阶段需要以不同的金融市场,但不能过分强调一种而忽视其他,随着经济结构的调整,金融结构也应该相应调整,以适应新的经济结构。

表6-2 创新原域融资方式变迁的多重均衡

	固定风险融资	分担风险融资
传统企业	对传统原域采取固定风险融资	(1)淘汰 (2)多元化发展 (3)传统原域创新、升级
创新企业	固定风险融资的系统性风险增加	对创新原域采取当期或跨期分担风险融资

在赶超的过程中,政府起着非常重要的作用。建立大规模固定风险融资金融体系对赶超也十分有效。随着经济结构的升级,政府应该着力培育通过市场融资的机制,让金融结构演进调整随经济结构调整和创新的萌发自由发展,政府只起引导监督的作用。最终,一个成熟的有活力的经济体应该有一个各种融资功能齐全的金融结构,能为处于不同生命周期的创新原域融资,并与之相配套。

二、资本的数量

资本最原始、最基本存在方式是事物形态:土地、矿藏以及开发土地、矿藏而生产出的各类事物产品。在奴隶社会和封建社会事物形态主要是靠威力、权力来获得的。这一时期的资本是以实物为中心。资本的第二种存在方式是货币形态。货币发展到一定的阶段之后,一切事物形态的资本都社会货币化了,特别是在市场经济高度发达的社会。

创新企业的资本存量与增长、创新之间存在一定的关系。创新推动资本增加,而资本又反过来推动创新,为创新提供所需要的动力。

根据柯布-道格拉斯生产函数 $Q=AKL$,社会总产值的增长主要是由技术进步、资本及劳动力等主要因素来决定。创新企业的组织结构:

(1) $K=K_0$,资本达到最优创新规模。

(2) $K<K_0$,在资本 K 不足时,所有权让资本可以聚集起来,促进创新的规模效应。

(3) $K>K_0$,资本产生规模效应,即资本数量增加对于创新模式选择产生影响。

根据式(6-4),资本收益最大化分析可得出:

$$\frac{\partial r_k}{\partial K}=\frac{\partial Ep}{\partial K}-\frac{\partial c_k}{\partial K}-\frac{\partial \Gamma F}{\partial K}=\frac{\partial Ep}{\partial K}-\left[\frac{\partial \Gamma F}{\partial K}+m(r-\pi_e)T+mK(r-\pi_e)\frac{\partial T}{\partial K}\right]$$

由于,预期利润最大化 $\frac{\partial E(P)}{\partial K}=\theta AL(t)^{\alpha}\beta K(t)^{\beta-1}g(t)^{\theta-1-1}-\theta^{-1}\frac{\partial VC}{\partial K}$。也就是说,资本投资成本最小化,预期利润最大化。本章第一节证明过预期利润最大化将会导致创新企业选择风险规避。因此,内生资本的收益与预期利润相关。

结论6-6:预期利润与资本的存量正相关。资本数量是影响创新能力的指标之一。资源禀赋与试验的次数相关,在单次试验成本不变的情况下,资本数量越多,可以承担的试验次数也就越多。

推论6-6-1:在一个资源匮乏的国家里面,害怕失败,应该会选择失败概率比较小的动态互补的方式进行创新,也就是模仿。资源禀赋关系到对于失败的态度。需要大量的资本投入,降低试错成本,选择高成功率且低风险的创新,也就是选择保守的创新策略,达到均衡。

在其他条件相似的情况下,人均资源禀赋稀缺的国家,往往会采取保守的方式来进行创新。这也就可以解释一些社会现象。在对中国儿童(学生)与国外儿童(学生)的比较中发现,在创新能力方面,中国儿童的创新能力显然要弱一些。在人均资源稀缺的国家,只有避免错误才能够获得生存。因此,人们会采取动态互补的方式来进行创新。

资本充裕的家庭通常会更多地选择高风险的教育项目。中等收入的家庭相对比较保守。当然,赤贫的家庭更会偏向于选择冒险。

三、资本的收益

面对人力资本或者知识产权制度的约束,大量资本投入可以替代人力资本。当资本介入创新过程之后,可以有充足的资金建立实验室,进行反复实验,让小概率事件成为必然。根据大数定律,反复实验,允许失败,那么小概率事件几乎一定会发生。

"利润推动说"可以解释重复实验可以减少风险增加利润,但还是无法解释为什么很多国家在政府大量资金支持投入实验室建设的情况下,依然鲜有突破性的创新。不少企业不愿意把资本投入创新,而更愿意通过资本购买、吸收外生知识的途径,趋向于某一种新的知识的互补演进,风险较小的"渐进性创新"过程,就是动态的互补性①(青木昌彦,2005)。当然,另一些地区或企业却选择截然不同的创新类型,如硅谷。这些似乎都是"利润说"所不能解释的。"利润说"无法解释为什么很多企业具有利润动力,"商业化"却总是以失败告终,产生不了突破性的创新。

1. 当资本来自企业内部,资本的利润也属于企业

$$r_k = Ep - c_k - \Gamma F \tag{6-4}$$

内生资本在创新过程中的成本,为机会成本,也就是资本占用的机会成本 $c_k = m \cdot K \cdot r \cdot T$,其中,$m$ 为资本市场效率产权界定清晰度;m 介于 -1 与 1 之间,表示资本市场的产权界定清晰度,属于制度因素;$m < 0$,表示机会成本为负,说明产权界定模糊,自由资本投资于资本市场,由于制度缺陷会遭受损失;$m > 0$,表示机会成本为正,说明产权界定清晰,自由资本投资于资本市场,没有制度缺陷会有预期收益。内生资本在创新过程中,首先一个前提条件就是必须有完善清晰的产权界定,保证内生资本的所有权。拥有清晰产权的创新企业,能够让创新企业自身承担全部资本风险。没有清晰的产权,将无法保障内生资本在创新过程中承担相应的风险与享受相应的收益。r 为市场名义利率。$c_k = m \cdot K \cdot (r - \pi_e) \cdot T$。$r = i - \pi_e$,为实际利率。$\pi_e$ 为通货膨胀率。T 为融资时间、资金占用的时间,缩短资金占用时间,提高创新速度也能够降低创新的资金成本。

综合后,资本利润表示为 $r_k = Ep - m \cdot K \cdot (r - \pi_e) \cdot T - \Gamma F$。

2. 外生资本进入企业后,按照资本所有权获取分配的收益

外生资本利润可以表示为资本成本与收益之差。创新企业中与资本的成本相关的因素有:资本成本 $m \cdot K \cdot r(p) \cdot T$,其中 m 为资本市场效率产权界定清晰度,资本聚集成本与市场效率成正比。保障资本所有权的法律制度将有助于提高一个国家的创新动力。例如,《物权法》的制定将为我国企业与个人进行创新融资提供法律保障与基础。

面对投资确定性,外生资本投资企业的收益也自然具有不确定性。外生资本利润表示为 r,$r(p) = (1-\varepsilon)r + \varepsilon p$,$p$ 为利润率,ε 为融资时间。

$\varepsilon \sim (0 \sim 1)$ 是风险承担系数,决定资本所承担的风险系数。在自有资本的情况下,风险承担系数为 1;在公有制下,风险承担系数为 0;介于两者之间从大到小的依次是银行融资、股权融资、风险融资(几乎为 0)。固定风险融资越高,增加现期融资成本,减少未来融资成本;分担风险程度越高,减少现期融资成本,增加未来融资成本。因此,融资成本与固定风险融资的比例成正比,与分担风险融资的比例成反比。根据融资承担风险的程度,银行等债权融资属于固定风险;股权融资属于分担风险,按照投资的外生资本占总资本比例来分担风险。

对于外生资本而言,其占用资本的机会成本即为资本的利息 $K \cdot T \cdot \bar{r}$。$\bar{r}$ 为固定利率,r_0 为市场基本利率,$r_0 \leqslant \bar{r} \leqslant p$。因此,外生资本在创新企业中的获利可以表示为

---

① 即便有助于支持潜在制度 x 的初始能力是低下的,现存制度的互补性和/或其他域中的政策(参数)可能会放大政策影响,致使其趋向于制度 x,并且一旦动能启动(Milgrom、Qian & Roberts,1991),x 会逐步演变为可行的制度。

$p_k = K \cdot T \cdot [r(p) - r_0] = KT[(1-\varepsilon)\bar{r} + \varepsilon p - r_0] = KT[\bar{r} + \varepsilon(p - \bar{r}) - r_0]$。

外生资本在进入创新企业之后,追求利润最大化的行为选择,将会导致追求收益 p 最大化,倾向于风险规避。在 p 不变的情况下,ε 越大,则容易减少创新企业的收益。同样,这里也存在外生资本的激励和约束两难。

根据融资协议的融资时间,一般的可以按照融资时间是否变动来区分。固定时间融资协议,如果违约将要支付一定的违约金,收益下降。可变时间融资协议一般与分担风险融资相结合,当期一旦预期收益 p 将下降,则会在当期选择终止协议。如果在当期难以预见创新收益,则固定时间融资协议可以帮助在外来约定的时间进行收益核算,以判断是否继续进行投资(见表6-3)。

表6-3 资本的融资方式

	当期融资	跨期融资
固定风险融资	固定风险融资:银行融资	—
分担风险融资		可变时间:股权融资 固定时间:期权融资

6.3 人力资本的激励约束机制

一、人力资本的特征

传统经济理论将生产要素分为劳动和资本。根据弗里德曼的观点,劳动的大部分生产力显然是有意识投资的结果,同机器和建筑物一样,都是生产出来的。这样,一切生产要素都可以视为资本,并且按照产权特征划分为人力资本和非人力资本。在人力资本和非人力资本的谈判中,一个重要的考虑因素是人们的有限理性,即外部环境存在着不确定性、信息不完全性和人们认识能力的有限性。

创新主体个人或者组织的创新可以抽象为"发现发明",是知识产生的过程,具有偶然性,是一个小概率事件。知识的产生过程,存在风险与偶然性,因为知识是稀缺性。

研究与开发(Romer,1990)是一个随机事件。在人力资本积累水平较低的情况下,人口是决定人力资本积累的重要因素,因此人口成为制约知识总量的重要因素。人口与实用技术数量正相关(林毅夫,1995)。

人口中的人力资本积累对于实用技术产生是关键的(Romer,1986;Lucas,1988;Rebelo,1991;Uzawa,1965),避免出现物质资本的边际生产力递减的现象,使资本的持续积累成为可能。干中学(Romer,1986;Stokey,1988)、教育培训(Romer,1986;Lucas,1988;Rebelo,1991)、研究与开发(Romer,1990)等途径大大增加了人力资本的积累,因此人力资本积累制约了知识的总量。

1. 劳动与资本

在封闭条件下的创新企业,资本雇佣劳动。人力资本的工资报酬为努力程度与预期利润的乘积。新制度经济学的经典理论是以"资本雇佣劳动"为前提条件,有一些基本假定:首先,从经济学的最基本概念——稀缺性来看,"资本雇佣劳动"观点的假设是物质资本是稀缺的,而人力资本的供给是充分的。其次,物质资本具有专用性的特点,即物质资本投入创新企业后再恢复的价值就不大;在这个背后其实就隐含着人力资本不具有专用性的观点,即人力资本可以自由流动,市场上的劳动力是同质的。

然而,随着金融市场的发展,金融创新的工具不断推出,使创新企业(这里当然指的是有发展潜力的创新企业)的融资变得容易,资本的供给越来越充分。相反,具有特殊技能和知识的人力资本称为稀缺的资源。同时,物质资本的流动性也增强。在生产中,投入的物质资本主要是一些具有灵活性的设备(如计算机),大型设备的投入几乎没有。金融市场流动性的存在也使创新企业资本投入者的资本沉淀几乎为零。资本所有者可以方便地根据创新企业的投资价值,在股票市场上转让持有其股份。在技术密集的创新企业中,创新企业的价值主要来自于其所提供的创新,这个过程中人力资本的贡献是最大的。为了能够使创新与一般性服务相区别,就需要人力资本的不同质性。这就要求提高人力资本的专用性。

非人力资本的社会表现形式有多样性的趋势,使非人力资本所有者大大降低了企业投资风险,而且可以在各种社会表现形式之间根据风险最小化原则进行转换。实物形式的非人力资本如机器、设备、厂房等可转换成货币形式,而货币形式的非人力资本又可转换成股票、债券、基金凭证、票据等。市场机制的完善使非人力资本所有者在各种非人力资本形式之间的进出转换十分便利和快捷。例如,在股票市场上,股东(非人力资本所有者)在以股票形式投资于企业后,会越来越超脱于企业的经营和管理,只在股票市场上运用价格机制谋取自己的投资收益,即从过去直接投资于企业,以获取企业剩余价值为主转向间接投资于企业,以赚取股票差价为主。相反,人力资本与企业的关系更为密切。一旦进入一个适合自己专长的企业,人力资本所有者就会对该企业产生依赖性和长远性效用预期,相应就会进行适合企业的专用性投资。

因此,在开放条件下创新企业的特征不再适用"资本雇佣劳动"的基本假设。努力程度无法判定来决定工资收入,封闭创新企业的工资收入模式已经不适应了。创新企业的权威决定收入分配,企业治理结构发生变化,必须作出对应之策。很多经济学家已经从实际发生的经济现象中发现了这个变化,并且对传统企业理论中的剩余权的分配和治理结构提出了质疑。

2. 人力资本至上

在讨论有关创新企业应该服务于哪些人的利益时,布莱尔(1999)认为:"公司的资源应该用来实现所有那些事实上投资于创新企业并承担风险的人的目标,并应该服务于他们的需要。"这强调了人力资本在创新企业中发挥越来越重要的作用(布莱尔,1999)①。

---

① "在美国经济中,公司专用化人力资本上的投资对于财富创造来说是决定性的。……绝大多数现代公司创造财富的能量都主要是以职工技能与知识和组织能力为基础的,而这些技能则是在他们将这些技能服务于消费者与顾客时产生的。……人力资本投资在技术密集或定向服务创新原域中显得尤为重要,因为在这些创新原域中大部分价值的增加来自于创新、形成新的消费或特定的服务……"

新制度经济学派的著名代表之一德姆塞茨(1999)认为,"对于'艺术家'或'教授',要想通过观察其行为来了解他脑子里的实际想法,并不是一个好办法。对搬运工来说,由于其工作行为与搬运量的关系非常明显,所以,管理或指挥码头工人装车就比较容易。"正是因为"艺术家"或"教授"的行为难以观察,所以有必要设计独特的激励和监督机制。其实,从历史上看,创造性劳动者(比如作家、画家)一般都不会属于任何一个固定的创新企业。这其中的原因包括劳动者自身的选择,也是创新企业对这种类型的劳动者根本不能有效监督。因此,在创新企业中可以实行利润分享制。

Michael Piore 和 Charles F. Sabel[①] 描述未来经济中居统治地位的生产模式之一是使用灵活而一般的设备或部件(如计算机),但它提供的产品和服务对每个消费者来说却是现代的,符合用户需要的和专用化的。在这种环境下,对一个既定的创新企业来说,财富创造的必要投入和对高度专用化的需要更可能是人力资本,包括组织的能量与经理和工人创造性的天赋与技能,要超过有形资本。

虽然在他们的研究中还没有明确提出人力资本分割创新企业所有权享有创新企业部分剩余索取权的说法,但是他们研究文献已经超出了一般的"股权至上主义",承认了人力资本在创新企业中的地位。

Rajan 和 Zingales(1998、2000、2001)建立在科斯理论的基础上,对契约理论作了很大的发展。他们的理论对当前创新企业中剩余价值的分配方式和人力资本的地位、激励方式的变化有较强的解释力。

第5章已经论证过创新具有一定的生命周期,因此人力资本的投入需要经过一定时间,甚至反复失败后才可能成功。这就为确认度量人力资本在创新中的贡献度设立了障碍。如果一叶障目,无法认识到人力资本在创新中的作用,那么人力资本的收入分配激励将无法保障,创新也就无从谈起了。这也可以解释为什么长期以来认识不到人力资本在经济增长创新中的地位。

因此,人力资本至上并不会在当期实现,而会存在一定的时滞。时滞之下,人力资本收益的保障来自于其在创新中的权威。

3. 权威的来源

创新企业是对市场的替代,创新企业的本质是它的契约性。创新企业内部的交易是用权威或者权力来管制的。但是,科斯没有说明创新企业内部的权威是如何产生的。这种权威就是后来的 Grossman、Hart 和 Moore 等人在其论文中所说的"剩余控制权"。GHM 的理论认为,由于合同是不完整的,在生产过程中出现原始合同中没有规定的情况时,涉及的各方就进行谈判。在这种情况下,拥有对生产起关键作用的可分离资源的所有者就获得了权力,因为所有权[②]使他能控制物质资产。

Rajan 和 Zingales 所说的权威就是科斯经典论文中的权威或者权力,也就是 Grossman、

---

① 引自玛格丽特·布莱尔:《所有权与控制》,张荣刚译,中国社会科学出版社,1999年,第235页。

② 在 Grossman 和 Hart 的文章里,他们直接把创新原域的所有权定义"剩余控制权",认为剩余控制权在实质上比剩余索取权更重要,并且也更容易定义。

Hart和Moore等人论文中的剩余控制权。R-Z分析的思路实际上是认为剩余控制权最终决定了剩余索取权,只有掌握了一定剩余控制权的剩余索取权才是有意义的。R-Z的理论实际上就是控制权决定索取权的理论。因为有权获得企业剩余的人并不一定真正能够获得剩余。索取权的实现还要依赖相应的控制权。名义上的剩余索取权拥有者在不拥有控制权的情况下,往往可能失去企业的发展机会,甚至可能导致企业的创新最终失败。

传统企业的控制权可以比较容易地掌握在物质资本的手中,在外生资本进入"两权分离"的情况下,如在现代股份制企业中,掌握大部分股份或资本的资本所有者可以比较容易地控制企业,从而获得企业的剩余索取权。

然而,在创新中物质资本已经不是企业的关键资源,实际掌握企业控制权的并不是资本所有者,而是关键人力资本或者上文讨论的创业者等外生人力资本,他们对企业关键资源的掌握就获得企业发展的实际控制权,为了能够保证企业的长远发展,就必须留住这些关键资源的所有者——人力资本。

例如,典型的创新企业就是通用电器(GM)公司。这个公司在很大程度上是一个垂直一体化的公司,控制着大量的专用化无生命的资产,从大型的机器厂房到世界著名的商标。以前,这些资产很难复制,这使公司显得独特,从而获得很大的竞争力。公司外生人力资本在很大程度上依附于这些资产。在这样的公司里,对这些不可动资产的所有权是权力的根本来源。然而,世界范围内特别是美国企业界正在发生着变化。很多像GM这样的巨型公司正在瓦解,公司变得越来越扁平化。最重要的变化是人力资本。随着各种外在条件的变化,人力资本的作用已经凸显。很多创新企业的物质资产几乎为零,人力资本是创新企业的关键资源。

对于在生产中不存在可分离资源的创新企业,这种权力从何而来?特别是在一个人力服务性的行业中,创新企业中最为关键是人,创新企业中的权力拥有者并不是创新企业中的所有者。Grossman和Hart认为创新企业的剩余控制权属于物质资产所有者的观点是有局限性的,这个理论不能用来解释服务性行业创新企业的权力分配。

Rajan和Zingales认为权力来自各种关键资源[1],这里的关键资源可以是物质的,也可以是非物质的。有时某个人自身拥有某一种资源(如管理才能、社交能力),在这种情况下他就直接拥有权力资源。与拥有简单的能通过交易获得的特殊可分离资产不同,这些关键资源的建立必须通过各种机制如内部组织、工作规则和激励计划。这包括关键资源与其他资源的互补性。更一般地说,所有权合法地把某一种非关键资源与公司相连,在经济意义上来说,则是互补性联系着某个人与组织(他们并不拥有关键资源)。

在企业中可分离资产的拥有者拥有权力,并且他们是唯一的权力者。关键资源的理论认为,在融资更容易的情况下可分离资产已经不是唯一的权力来源,而信息、创意、知识和能力等逐渐变成创新企业的关键资源,并成为重要的权力来源。企业中的所有者也乐意让外生人力资本使用现有资产产生的资本为新项目融资,因为这保证了所有者在发展

---

[1] 根据关键资源理论,组织包括关键资源和代理人以及其他通过互补性与之相联系的其他资源。

中的产权;同时也提供契约为新项目提供资金,新项目也需要外生人力资本的技术特长;外生人力资本也愿意在缺少自由资本的情况下,为这个企业提供劳动。外生人力资本应该并能够使用企业的资本来发展组织。从这点上来讲,企业的资本是属于外生人力资本的。20世纪80年代公司治理机制的改革打破了这种平衡。公司治理机制的发展使内部决策接受更多审查,这使外部决策变得相对容易。

在开放条件下,创新企业的权威来源于人力资本,包括内生的人力资本与外生的人力资本。在物质资产密集的创新企业中,创新企业的权威来自于对物质资产的占有。但是,在人力资本密集的创新企业中,这种可能就不存在了。创新企业的权威更多来自于对创新企业关键资源的掌握。这里的关键资源可以是创新企业独特的技术优势,可以是创新企业的客户关系,也可以是一种管理的能力。这些都是人力资本密集的创新企业中存在的情况。

传统建立在资本至上基础上的企业理论不能解释创新企业的性质变化。由于创新企业性质的变化,创新企业的治理机制也应该相应地发生变化。

二、人力资本的分配激励

资本和劳动的关系在历史上的发展从"资本雇佣劳动"制度中的资本所有者控制人力资本所有者,经过资本所有者与人力资本所有者之间的分离、独立和对等谈判,到人力资本所有者拥有资本、支配资本所有者的"劳动者占有资本"制度。并且,他们认为人力资本所有者拥有创新企业所有权是历史的必然趋势。

因此,在开放条件下"人力资本至上"。人力资本的工资,包括至少两个部分:一部分是固定工资 $\overline{W}$,用以满足人们的物质生活的需要,$\overline{W} \geqslant 0$;另一部分是根据预期收益 EP_{t+1} 以获得的奖金。预期收益为 $t+1$ 期的收益,期间存在时滞。

因此,可以把收入规定为 $W=\delta EP+(1-\delta)\overline{W}$,其中 δ 为激励占利润的百分比,按照权威性来确定分享收益的比例,$0 \leqslant \delta \leqslant 1$,与创新项目的风险成正比。即 $W=\overline{W}+\delta(EP-\overline{W})$。

外生人力资本在收入最大化的目标下,EP 最大化。在 EP 最大化的情况下,创新企业不可能选择高风险创新,偏向于低风险创新。δ 越大,则越风险规避;而 δ 越小,则越会偷懒。在外生人力资本存在的情况下,存在激励约束的两难。激励多了,就会偷懒,约束多了就会风险规避。

分享收益比例的不同,以及预期收益的时期,决定不同的人力资本收入分配激励方式(见表6-4),将导致不同的创新选择。

表6-4 人力资本的分配激励方式

	当 期 激 励	跨 期 激 励
固定工资	固定工资	—
分享收益共担风险	当期分享: 提成工资、计件计时工资	跨期分享: 股票预期期权

人力资本与资本经营者之间共同承担不同风险,因此人力资本成本可以表示为$(1-z) \cdot W + z \cdot P$。其中,$W$代表固定工资,$P$代表浮动分享收益,$z$代表两种工资的比例结构,$z \sim (0,1)$。固定工资报酬越高,当前成本越高;分享报酬越高,未来成本增加。因此,工资报酬制度单一的创新企业,趋向于保守创新;而预期收益激励比例高的创新企业,趋向于高风险创新。

在封闭的创新企业内,单元中每一个人都参与到创新之中。每个劳动力在创新企业中,都会最大化自己的收入。收入与成果挂钩。成果具有一定的风险性。创新企业内成员既是创新的进行者,也是创新利润的分享者。例如:进行一种家庭事业,这种方法可以减少费用,增进士气,利润的分配很简单,利润能够得到充分的利用,整个事业控制也较容易。

假设:没有外来资本与外来人力资本。$V+E(P)>0$是创新企业生存的前提条件。努力程度都是可以监督的,按照努力程度来分配收益,可以完全避免偷懒行为。

N为生产者集合。用$W_i(\mu_i)(i \in N)$表示生产者i的工资函数(或收入函数),其中μ_i是i实际所付出的劳动。在生产理论中,生产资源包括资本、技术和劳动等要素。本著作把技术、知识、信息、管理等假定为不变常量,$f_i(\mu_i)$中的μ_i是指私人劳动。

$$W_i(\mu_i) = \mu_i E(P) = \mu_i \theta A L(t)^\alpha K(t)^\beta g(t)^\theta - \theta^{-1} VC$$
$$= \mu_i \theta A \left(\sum_{i=1}^n \mu_i L \right)^\alpha K(t)^\beta g(t)^\theta - \theta^{-1} VC$$

$$\max \quad f_i(\mu_i)$$

$$\frac{\partial W_i(\mu_i)}{\partial \theta} = \mu_i \frac{\partial E(P)}{\partial \theta} = \mu_i \theta A L(t)^\alpha K(t)^\beta g(t)^\theta - \theta^{-1} VC$$
$$= \mu_i [\theta A (\mu L)^\alpha K^\beta g^\theta \ln \theta + A(\mu L)^\alpha K^\beta g^\theta + \theta^{-2} VC]$$

当期收入与当期利润、个人努力程度成正比。

结论6-6:W与$E(P)$成正比。在工资最大化的情况下,会出现风险规避。家族企业都是比较保守,风险规避的。

$$\frac{\partial W_i(\mu_i)}{\partial \mu_i} = \mu_i \frac{\partial E(P)}{\partial \mu_i} + E(P)$$
$$= \alpha \theta A (\mu_i L)^\alpha K(t)^\beta g(t)^\theta + \theta A (\mu L)^\alpha K(t)^\beta g(t)^\theta - \theta^{-1} VC$$
$$= (\alpha + n) \theta A (\mu_i L)^\alpha K(t)^\beta g(t)^\theta - \theta^{-1} VC$$

一阶条件分析:

$$(\mu_i L)^\alpha = \frac{VC}{(\alpha + n) \theta^2 A K(t)^\beta g(t)^\theta} > 0$$

结论6-7:利润最大化情况下,努力程度与参与人数呈反比,与项目难度成正比。参与人n越多,努力程度越小,项目风险越低,努力程度越小。

三、引入跨期创新积累

在资本与人力资本都是外生的情况下,研究人力资本的激励机制。本部分通过构造了一个多期模型,对资本家和创新者之间的博弈过程进行了简单的描述。

在创新组织里,对风险资本家,即资本所有者而言,创新者或创业者就是外生人力资本所有者。风险投资家不可能对人力资本实行传统企业下的激励监督方式。风险资本融资是一种分阶段融资方式,风险资本家从给创新项目提供种子资金开始,以创新企业的创新成果价值实现告终,例如IPO(首次公开上市)或被大公司收购。人力资本的多期激励本质上是一种跨期分享激励方式。

以创新企业为例,在整个创新的过程中,创业投资者和创新企业之间形成密切的关系,其中剩余索取权、表决权、董事代表的权利和清算权可以组合成不同方式,具体根据创新企业的创新和开发阶段而定,并且在创新企业的每个阶段一般都会有不同的风险投资者介入。但是,为了分析的方便,假定风险资本从提供种子资金开始,到资本的最后退出都是一家风险资本家,即创新企业不能在项目进行中更换风险资本家。

根据信息不对称理论,信息不对称可以发生在合同双方签订合同之前,这种信息不对称会产生逆向选择(Adverse Selection),在风险资本的投资中就表现为风险资本如何筛选创业者的创业项目。为了避免逆向选择带来的风险,风险资本家一般会选择自己比较熟悉的行业进行融资。

另一种信息不对称发生在合同签订之后,这种不对称会导致道德风险(Moral Hazard)。在此主要分析合同签订之后的风险资本家和创业者之间的信息不对称,最关键的就是合同双方如何对创新企业产生的利润进行分配。根据 Trester J. Jeffrey(1998)创建的多期模型,分析风险投资家在对创业者进行投资时应该采用的融资方式,他把双方之间的非对称性信息作为合同设计的一个重要因素。

在这个模型中,假定资本可以来自于创新企业内部,也可以来自于创新企业外部,是风险中性的;人力资本来自于创新企业外部,也是风险中性的,并且他们都希望最大化他们的总财富。在这个双方的博弈过程中,资本家和创新者之间的信息不对称是一个重要的因素。在资本家制订创新者的报酬机制的合同中,资本家了解到这一点。

对于双方而言,只要 $EW_t - W_0 = 0$,他们就愿意进行有风险的投资活动,其中 EW_t 表示预期的 t 时期投资产生的财富,W_0 表示初始的投资。S 表示项目可能的盈利情况,$S = L, M, H$ 分别代表项目盈利的三种情况:低、中、高,$\sum_{S=L,M,H} P(S) = 1$。整个过程分为4个时期,分别是 $t_0 < t_1 < t_2 < t_3$(如图 6-4)。

图 6-4 人力资本激励的时间序列

t_0 创新初始,创新者拥有项目,但是没有其他的资产,他可能存在一个雇佣机会,在 t_1 和 t_3 分别能够获得 w_1 和 w_3 的工资水平,由此 $(w_1 + w_3)$ 可以被认为是创新者的保留工资,并且创新者在两期的工资水平是相等的,即 $w_1 = w_3$。模型中双方都最大化他们在 t_3 时期的财富预期。

在 t_0 时期,双方都不知道项目的质量。为了项目的正常运作,创新者必须在 t_0 时期能够从资本所有者处融到一笔初始资本 I_0。获取融资后,I_0 中的一部分 q 作为创新企业运行的固定资本 qI_0,其余作为运营成本,主要是劳动者的报酬支付 w_1。因为创新者在 t_1 时期有一个保留工资 w_1,所以这里为了能够使创新者接受合同,创新者的劳动报酬至少应该等于 w_1。

t_1 创新孵化。如果资本所有者在 t_0 时期对创新企业融资,第一笔项目回酬 $R_1(S)$ 发生在 t_1 时期,并且 $R_1(H) > qI_0 + w_1$, $R_1(M) = qI_0 + w_1$, $qI_0 \leqslant R_1(L) < qI_0 + w_1$。创新者在 t_1 时期能够清楚地获得有关项目质量的信息,但是资本所有者只能在 t_2 时期观察到,在 t_1 至 t_2 时期,资本所有者和创新者之间存在着信息不对称。

t_2 创新审计。为了使项目能够运行到 t_3 时期,以产生 $R_3(S)$,在 t_2 时期项目必须从资本所有者处进行再融资。对于是否进行再融资,资本所有者主要考虑的是项目的质量情况。

资本通过审计过程可以了解项目的质量,但是这个审计项目只有到 t_2 时期才能完成。也就是说,创新者是在 t_1 时期就能够获知 S 的具体情况,创新者就可以比资本所有者更早了解到项目的质量情况,从而可以拥有这个项目的控制权(至少在 t_0 至 t_2 时期)。在这种信息不对称的情况下,创新者可以不顾 t_2 时期合同规定的义务,放弃这个项目,在 t_1 时期获取 C_{e1} 的私利,只要 $C_{e1} \leqslant R_2(S) - qI_0$,即除了创新企业的固定资本之外,创新者可以独吞创新企业拥有的其他资产,即创新者在这种情况下可以独自占有项目在 t_2 时期产生的所有利润。在实际情况的操作中,创新者可以通过合法的方式,增加项目的破产速度。这样,在 t_2 时期,当资本所有者得知项目的质量情况 S 时,创新者已经逃之夭夭了,或者资本所有者根本就不能确定是项目的本身质量差,还是创新者的道德危机造成创新企业的破产。另一种可能的情况是:创新者会履行合同的义务,负责项目到最后时期,因为他知道他能够在 t_3 时期获得一定的报酬。t_3 创新定价,创新企业或者创新项目上市。

考虑两种情况的合同设计。一种是创新者的报酬采用固定工资的当期激励方式,另一种是采用浮动工资的预期激励的方式,采用预期激励方式的话,创新者的报酬为可能有的股权收入加上一部分固定工资(当然,这里的固定工资会比第一种报酬设计中的固定工资低)。

股票期权[①]激励是预期激励的方式之一,也是资本所有者对创新者的一种长期激励的报酬制度。它赋予创新者一个权利,即可以在一定的时间(执行日)以事先约定的价格(执行价格)购买一定数量的公司股票。在创新企业,一般约定的时间是公司上市之后,价格是公司上市之后的股票价格。当在股票期权的行使期限内股票的市场价格超过其执行

---

① 传统原域也越来越多的采用股权激励的方式,但是,在原有的外生人力资本持股计划中,外生人力资本是以货币资金的投入为前提的,而在创新原域中,人力资本的所有者不再需要投入货币资本,可以以知识入股的方式享有创新原域的部分产权。

价格(即股票价格上涨)时,拥有该项权利的创新者通过行使这一权利取得股票,从而获得该股票市场价格与执行价格之间的差额;反之,如果现在行使公司股票期权不能获利,持有者可暂时不行使这一权利。由此可见,所要讨论的股票期权制度实际上是一种看涨期权,持有人的股票期权是记名且不可转让的,股票期权的履约可以是一次性的,也可以是分期多次进行的。

1. 固定工资的当期激励

首先,分析固定工资的情况。为了使创新者能够接受合同,资本所有者付给创新者的固定工资至少应该等于创新者的保留工资。根据前面的假定,资本所有者必须支付给创新者的固定工资水平在 t_1 时期是 w_1,在 t_3 时期是 w_3。接受资本所有者的合同后,创新者的财富总和可以表示为:

$$\sum W = w_1 + \alpha[R_1(S) - qI_0] + \beta w_3 \qquad (6-5)$$

如果创业在 t_1 时期毁约,并实施机会主义行为,则 $\alpha=1$,$\beta=0$。如果创新者一直继续项目并且资本所有者又愿意进行再融资的话,则 $\alpha=0$,$\beta=1$。

投资初期双方都不知道项目的质量,但是当项目进行到 t_1 时期时,创新者知道 S 的状态而资本所有者并不知道。

如果项目的质量是高的话,即 $S=H$,那么 $R_1(H) > qI_0 + w_1$,即式(6-5)中的 $R_1(S) - qI_0 > w_1 = w_3$。这时,对于创新者而言,最优的选择是毁约,获得创新企业创造的利润。在实际的操作中,创新者可以进行工资外消费,获取工资外收益。

如果项目的质量是低的话,即 $S=L$,那么 $qI_0 < R_1(L) < qI_0 + w_1$,即式(6-5)中 $R_1(S) - qI_0 < w_1 = w_3$,这时对于创新者而言,最优的选择是继续此项目,以期获得 t_3 时期的固定工资 w_3。

但是对于资本所有者而言,在项目质量高的情况下,他是愿意进行再次融资的;在项目质量低的情况下,他会拒绝进行再次融资。

从以上分析创新者的效用函数中可以得出结论 6-8。

结论 6-8: 在采用固定工资支付创新者的报酬的话,创新者的行为选择与资本所有者的利益是冲突的。由于风险投资中存在着更高的信息不对称性,资本所有者在支付给创新者固定工资之后,并不能对创新者进行有效的监督。

固定工资的报酬模式。如果项目质量高,创新者会在资本家获得项目的信息之前毁约,以获得项目自身带来的报酬。如果项目质量低的话,创新者就会坚持到项目结束。这与资本家利益最大化完全冲突。

2. 股权的预期激励

下面分析股权激励的方式。在设计股权激励的方式中,一般来说资本所有者会支付给创新者一定的固定工资,此外再根据创新企业的业绩情况支付一个股权报酬。在这种情况下,创新者的财富可以表示为:

$$\sum W = f_0[R_1(S) - qI_0] + f_2[R_3(S) - qI_0] + \bar{w} \qquad (6-6)$$

其中，f_0 表示在投资初期即 t_0 时期创新者获得创新企业股份，f_2 表示资本所有者进行再次融资时创新者获得的创新企业的总的股份，$\bar{w}$ 表示创新者获得的一部分固定工资，并且 $\bar{w} < w_1 + w_3$。

资本所有者签订契约之前预计信息不对称可能会产生的机会主义行为，他会尽量设计一个最优契约。资本所有者考虑的签订如下的合同，同时自己不蒙受任何损失：

（1）当状态 S 发生后，创新者被要求宣布他所处的状态；

（2）对于创新者宣布的状态 $S(S=L,M,H)$，契约规定一个与之相联的报酬；

（3）对于每种状态，创新者发现真实的报告自己所处的状态是最优的。

这个制定合同的过程在委托代理模型中被称为显露机制（Revelation Mechanism）。从以上的分析可以看出，当资本所有者利用这种显露机制的时候，创新者一直说真话。具有这种说真话性质的显露机制被称为激励相容（Incentive Compatible）的显露机制。创新者在追求自身利益最大化的同时不损害资本所有者的利益。

在具体的合同设计中，资本所有者可以事先规定式(6-6)中 f_0 和 f_2 的值，并且规定固定工资数。在这里，不妨假定 $f_0 = \frac{1}{2}$，$f_2 = \frac{1}{2} + \varepsilon$（$\varepsilon$ 是一个略大于零的正数），$\bar{w} = \frac{1}{2}(w_1 + w_3)$。资本所有者支付给创新者的固定工资在 t_1 时期支付 $\frac{1}{2}w_1$，在 t_3 时期支付 $\frac{1}{2}w_3$。这样，式(6-6)就可以写成：

$$\sum W = \frac{1}{2}w_1 + \frac{1}{2}[R_1(S) - qI_0] + \frac{1}{2}w_3 + \frac{1}{2}[R_3(S) - qI_0] \quad (6\text{-}7)$$

如果到了 t_1 时期，创新者发现项目的质量高，即 $S=H$，那么 $R_i(H) > qI_0 + w_i$，$(i=1,3)$。这时创新者会发现他继续这个项目对他而言是最优选择。

如果到了 t_1 时期，创新者发现项目的质量低，即 $S=L$，那么 $R_i(H) < qI_0 + w_i$，$(i=1,3)$。这时创新者会发现他放弃这个项目是最优的选择，他继续这个项目的话最后得到的财富总和会小于他的保留工资。

从上面的分析中可以得出结论6-9。

结论6-9：股票期权的报酬模式。创新者的工资水平中一部分是固定工资，而其余都是以股票期权的方式。在这种情况下，创新者的利益与资本家的利益一致，他会在项目的过程中披露有关项目的真实信息。

创新企业中存在着信息不对称的情况，这时采用股权激励方式可以解决信息不对称可能产生的机会主义行为，创新者在追求自身利益最大化的同时也是资本所有者的利益最大化。这就是创新企业中普遍采取的激励相容的股权报酬机制的经济原因。在创新企业中，由于信息不对称现象的存在，利用股票期权这种激励方式是更可行的。

在创新企业中，创新企业的研发密集度高，创新者或者关键人力资本拥有创新企业的部分所有权，持有创新企业的股票期权这是通行的做法。新经济发展中最重要的生产要素是知识，而知识是由创新企业中的劳动者拥有的，并且这种知识具有很强的信息不对称的特点，投资人即资本所有者很难在合约签订之前观察到，资本所有者不可能采用传统企业下适用的监督方式对劳动者进行监督。固定工资的当期报酬方式导致了创新者的败德行为，创新者的行为选择与资本所有者的利益冲突。这就需要创新企业改变传统的激励方式，要求资本让渡一部分的创新企业所有权给人力资本，从而使人力资本获得一部分创新企业的剩余索取权。"知本家"与劳动者在主体上的统一造成了劳动收益权与资本收益权的统一，并使得利润与工资具有相互激励的性质（华民、贺晟，2001）。由此，创新企业内部的创新活动得以发生。

实际上，股权预期激励已经不仅仅是一种激励方式，它还意味着创新企业的风险不能完全由资本所有者来承担。

除了激励机制外，创新企业中的结构一般与传统企业不同。Rajan和Zingales(2001)认为传统企业与创新企业的科级结构有很大的不同。物质资产集中的行业中，创新企业一般是采用垂直结构。而在人力资本密集的行业中，创新企业一般采用扁平化结构，实行的是不升职则出局的晋升机制。人力资本密集创新企业的文化和技术在行业中都比较特殊。这些也可以说是创新企业激励机制的一个组成部分。

创新企业一般都以股权预期融资为主，资本所有者和创新者共享创新企业的产权。这种创新企业制度有利于风险基金的介入，同时为创新企业提供所有权激励方式。在股权激励的方式下，知识和资本分享创新企业的所有权。

四、其他的人力资本激励制度

根据人力资本跨期分享激励制度的设计，可以发现不同的激励制度对于创新的作用是不同的。

大锅饭制度导致没有创新。平均主义，枪打出头鸟，鼓励偷懒。我国长期以来都是大锅饭，大大地削弱了人们创新的动力与意愿。

"基本工资＋业绩提成"这种报酬机制是属于当期激励，并不能把外生人力资本的努力与未来企业的收益回报相联系，因此这种激励制度经常应用于传统行业，如推销员。

一般来说，创新行业或者领域的报酬激励机制都是与未来预期的企业收益相挂钩的，如高科技企业。物质激励是激励的核心，对员工实行物质激励，内容一般包括奖金、福利、住房、保险、提高工资、晋升职务、发放津贴、任职资格、员工持股等，建立研发机制，加大研发奖金投入，从而激发员工个人使命感，加速个体头脑中隐性信息知识显性化。人力资本激励作用增加了人力资本的积极性，促使人力资本努力创新[①]。

再如，大学教师的工资制度。教师的工资机制为在固定工资基础上，加上创新收益。随着时间的累计，收益也会逐步积累；同时，教师的个人发展与学校声誉、个人声誉的建立是相互促进的。因此，实际上也是一种跨期分享激励机制，有利于促进大学的学术创新。

大学内的跨期激励机制，并不需要大学上市，也不需要出现大学股票期权；大学内的

---

① 李华伟、董小英、左美云：《信息知识管理的理论与实践》，华艺出版社，2002年，第87—184页。

跨期人力资本激励机制，可以通过一个信息流通极其快的声誉机制来实现。学术信息检索、学术研讨、学术评比等活动，成为大学中的潜在的声誉机制，而这即是最好的大学内部的跨期激励形式。

东亚地区，包括我国，长期以来家族式企业出现存活期短、无法长大的困境。其中，一个致命的弱点就在于家族式企业的单一的固定的外生人力资本当期激励机制。外生人力资本在这样的激励制度下是缺少工作积极性与创新动力的。

家族式企业依赖姻亲血缘关系作为人力资本提供的主要来源。姻亲血缘关系难以保障家族式企业人力资本的储备，这就导致家族式企业常常处于人力资本匮乏的局面，一旦要突破成长为研究与开发型的企业，就会碰到人力资本短缺的瓶颈。因此，家族式企业不得不面临简单加工生产的格局。

同时，由于家族式企业内部特殊的亲缘关系，崇尚"资本至上""股权至上"，而不是"人力资本至上"。采用的固定工资收益的激励方式无法吸引外生人力资本的加盟，同时也无法保障外生人力资本的不变心。因此，很多家族式企业不能不采用内生人力资本的策略，如选派内部人深造、以婚姻的形式招聘贤才。但是，这样的方式是无法长久的，而且成本代价巨大。

所以，家族式企业在高科技领域进行创新属凤毛麟角，大多数都选择了传统行业。一旦传统行业面临技术升级或市场升级，家族式企业就会捉襟见肘。要突破家族式企业发展的瓶颈，必须改革家族式企业的人力资本机制，用跨期分享激励来留住外来人才，用好人才。家族式企业与创新之间的关系，可以继续深入下去，展开调研，取得实证数据的支持。

创新过程中人力资本激励机制包括两个方面。

一方面，建立风险投资金融市场。保障跨期预期激励机制的正常运作。以股权预期融资为主，资本所有者和创新者共享创新企业的产权，有利于风险基金的介入，同时为创新企业提供所有权激励方式。在股权激励的方式下，知识和资本分享创新企业的所有权。

另一方面，建立个人信用体系。在我国风险投资金融市场还没有充分发展的情况下，企业对于所聘用的外生人力资本就难以当时市场定价来评估其绩效。因此，一个完善的个人信用记录相当重要。除了激励机制外，家族式企业采用扁平化结构，实行的是不升职则出局的晋升机制，也会形成"声誉机制"。

人力资本密集创新企业的文化和技术在行业中都比较特殊。这些也可以说是家族式企业激励机制的一个组成部分。

6.4 知识的激励约束机制

一、知识与信息的传播结构

1. 知识与信息

信息与知识是两个容易混淆的概念，在此有必要进行界定。信息与知识是创新的重要资源。

信息与知识的范围不同。信息是知识的重要组成部分,但只有将反映自然现象和社会现象的信息经过加工,上升为对自然和社会发展客观规律的认识,这种再生信息才构成知识。狭义的信息是一种消息、数据或资料;广义的信息是物质的一种属性,是物质存在方式和运动规律与特点的表现形式。英国著名情报学家布鲁克斯这样表述信息与知识的关系:"信息是使人原有的知识结构发生变化的那一小部分知识。"控制论专家维纳从信息自身具有的内容属性来定义信息,这被许多研究加以引用。

知识是信息的一部分,是一种特定的信息。知识是人类对于客观世界的认识,包括我们所知的有关世界的任何事。广义的知识,包括消息、情况、事实、数据、思想。根据经济合作与发展组织(OCED)出版的《以知识为基础的经济》报告,知识又可分为四种类型:第一类知事(Know-what),指关于事实方面的知识,也可理解为在什么样的时间(Know-when)、什么样的地点或条件下(Know-where)能解决什么样的问题。这类知识通常被近似地称为信息;第二类是知因(Know-why),指自然原理和规律方面的科学理论,这类知识的生产是在专门研究机构如实验室和大学完成的;第三类是知道怎样做的知识(Know-how),指做某些事情的技艺和能力,其典型是企业开发和保存于其内部的技术诀窍或专有技术,是一种特殊类型的信息,往往被称为技术情报和商业秘密;第四类可理解为谁以及是怎样创造知识的,侧重对创造思想、方法、手段、过程以及特点等的了解。上述四种类型的知识都与信息存在着密切的关系。

泰勒、西蒙认为,只有正式的、系统化的东西才是唯一有用的知识。野中郁次郎(1991)认为,真正构成企业长期竞争优势的不是正式的系统化知识,而是组织中的超文本化的默认知识,因为正式的或系统化的知识是竞争性的,如某些技术专利,可以进行市场定价,并在企业之间公开交易。纳尔逊和温特所说的惯例是指存在于企业组织行为中的默认知识,如技巧和诀窍等,而不是确定的知识。构成企业持续成长和竞争优势的默认性知识可称为企业的核心知识。惯例化的企业核心知识,在既定条件下,主导逻辑推动了企业的发展和扩张,并构成企业竞争优势的基础;在外部环境发生变化时,主导逻辑通过自身的不断演进来适应环境的变化①。

专利权是知识的一种表现形式,它是指一项发明创造,向国务院专利行政部门提出专利申请,经依法审查合格后,向专利申请人授予的在规定的时间内对该项发明创造享有的专有权(见图6-5)。

图6-5 财产的分类

---

① 野中郁次郎:《知识创造企业——知识管理》,中国人民大学出版社,1999年。

专利分为发明专利、实用新型专利、外观设计专利等。

其中,发明是指对产品、方法或者其改进所提出的新的技术方案。技术水平较高的发明创造或开创性的发明创造。所有实用新型申请都可以申请发明专利,反之不然。发明分为产品发明专利和方法发明专利。产品发明专利是指以物质形式出现的发明,如设备、装置、结构、物品等。方法发明专利是指以程序或者过程形式出现的发明,如施工方法、操作程序、试验方法、求解过程等。

实用新型,是指对产品的形状、构造或者其结合所提出的适于实用的新的技术方案。同发明专利比较,实用新型是相对技术水平较低、市场寿命较短、更换周期快的发明创造。申请人希望审批周期短,尽快授权。这包括一些不能申请实用新型的发明创造,如使用方法、药品配方、无确定形态的产品(气态、液态、粉末态、颗粒状)、单纯材料替换、仅以平面设计为特征等。实用新型只限于产品发明的一部分,即有一定形状或者构造的产品。不能是一种方法,也不能是没有固定形状的产品,如设备、装置、结构、工具等。

知识和信息可以看作是组织的基本源泉(见表6-5)。知识和信息是创新企业的一种资产,会影响企业生产可能性边界,提高组织对所承担工作的协调能力(Prescott and Visscher, 1980)。本书的研究是将信息知识作为生产要素之一。

表6-5 信息与知识的区别

		信 息	知 识
相同处	传播途径 载体 交换性 生产成本 共享性	组织的基本源泉 物质的载体与非物质载体① 在交换中实现价值 与获取难易程度、积累时间长短相关 网络效应、溢出效应	
不同处	加工程度 时效性②	浅 短	深 长

2. 知识的需求特征

在生产的过程中,信息知识和物质商品一样,既可以作为要素投入生产,也可以作为中间品再次投入生产,当然可以成为最终产品。

在物质投入为主的传统经济中,大部分产品都是物质的。尽管在传统经济中也有信息知识的创造,但它们都是以物质产品为载体的,可以视为传统产品,因而独立的信息知识产品是很少见的。然而,如今越来越多的产品却是独立存在的信息知识产品。信息知

---

① 人脑、文献、实物这三种知识与信息的载体都是物质的。人们为了进行信息知识的传递和交流,还必须使信息与知识具有能为感觉器官所感知的形式,即借助于文字、语言、符号、代码、电磁波、图像和实物等形式加以表现。这种表现形式也是信息。信息与知识都在交换中具有价值。

② 信息和知识都具有一定的时效性,信息的时效性比较短,而知识的时效性更长。信息是知识传播的媒介,这是一个特殊的因素,信息在单元内能够促进知识的内生增长,信息会随着人力资本的增长而增长,但是信息在传播过程中也会由于阻力和摩擦力而消失。

识也具有财富分配效应,社会财富的分配将不再仅仅是根据人们拥有多少土地、劳动或资本来决定,而更多的是根据人们拥有多少信息知识存量与流量来决定的。穷国与富国之间的差别不仅在于穷国或者穷人获得的资本较少,而且在于他们获得的信息知识存量与流量较少①。可见,根据信息知识影响并且改变传统经济。

物质产品和服务等传统产品的生产和分配具有两个基本特征②:一是竞争性,即在一定时期内仅有一个人可以使用该商品或服务;二是排他性,即个人可以阻止别人使用已属于你的商品或服务。李嘉图的商品价值论认为③:具有效用的商品,其交换价值是从两个源泉得来的稀少性,以及获取时所必需的劳动量。有些商品的价值仅由它们的稀少性决定。劳动不能增加它们的数量,所以它们的价值不能由于供给增加而减低。数量可以由人类劳动增加、生产可以不受限制地进行竞争的商品符合商品的交换价值以及规定商品相对价格的规律。

然而,越来越多的产品却是独立存在的信息知识产品。信息知识的一个重要特征是它对经济增长非常关键。信息知识是报酬递增的,因为它是非竞争品(Non-rival good)。非竞争品不同于一般商品,而信息知识商品具有两重性。

其一,具有李嘉图所说的稀少性;信息知识的交换依赖基于产权的使用价值的评估。当该信息知识受到产权法律保护时,它是唯一的,当然也是稀缺的。一般而言,某种信息知识如一项发明,一旦被生产出来,就获得了产权。如果其他人重复生产或模仿生产这种信息知识,不论他投入多少劳动,他都不能获得产权。它的交换价值决定于交换双方所能接受的价格,而且双方都会对该信息知识的使用价值进行评估,并据此作出自己的选择。

其二,具有溢出效应;"搭便车者"可以通过"干中学"进行模仿,再创造。信息知识产品不具有排他性,原先完全属于私人拥有的信息知识会逐渐外溢成为公共信息知识,支付了巨大发明成本的发明者的利益将会被他们无偿分享。在该信息知识受到产权保护时,该信息知识会得到传播,人们可以利用它生产新信息知识,新的信息知识可能会取代旧的信息知识;当产权过期后,人们可以自由利用该信息知识。在一定程度上,信息知识是一种"公共物品",具有公共物品的部分性质。根据李嘉图的观点,具有稀缺性的商品的价格,决定于购买者的购买力和嗜好,而不决定于生产商品所需要的必要劳动时间。如果新的信息知识、新的产品具有稀缺性,那么,它的交换价值决定于它的稀缺性,而不是生产它的社会必要劳动时间。交换价格的大小与它的稀缺程度、使用价值、买方需求和买方支付能力有关。

由此可见,信息知识具有稀缺性,同时不具有竞争性和排他性:一方面,信息知识具有非竞争性,以致很多人同时使用时也不会减少它的供给数量与使用价值;另一方面,信息知识的排他性较弱,从而在技术上或经济上无法阻止他人使用这种信息知识要素。在

---

① 世界银行:《信息知识与发展》,中国财政经济出版社,1999年,第20—22页。
② 何传启:《分配革命》,经济管理出版社,2001年,第48页。
③ 何传启:《分配革命》,经济管理出版社,2001年,第48页。

外生开放条件下,信息知识的两大特征产生了网络效应与产权保护效应。

信息知识是无形资产与资源,是非竞争性的产品与资源,这就决定了信息知识在使用中的非排他性、非独占性。另外,信息知识创新的一个非常重要的意义在于它的效用外溢性:信息知识可以被学习、被共享,被更大地创新。信息知识的创新不仅使得社会和市场上的无形资源与资产飞跃的增长和发展,同时也极大地促进了一般经济资源与要素的流动和集聚。

由于信息知识在使用中的非排他性和效用的外溢性而存在的经济正外部性,加以有保障的生产要素的充分流动和集聚,就使得信息知识能够更好地内生、积累和增加的同时,信息知识的共享性、公共性和溢出性等特殊性也得到了更充分的发挥。大量积累和外溢的、公共性和共享性的信息知识资源与流动集聚的资源,如资本、人力资本等相配套,就给创新企业带来更大的经济效益。

作为外生信息知识的消费者,创新企业从信息知识的提供生产者那里,获取信息知识。外生信息知识进入创新组织的过程就是企业间"连接"的过程,与资本、人力资本间接影响不同,前者将直接影响企业的连接与变迁。信息知识获取指的是"以某种特定的形式获取信息知识的过程",也就是说"从某处获取已经存在的信息知识"[①],知识可以被分为显性知识[②](Codified Knowledge)和隐性知识[③](Tacit Knowledge 或 Technical Know-how)。人们获取外生信息知识的途径有二:一是直接来源于产生信息知识的客观事物;二是通过信息知识载体或媒介(文献、电视、广播、他人等)的传递、交流而间接获得,包括知识外溢、人际关系网络、集体学习。然而,获得的信息知识能否转化为信息知识,转化得是否充分、完整,则取决于受主的认知能力。例如,人们对于卫星照片、气象云团的识读能力是不同的,所获得的信息知识的量和质将会有差别。一般来说,人类会通过主动创造和整理其自身的经验来获得信息知识。

大量的理论和实证研究都证实了创新组织与信息知识的相互促进作用。(Pinch and Henry,1999;Hassink,1997;Steiner and Hartman,1998,2001;Keeble and Wilkinson,2000)。交易成本中,信息的交易成本是关键。

3. 信息知识的需求特征

(1) 信息知识通常具有很强的网络效应。

信息产品比物质产品有强得多的可塑性,具有可移植性好、重组合性好等特点,容易复制,便于共享,以及根据消费者的不同需求生产组合出多种功能和不同价格的产品。

① 网络效应的正反馈机制。之所以将信息知识与网络效应联系起来,是因为信息知识往往与创新相联系。它所联系的这种信息知识和技术构成其特有的标准,所有该产品的消费者形成这一标准的网络。可以说,信息知识将网络效应发挥到了极致。

[①] 纳塔拉詹:《信息知识管理》,中国大百科全书出版社,2002年,第30页。

[②] 显性知识是指可以被编码化、远距离传递,通常产生于标准的大规模生产中的技术知识。

[③] 隐性知识则指那些难以编码化,通过人们之间非正式的、偶然的、面对面的以及口头的方式交流和传播的,通常产生于柔性专业化生产中的技术或组织制度方面的知识。

1974年,Rohlfs发现了通讯产业的网络效应并研究了网络效应对于该行业产品定价和进入壁垒的影响(Jeffrey Rohlfs,1974),称之为直接网络效应。由于同种商品消费者数目的增加,消费者之间的交流和共享的增多而使商品给消费者带来更大的效用(Liebowitz & Margolis)。这种正反馈符合梅特卡夫法则①。从而使消费该产品的效用增加。比如,当更多的人选择使用EXCEL软件时,市面上会出现更多有关使用该软件的指导书籍;当更多的人选择Master Card时,会有更多的商家接受用该卡作为支付手段(David S. Evans & Richard Schmalensee,1996)。

传统产品的消费选择具有很强的个体性,消费者根据各自的效用函数形成对商品的价值评价,并根据价格和自己的收入水平选择是否购买以及购买多少,尽管存在从众心理,从总体上看,消费者的消费选择独立于社会其他成员的消费选择。

信息知识的消费则更接近于集体行为。对于一个消费者来说,该产品为他带来的效用可以被分割成两块:其一是该商品本身的价值,也就是说,即使该商品没有其他消费者,它亦能产生的效用;其二是该产品的网络价值,也就是由于该产品的众多消费者形成了一个网络,该产品给消费者带来的额外价值。而后者正是网络效应的关键。

当功能相同或类似的不兼容网络互相竞争时,规模较大的网络相对于规模较小的网络而言可以得到更多的消费者评价,因而在竞争中享有优势。这种优势可能引发产品市场的正反馈机制:在竞争中获得优势的网络利用这种网络效应排挤处于劣势的网络,从而强者越强,弱者越弱,最后可能会导致自然垄断的出现。因此,很多网络效应模型最后都得出胜者通吃、输者通盘的结论。

② 网络效应的路径依赖。经济学家对于网络效应的模型化已经做出了不少努力②。网络效应的存在可能导致多重均衡的出现;市场预期在很大程度上决定了均衡点;对于预期能够或者已经成为市场领导的网络的这种偏好可能会压倒消费者对产品或服务本身的偏好,因此市场的演进具有很强的路径依赖性。次优的产品可能由于市场预期对它的偏向(可能由于它最早进入市场并达到了必要的临界规模)而排挤比它优秀但缺少必要网络规模基础的技术或产品。这一论断引起经济学界的极大兴趣,一系列文章开始研究网络效应与进入壁垒的关系,研究市场偶尔选择的次优产品是否会长期地占据本不应该属于它的市场领导者的位置。这也是本章所关注的问题。

Katz和Shapiro在另一篇文章(Michael L. Katz & Carl Shapiro,1986)中指出网络效应的存在可能会引起过度标准化(Excessive Standardization)。Farrell和Saloner(1986)构建的模型指出,由于"过度惰性"(源于已有的网络规模)的存在,一项新的技术即使优于已有的技术,也不会被市场接受。David(1985)以"QWERTY"键盘的市场锁入为

---

① 即网络的价值以网络节点数目的平方增长。其他经济学家发现了间接网络效应,即当同种商品消费者数目增加时,该产品相应的配套产品品种增加,配套产品的可得性增加,竞争化程度提高,价格下降。

② 在本书第4章讨论原域间连接时也提及网络效应的模型化开始于Katz和Shapiro(1985)研究兼容网络之间和非兼容网络之间的古诺博弈,并引出了新的均衡概念"实现预期古诺均衡"(Fulfilled Expectation Cournot Equilibrium,FECE)。

例,说明市场可能长期锁定低效率的技术标准。

相反的观点认为并不存在这种无效的市场锁定,Liebowitz 和 Margolis(1990)驳斥了 QWERTY 键盘和 VHS/Beta 在盒式录像带标准之战中存的所谓无效锁定。关于网络效应是否会导致低效技术锁定的争论仍然还在继续。

Katz 和 Shapiro(1985)强调的另一个问题是兼容决策。达到产品兼容的路径有两种:一种途径是行业集体决策,即通过行业内协调达到统一产品标准的目的;另一种途径是单边协调,即单个创新企业建立适配器以使自己的产品与其他创新企业(通常是领导创新企业)的产品兼容。由于兼容决策的私人动机和社会动机存在差异,私人的兼容决策并不能保证社会福利的最大化(Katz & Shapiro, 1985)。

③ 非自然垄断的网络效应。许多经济学家认为网络效应改变了报酬递减的规律,并不可避免地使网络间的竞争走向自然垄断。模型的构建者往往假设不断下降或保持不变,或可以忽略不计的平均生产成本,创新企业受到网络效应的鼓励增加产出,不仅增加了网络的价值,而且在生产者规模经济的同时作用下平均成本不断下降,这种优势不断强化的结果必然是自然垄断①:一种网络(标准)击败其他网络(标准)占据整个市场。这种成本假设对于信息知识化产品来说比较适合。

不少批评者对此提出了不同的看法,他们认为现有的网络效应模型假设过于简单。尽管网络效应可能造成市场竞争的正反馈机制,仍然存在很多其他因素构成对这种正反馈的抵消和弱化,网络效应并不是自然垄断的充分条件。

网络效应存在局限性。许多网络效应模型没有规定网络价值函数的极限。Chou 和 Shy(1990:260)、Church 和 Gandal(1993:246)、Katz 和 Shapiro(1986:829)认为,网络效应并不是不可耗竭的规模经济。网络规模扩大到一定程度时,网络的继续扩大不再给网络成员带来的额外的价值,相反可能会导致网络瓶颈的出现,从而产生规模不经济。网络效应也可能与递增的生产成本并存,当生产成本体现出的报酬递减效应压过网络效应时,互相竞争的不兼容网络(标准)长期共存将成为可能。这样,网络的继续扩大不再为大创新企业添加优势,几个不兼容网络就有可能在平等的基础上相互竞争。

同时,网络扩大可能面临资源限制。优势网络扩大其规模时,还可能面临部分投入品不能相应增加的限制。即使在长期内,仍有一些要素(如管理要素)是无法增加的。例如,无论一家企业扩张到多大规模,总经理只能有一个。美国在线(America On-line)在1997年年初经历的危机很好地说明了资源限制对网络规模扩大的负面影响。

另外,网络受众拥有不同品味。网络效应模型常常假设消费者对产品自有价值评价相同。网络效应起源于人们希望统一标准从而方便交流与共享的愿望。因此,在价格相同的情况下,网络价值的大小成了消费者进行选择时唯一的考虑变量。引入受众对网络效应评价的异质性之后,不同网络可望共存于一个市场。但是,不同的个体可能具有不同的交流

---

① 当单个创新原域的平均成本曲线与市场需求曲线相交时还处于下降的阶段。这种成本结构往往会导致行业的自然垄断,由于导致这种垄断的进入壁垒并非由于人为因素造成的,我们习惯称之为自然垄断。许多公用事业,如供电、供水、电话通信等都属于此列。

范围或圈子。对于大企业来说,内部的交流和共享也许更为重要,而企业外部通行何种网络对它们来说意义不大。这很好地说明了为什么 Windows 以外的操作系统(如 Linux)的客户主要是大公司或政府。可见,网络效应评价的异质性,使得互不兼容的网络同时共存也是可能的。

在国外研究的基础上,国内对网络效应和市场结构的研究也已经有了一定的进展。闻中、陈剑(2002)认为不同强度的网络效应强度的由弱到强,会造成不同特点的市场结构,垄断竞争市场、威胁竞争市场、完全垄断市场和自然垄断市场,赋予在位者不同的获取超额利润的权利。其缺点在于忽视了预期的作用,把预期的网络规模直接等同于实际网络规模,从而无法分析均衡解的稳定性和正反馈的传导机制。这一点在本章的第一个模型中得到了弥补,目的也在于进一步阐述本书第 4 章提到的单元间连接过程中信息知识的作用。

(2) 信息知识往往是耐用消费品

在传统经济中,我们通常把汽车、飞机、房产等称为耐用消费品,它们的物质形态和功能在使用中基本保持不变,经过一段较长时间的折旧之后才需要更新。知识显然比这些耐用消费品更为耐用。像软件这样的产品基本上不存在物理折旧,只有在新的软件或原先软件的升级版本出现时,才有可能需要重新购置。而信息具有较短的时效性,但是可以共享,在同一时间段消费信息,基本上也不存在物理折旧。因此,信息知识可以均视为耐用消费品。

信息知识的这一特性对市场均衡也有着很重要的意义。根据科斯假说[①](Coase Conjecture),在耐用消费品市场中,垄断创新企业的行为就如同他处在完全竞争中一样(Coase, 1972, Bulow, 1982)。

然而,现实中的信息知识(特别是软件、情报等信息知识产品)并不是以边际成本销售的。不可否认的是,由于信息知识的耐用性,垄断创新企业在进一步销售时,其面临的需求曲线不可避免地受到其以往销售的影响。Katz 和 Shapiro(1998)说明至少有三种办法防止陷入科斯陷阱:一是,等待出现新的高评价信息知识使用者,即通过以往销售建立起来的网络规模提升产品的价值;二是,软件创新企业可以出租而不是出售其产品,即通过以出租代替出售,将耐用消费品变成了非耐用消费品,因此"科斯假设"也就不复适用;三是,通过产品升级换代从已购置的高评价顾客中挖掘新的需求,即提高产品的版本,对原先产品不断完善,不断推陈出新,从而实现更大利润和建立良好的声誉。Katz 和 Shapiro 认为垄断会阻止技术进步的论断难以成立,因此以此作为理由的政府干预没有必要。从

---

① 弱式"科斯假说"认为:随着时间的推移,耐用消费品的垄断创新原域在利益驱动下,会逐渐降价直至价格接近于边际成本,这样他就能向尚未购买的消费者销售产品,从中获取额外的利润。强式"科斯假说"则进一步认为:耐用消费品的垄断创新原域在一开始就会以边际成本价出售产品。强式"科斯假说"认为消费者会预期到垄断创新原域的这种行为模式:先向对产品评价高的顾客以高价销售,最后以接近边际成本的较低价格向对产品评价低的顾客销售。一旦消费者预期到产品随后会有较大幅度的降价,高评价消费者就会采取等待的态度,而不愿意为产品支付高价。这种预期逼迫垄断创新原域从一开始就以低价销售。

这个角度看,亚当·斯密认为垄断导致低效率的结论在信息知识流动的环境下应该得到修正,其表现更接近于熊彼特的创造性毁灭理论。

因此,信息知识的耐用性往往表现为:信息产品比物质产品具有更强的时效性,一种信息产品在一段时期内可能被另一种质量更高、功能更强、成本更低的信息产品所取代,因而原有的市场份额会随着新产品的出现急剧下降直至退出市场,像各种计算机软件等。

4. 知识信息的供给特征

知识信息在封闭条件下的内生机制,有四个途径。

竞争条件下的干中学与知识外溢。Romer(1986)、Stokey(1988)根据 Arrow(1962)干中学的思想,论证在内生技术增长发挥作用的知识是一种知识产品。知识产品能够被生产和交换,以及再生产其他商品或者知识本身的过程中使用。知识的增长使得整个社会普遍受益,并且这种收益大大超过企业内部得到的利益,即知识的溢出效应。干中学过程中,通过学习积累知识,而不是随着时间积累知识。

垄断条件下的研究与开发。Romer(1990)模型中,企业有意识的内部研究与开发可以更主动地控制或者影响生产过程。企业不断地创新技术实现了规模收益递增。由于知识具有"使用的非排他性和产权的排他性",所以必须利用垄断竞争的市场条件和创新机制来对这种技术突破进行激励与制度保证。

教育与知识积累。强调了知识积累是一种社会活动,成群的人们参与这种活动,而在物质资本积累过程中没有具有相同功能的对应部分(Lucas, 1988; Uzawa, 1965)。

分工也是促进知识的内生。Adam Smith(1776)在《国民财富的性质和原因的研究》中阐述了劳动分工在经济活动中的重要性。Romer(1987、1989、1990)针对分工和完全竞争不能兼容的问题,认为决定分工水平的因素主要不是市场容量,而是生产新知识所需的固定成本,固定成本越低,则经济的分工水平越高。Gary S. Becker 和 Murphy(1992)则用分工和专业化的演进说明经济增长。分工主要不是取决于市场容量,而是取决于工人的协调成本(即信息水平)和全社会的知识存量(即社会的知识)。Yang Xiaokai 和 Jeff Borland(1991)模型认为分工演进体现为个人专业化水平的提高。

因此,从供给的角度看,信息知识比物质产品的生产具有高得多的固定成本,同时又有低得多的边际成本,所以生产出第一件信息知识要耗去相当昂贵的成本,有人估计达到全部成本的70%,但继续生产规模扩大则成本又很低,几乎为零。

(1)低边际成本:生产者规模经济。低边际成本意味着随着产量增加而不断下降的平均成本,这种成本结构在传统经济中已经初露端倪。在传统经济的有些行业中,规模报酬递增阶段会持续到很高的产量,以至于由一家创新企业来供应整个市场的成本要比几家创新企业瓜分市场的生产成本低得多。在亚当·斯密的经济世界里,所有创新企业拥有共同的生产技术和方法,他们只是遵循既有"食谱"的众多"厨师"。规模经济和技术进步外生于整个经济,它们只是劳动分工的副产品,因此完全竞争的市场是达到最高经济效率的必要条件。当然,亚当·斯密撰写《国富论》的18世纪,发明和其他创造性活动在经济中已经开始凸显,然而,这些创造性劳动得到的报酬与直接劳动、土地和资本等直接生产要素所得到的报酬相比是微乎其微的。

在熊彼特的创造性毁灭的经济世界中,新"食谱"的创造具有更重要的意义。熊彼特认为资本主义的驱动力量在于从创新中得到的超额利润[①]。熊彼特(1942)在其经典著作《资本主义、社会主义和民主》中构建了以创新作为引擎,以利润作为燃料的现代资本主义经济范式。他认为直接生产劳动者受习惯力量的驱使,很难成为经常创新的依靠力量,经常的创新需要由专业的脑力劳动者来进行。

由于信息知识的日益重要,其将孕育于传统经济中的生产者规模经济放大了。当新技术的采用对整个经济的覆盖面越来越大时,由报酬递增描述的经济范围也会越来越大。Brian Arthur(1996)认为:"粗略地说,报酬递减适用于经济中的传统部门——加工业,而在以信息知识为基础的产业中,报酬递增规律占据着主导位置……它们(信息知识产业)需要我们运用不同于以往的管理技巧、策略和政府管制。它们需要我们不同于以往的理解。"很多创新产品的物质载体生产成本接近于零,构成主要成本的是产品的开发成本,它随着产量的扩大而被不断摊薄。以软件产品为例,一种新的软件产品的开发费用可能需要几百万美元,而一旦开发完成后,额外复制一份产品用不了几美元,如果放在互联网上分销的话,则连光盘等物质载体的生产费用都可以节省下来了。

(2) 高固定成本:创造性劳动。随着创造性劳动在经济中地位的日益上升,社会生产的成本结构发生了根本的变化。简单的直接劳动比例下降,其从整个经济中获取的报酬也相对变少。更多的经济利益流向创造性的间接劳动者。直接生产成本比例的下降和研发费用比例的上升使高固定成本、低边际成本这种成本结构日益普遍化。

间接劳动[②]在经济生活中地位的变化经历了一个漫长的过程。由于创造性劳动(研发、管理等)大多数为固定成本,创造性劳动比例的增加意味着社会对这种固定成本的支付增加,这也意味着在新经济下报酬递增的范围大幅增加了。

综上所述,信息知识与传统物质产品相互渗透作用,具有不同于传统产品的需求函数和供给函数,以及不同于传统企业的行为模式:网络效应、耐用性、报酬递增、技术进步。信息知识的这些供给需求特征改变了信息知识在连接中的作用。

二、企业内信息知识的溢出共享效应

降低可变成本中的降低沟通成本,沟通成本取决于沟通距离、工具、结构。距离,包括空间物理距离和精神距离。因此,沟通成本为 $S=S(L, D, n, Tec)$,与人口数 L 呈正比。层级数(沟通平均距离)为 D 成。n 表示沟通次数。单位沟通次数的通讯成本 Tec 随着通信技术进步大大降低,提高了沟通效率。不同沟通结构决定了沟通成本。人口数 L 越多,沟通成本越多。线性等级结构下,沟通平均距离增加,但是沟通次数可能下降。网络结构下,沟通平均距离降低,但是沟通次数可能增加。当沟通技术不发达的情况下,

---

① 关于这一观点的详尽描述可参见 Paul Romer(1986,1990)的文章以及 Gene Grossman 和 Elhanan Helpman 的有关著作。

② 所指专业创造性劳动者,包括建筑师、工程师、数学及计算机科学家、自然科学家、社会科学家、城市规划师、作家、艺术家、设计师。

为了减少沟通次数,往往采用线性等级结构。随着通信技术的进步,网络结构逐渐普及。

在封闭条件下,用 G 表示指数创新成果与资源,N 为生产者集合。用 $f_i(x_i)(i \in N)$ 表示生产者 i 的生产函数(或收益函数),其中 x_i 是 i 能够使用的生产资源。我们把 x_i 记为 $x_i = q_i + G$,q_i 是 i 使用的私有资源。在生产理论中,生产资源包括资本、技术和劳动等要素。本书把技术、知识、信息、管理等归为科学和技术,$f_i(x_i)$ 中的 x_i 是指私人的总资源。

设 c_i 是 $i(i \in N)$ 在获得 G 的过程中所支付的成本。如果能够实现 $\sum_{i \in N} c_i^n = P(G)$,那么,每个使用知识的企业或个人就可以实现。

在封闭条件下,知识的创新不能实现很好的外溢,创新企业内知识可以共享或者不可共享的情况下,则企业的预期收益表示为:

$$EP_i = f_i(q_i, G_i) - VC(\theta) = \mu \theta A L^\alpha K^\beta g_i^\theta - \theta^{-1} VC_i$$

或者

$$EP_i = f_i(q_i, G_i) - VC(\theta) = \mu \theta A L^\alpha K^\beta g_i^\theta - \theta^{-1} VC$$

每个使用信息知识的企业以实现收益或产出最大化为目标:

$$\max \ f_i(q_i, \sum_{h \neq i} G_h + G_i = G) \tag{6-8}$$

$$s.t.: q_i + c_i^n \leqslant V_i$$

其中,$\sum_{h \neq i} G_h + G_i = G$ 表示信息知识创新的共享。V_i 表示 i 的财产约束。均衡分析:

$$\sum_{i \in N} \frac{\partial f_i / \partial G}{\partial f_i / \partial q_i} = \frac{\sum_{i \in N} c_i^n}{p(q)} = \frac{p(G)}{p(q)} \tag{6-9}$$

如果封闭条件下信息知识无溢出,创新企业内信息知识不能实现很好的内部共享,企业中私人承担信息知识的成本:

$$\max \ f_i(q_i, G_i) \tag{6-10}$$

$$s.t.: q_i + c_i \leqslant V_i$$

或者是,企业无法享受私人信息知识带来的好处:

$$\max \ f_i(q_i, G) \tag{6-11}$$

$$s.t.: q_i + c \leqslant V_i$$

在式(6-10)中,$f_i(q_i, G_i)$ 与 $f_i(q_i, \sum_{h \neq i} G_h + G_i = G)$ 比较,表明企业或个人获得和使用的信息知识资源减少,信息知识创新没有实现社会效益。在式(6-11)中,由均衡分析得:

$$\sum_{i \in N} \frac{\partial f_i / \partial G}{\partial f_i / \partial q_i} = \frac{\sum_{i \in N} c_i^n}{p(q)} = \frac{p(G)}{p(q)} \ 和 \ c = p(G) \tag{6-12}$$

将无溢出共享的均衡式(6-12)与式(6-9)比较就是创新的信息知识资产和资源在外溢过程中的最优配置结果——著名的林达尔均衡。

结论6-9：信息知识创新的外溢既降低了企业和个人使用与创新的成本，又提高了使用与创新的效益，信息知识资源达到了最有效的共享。因此，式(6-8)和式(6-9)就是信息知识创新的溢出效应。

因此，该结论与本章第二节相同，表明企业或个人获得和使用的知识资源减少，在封闭情况下知识创新没有实现社会效益。以上分析证明，知识创新的外溢既降低了企业和个人使用与创新的成本，又提高了使用与创新的效益，知识资源达到了最有效的共享。

三、创新企业内信息知识的规模效应

用 $s\subseteq N$ 表示使用 G 的企业的集合，$|*|$ 代表着集合中元素的数量。由于 G 的公共性、不可分性、非排他性和共享性。那么，在实现式(6-8)和式(6-9)后，每一个生产者的私有生产资源和能够使用的公共资源都会扩大。

这样，对于 $s\subseteq N$ 来说，$x_i = x_i(s)$ 就是 s 的增函数。如果有：

$$x_i(k) \leqslant \sup\{x_i(k), \forall i \in k, \forall k \subset s \subset N\} < \frac{\sum_{i \in s} x_i(s)}{|s|} \tag{6-13}$$

称之为是信息知识创新的溢出和共享。参与使用信息的企业越多，每一个生产者所拥有可使用的私有生产资源和创新的信息知识资源越多。同时，信息知识也实现了更好和更多的创新，社会的信息知识也得到了更大的积累与增长。

1. 规模递减的成本

如果 c_i 是 $i(i \in N)$ 在获得 $x_i = x_i(s)$ 的过程中所支付的成本，那么，i 便必然满足如下要求：

$$f_i(x_i(s)) - f_i(q_i) \geqslant 0, \; q_i^s + c_i \leqslant V_i, \; q_i^s \geqslant 0 \; i \in s, \; \forall s \subseteq N \tag{6-14}$$

其中 V_i 代表 i 的财产所有。

一个 n 人合作的特征函数是指定义在 2^N 上的实指函数 $v(s)(s \in N)$，其中 $v(s)$ 表示合作集合 s，可以通过协调其成员的策略来保证合作获得最大收益。现在，定义 $v(s)$ 及其经济含义为：

$$v(s) \equiv \max f_i(x_i(s)) - c_i, \; \forall i \in s, \; \forall s \subseteq N \tag{6-15}$$
$$\text{s.t.} \sum_{i \in s} c_i^s \leqslant \sum_{i \in s} V_i$$

其中的 $f_i(x_i(s))$ 和 $x_i(s)$ 分别满足式(6-14)和式(6-13)的条件，c_i 则满足式(6-8)和式(6-9)的条件。要注意，在式(6-14)和式(6-15)定义的生产等经济活动中，创新的信息知识被学习和共享后，又被企业内生和创新。大量公共性和共享性的信息知识资源与流动集聚的市场资源相配置就使得企业和社会使用信息知识资源和生产资源的成本是下降的，企业进行信息知识创新的成本也是下降的。

因此,在式(6-16)的经济活动中,如果其中的 $x_i(i\in N)$ 满足式(6-10),并且有:

$$f_i(x_i(s\cup k))-f_i(x_i(s))\geqslant f_i(x_i(T\cup k))-f_i(x_i(T)),$$
$$\forall k\subset N\setminus T, T\subseteq S\subseteq N, i\in N \qquad (6\text{-}16)$$

那么,信息知识创新具有规模性经济效益。

结论 6-10:每个生产者拥有和使用的创新信息知识与生产要素越多时,信息知识的内生与创新就越增长,生产率提高得也越快。

2. 规模递增的收益

设 $s\subseteq N, i\notin s$,令 $s_i=s\cup\{i\}$。如果有:

$$\frac{v(s)}{|s|}\leqslant \frac{v(s_i)}{|s_i|}, \forall i\notin s, \forall s\subseteq N \qquad (6\text{-}17)$$

就称这样的经济环境与其经济活动具有规模经济效益。在式(6-15)的生产活动中,当满足式(6-16)的条件时,对于任意集合 k 和 $s,k\subset s\subseteq N/\{j\}, j\in N$,都有结果:

$$v(s\cup\{j\})-v(s)\geqslant v(k\cup\{j\})-v(k), \forall j\in N/s \qquad (6\text{-}18)$$

当式(6-18)成立时,有式(6-17)成立①,因此式(6-16)显然也是信息知识创新外溢的结果。

结论 6-11:创新主要是经济社会个体活动的结果,即首先要由企业和个人的累积与内生来实现;信息知识创新的内生与外溢都要有必要的社会经济基础,包括资本(人力资本)的积累、制度和市场条件等;只有具备了信息知识创新的内生与外溢的必要条件,知识创新才能实现充分的共享,信息知识创新才能实现最优的社会价值与经济意义。

总之,信息知识是一种特殊资源,使用中的非排他性和不可独占性,尤其是这些资源的共享性;经济外部性,信息知识资源在生产活动中非常重要的溢出效应;具有的资源公共性,在使用中的学习成本低,信息知识创新这些性质就使得信息知识资源不断交叠累积和扩大。

信息知识进入企业之后,其与物质产品相比具有高风险、高价值、高利润的特点。信

---

① 对于 $\forall k\subseteq s\subseteq N$,有:$[f_i(x_i(s\cup\{j\}))-c_i^{s\cup\{j\}}]-[f_i(x_i(s))-c_i^s]\geqslant f_i(x_i(k\cup\{j\}))-f_i(x_i(k))+c_i^k-c_i^{k\cup\{j\}}, i\in N$ (6-9 式)。在产生信息知识创新的过程中,其成本与使用成本都是规模递减的。于是有:$[f_i(x_i(s\cup\{j\}))-c_i^{s\cup\{j\}}]-[f_i(x_i(s))-c_i^s]\geqslant f_i(x_i(k\cup\{j\}))-f_i(x_i(k))+c_i^k-c_i^{k\cup\{j\}}=[f_i(x_i(s\cup\{j\}))-c_i^{s\cup\{j\}}]-[f_i(x_i(k))-c_i^k]$ (6-10 式)。把(6-10 式)的两边同时进行加总即可证得(6-8 式)成立。在(6-8 式)中,在集合 N 中所有的元素 i 和 j,其作用是对称的,即可以写成 $v(s\cup\{j\})\equiv v(|s|)+1, \forall s\subset N, \forall i\in N$ (6-11 式)。于是由(6-8 式)得:$\frac{v(|s|)}{|s|}=\frac{v(|s|)-v(|s|-1)+v(|s|-1)-\cdots-v(|T|)+v(|T|)}{|s|}\geqslant \frac{(|s|-|T|)(v(|T|+1)-v(T)+v(|T|))}{|s|}\geqslant \frac{(|s|-|T|)\frac{v(|T|)}{|T|}+v(|T|)}{|s|}\geqslant \frac{v(|T|)}{|T|}$ (6-12 式)。

息产品的高代价投入可能因创新失败而完全亏本;也可能导致创新成功,其高价值和高利润特点将会充分体现①。因此,可以用 I 代表外生信息知识的利润: $I = P(Q, ER(Q)) \cdot Q - C(Q) \cdot Q$。$Q$ 代表信息知识的总销量。ER 代表信息知识的消费使用者的预期收益,信息知识的定价需要考虑其所带来的预期高收益。外生信息知识的收益最大化,则 $\frac{\partial I}{\partial Q} = \frac{\partial P}{\partial Q} \cdot Q + \frac{\partial P}{\partial ER} \cdot \frac{\partial ER}{\partial Q} \cdot Q + P - C - \frac{\partial C}{\partial Q} \cdot Q$。根据外生信息知识的生命周期可以分为三个阶段:开发期、成熟期、衰退期②。

开发期,信息知识的供给量 Q 相对较少,同时定价 P 较高。从供给角度来看,初始期的研发成本较高,提高进入门槛以限制复制;因此,第一阶段的最高价格的确立是以信息知识的固定成本投入 C 为主要依据的,只要能在该阶段收回大部分固定成本即可,信息知识的生产者需要与作为消费使用者的创新企业共同承担开发的固定成本。从需求角度来看,产品的相关性能信息不对称,高定价阻碍使用,等待低边际成本的复制品;因此,定价会低于成本。由于信息知识的使用存在较高的边际预期收益 $\frac{\partial ER}{\partial Q}$,可以通过协议要求较大比例分享使用信息知识后可能产生的跨期未来收益 $\frac{\partial P}{\partial ER}$,以作为开发投入的补偿;而信息知识的使用者也可以通过分享跨期收益的协议,分担消费信息知识中的风险。

成熟期,信息知识的供给量 Q 增加,定价 P 较灵活。生产者为了获取最大利润,尽可能多地满足不同种类信息知识消费企业的要求,会采取各种不同的策略,如歧视定价、捆绑销售、以租代售。信息知识的性能已经通过开发期的推广得到验证,边际预期收益 $\frac{\partial ER}{\partial Q}$ 趋于稳定,因此消费者愿意承担部分固定成本 C。预期需求量 Q 稳定,生产者根据此定价,实现盈利,因此减少分享跨期未来收益 $\frac{\partial P}{\partial ER}$ 的比例。

衰退期,信息知识的供给模式多样化,供给量 Q 达到最大,基本收回成本,其定价 P 充分地以边际成本 $\frac{\partial C}{\partial Q}$ 为依据。卖租结合,生产者既能赚取利润,也能稳定产品的消费者群体。边际预期收益 $\frac{\partial ER}{\partial Q}$ 趋于下降直至为零,因此消费者将单独享受预期收益,预期收益不计入价格,$\frac{\partial P}{\partial ER}$ 趋向于零。

因此,外生信息知识进入创新企业,在不同阶段根据其效率有不同的定价方式(Varian Hal,1996),如表 6-6 所示。

---

① Hal R. Varian. Versioning Information Goods. In *Internet Publishing and Beyond: Economics of Digital Information and Intellectual Property*. MIT Press, 1998.
② 陶长琪:《信息经济学》,经济科学出版社,2001年。

根据知识的成本,由谁承担;知识的收益和风险,归谁所有;知识使用时长,多长时间这三个维度,划分知识的定价体系。

表6-6 信息知识的定价方式

		知识的固定成本分担方式	
		共同承担固定成本	不承担固定成本
知识生命周期	创新期:共享收益	有限使用时长:VC、天使基金	永久使用权:价格=0
	成熟期:不共享收益	有限使用时长:知识产权交易	
	衰退期:不共享收益		

根据信息知识的定价方式,可以得出以高科技等知识为产品的创新企业的盈利模式(见表6-7)。区别于传统行业,可以通过新产品定价的渗透价格和撇脂价格,来获取盈利的模式;创新企业的固定成本较高,而边际成本较低,因此对于流量的依赖性较大,往往需要通过大平台获得较高的总定价或较大的用户,或者通过转嫁价格到其他公众或机构身上,也就是"羊毛出在猪身上"。

表6-7 创新企业的盈利模式

定价模式	固定成本	边际成本	定价
传统行业(制造业、农业等)	较高的研发成本	较低,边际成本低于平均成本	• 渗透价格:价格(边际收入)=边际成本→0 • 撇脂价格:价格≥平均成本 • 组合价格:总价格=固定价格+可变价格
新兴行业(信息工业、先进制造业知识)	较高的研发成本	较低,趋于0	• 知识免费:价格→0,通用型知识 • 知识付费:根据时间长度、用户数、知识产品特点定价 • 知识不卖:技术封锁,技术保护会过期,技术会过时

四、信息知识推动创新的作用机制

信息知识渗透着整个经济的各个部门;传统产品的网络效应不强,标准相对统一,物质化程度较高。创新企业之间连接时,信息知识与传统产品间也同样会影响创新企业之间的连接与变迁。

1. 交易成本的下降与促进整合

创新企业捆绑为创新组织的过程中,组织与市场的边界取决于两者边际协调成本(或称交易成本)的大小(科斯,1937)。

一些经济学家认为由于信息技术降低了企业内部和企业间的协调沟通成本,IT产品的价格下降和质量改善最终会使组织结构发生根本的变化,其影响不亚于工业革命带来的冲击(Drucker,1988;Malone and Rockart,1991),而这种结果变化的一个重要体现就是企业边界的变化(Malone, Yates and Benjamin, 1987; Gurbaxani and Whang, 1991;

Clemons and Reddi,1993)。

创新的出现往往会对组织的设计带来深远的影响。从小规模手工生产到大规模工业化生产直至全球性企业组织的演变主要依赖于三种关键的协调沟通技术的出现：蒸汽船、铁路和电报(Milgrom and Robert,1992)。这些技术的出现打破了长距离协调沟通活动的时间和成本壁垒,使更大的规模经济得以实现。

互补式组织内部企业相互之间互为参数,影响各自的行为选择。既然企业的边界取决于交易成本的大小,而信息知识的网络效应毫无疑问又能大幅降低交易费用,因此很多人预言更多的企业将不会再进行创新,而是会将创新外包;或者只进行创新等核心业务,而把更多传统部门的生产任务外包。

然而,信息技术降低了市场的交易成本,同时也能降低企业内部的交易成本。另外,在外购或自制的决策中,企业不仅考虑两者相关的不同交易成本,而且也充分考虑创新成本。假设所有成本都可以归入以下三个大类。

(1) 外部协调成本,指利用市场机制来进行的寻找交易对象、谈判、签约等一系列活动,包括由于交易对手采取机会主义行为而导致的交易成本(科斯,1937;威廉姆森,1975)。

(2) 内部协调成本,包括企业内部因管理相互依赖的经济活动所发生的通讯、数据传输等费用(Malone and Crowston,1994)。此外,内部协调成本还包括代理成本等企业内部动机不一致引起的损失(Jensen and Meckling,1974)。

(3) 生产成本,指除了内部协调成本和外部协调成本之外的所有费用,一般认为,由于专业化和规模经济,外购的生产成本低于自制的生产成本。

信息技术在经济中的广泛应用对企业边界的变化具有两个不同方向的作用。一方面,信息技术降低了外部协调成本,从而具有鼓励企业间信息知识的交易、增加外购的效应。Klein,Crawford 和 Alchian(1978)与 Grossman 和 Hart(1986)认为这种市场失灵将导致企业大型化、纵向一体化。信息知识在生产上的应用使弹性生产成为可能,这无疑降低了供货商的资产专用性;搜寻、谈判、签约成本的下降使需求企业在建立供求关系时投入的专门性投资减少,转换供货商变得更为容易;以上两点降低了机会主义行为的动机。即使信息技术无助于降低机会主义的行为动机,信息技术也能使监督机会主义行为更为容易。

另一方面,信息技术也节约了内部协调成本,从而产生鼓励企业扩大垂直边界,将更多中间品的生产内部化。内部协调成本在于搜集信息知识,汇总于企业的决策机构,然后将决策信息知识反馈到企业的相关部门。当企业员工个人动机和企业整体利益的不一致时,代理理论方面的研究表明这种利益冲突可以通过加强监督或提供基于业绩的报酬激励来加以管理(Eisenhardt,1989;Jensen,1983)。信息技术的应用为企业内监督提供了新的有效手段,电子监控使管理者可以更好地确保员工在恰当的时间和恰当的地点从事恰当的活动,业绩的统计和确认也变得更为方便和快捷。因此,相对于互补式组织而言,捆绑式组织和嵌入式组织中的内部协调活动成本将随着信息技术在企业内的应用而趋于更快地下降,尤其是具有信息知识网络效应的捆绑式组织。

最后,企业在两者产生的净效应取决于信息技术对两种不同协调成本的影响幅度。

Malone 等人认为,一般而言,相对于生产成本而言,外部协调成本和内部协调成本都会因为信息知识的广泛使用而下降。

信息技术的采用仍然会使外购比自制变得更有吸引力(Malone,1987;Malone and Smith,1988;Malone,Yates and Benjamin,1987)。尽管一般来说,寻找外部供货商、谈判、签约、监督等外部协调成本要高于在内部同种活动所需要的成本(Williamson,1975、1985),这是因为其内部的控制更加有力,信息知识传递更加迅速方便;而外购的生产成本低于自制的生产成本,外购有助于专业分工集中生产实现内部生产所不能实现的规模经济,而且专业化分工也能带来生产效率的提高。

相反,在自制的情况下,产业链过长,内部互补式的结构缺乏灵活性,难以及时应对市场需求的变化。此外,当外部供货商专业化生产中间产品时,它们在生产信息知识上的积累和生产熟练程度的提高也使它们具有内部生产所没有的专业化优势。另外,企业内部生产缺乏市场的直接激励,没有明确的价格指导往往使生产成本的控制过于懒散。正是以上因素的综合作用,外购在生产成本上优于内部生产。表 6-8 描述了外购和自制在协调成本和生产成本上的优劣。

表 6-8　外购和自制的相对成本比较

协调机制	外部协调成本	内部协调成本	生产成本
外购	高	低	低
自制	低	高	高

如果企业内部协调成本的下降大于外部协调成本的下降,那么企业倾向于扩大规模。反之,如果外部协调成本的下降大于内部协调成本的下降,那么企业将倾向于缩减规模。因此,在多数情况下信息知识将鼓励企业降低纵向维度,避免互补式组织结构,将自己不具有生产成本优势的非核心生产过程外包出去。这也意味着信息知识给小规模的企业带来了更大的生存空间,企业不再是从头至尾包揽整个生产过程,只要掌握一定的核心技术和优势资源,规模较小的企业同样可以在市场竞争中发挥重要的作用。

嵌入式组织内部企业在组织变迁中,其横向规模是指企业连接的程度。当组织规模也发展到了一定规模时,组织中很难做到充分或完全利用,部分闲置资源不可避免地开始积累并沉淀。这些资源可能是高效的管理阶层、优秀的无形资产、完善的销售网络。如果上述闲置资源可以投入市场交易的话,组织也没有变迁的推动力了。

同时,这些资源也经常由于不可分割或信息知识不对称等引起的市场失效,很难交易或无法交易。此时,实行重叠性嵌入以充分利用组织资源就成了不少组织的选择。例如,集团企业的多元化策略。理性的企业总是在多元化的收益和成本之间权衡,找出多元化程度的合适范围。借助于优秀的信息知识管理系统,企业在进行横向兼并时,有望实现更大的协同效应。

然而,重叠性嵌入的成本也是很明显的:管理同种或同类企业的效率显然高于管理不同企业的效率。信息技术的广泛应用使组织管理、协调不同企业的能力加强,信息技术在一定程度上鼓励嵌入式组织扩大横向规模,重叠性嵌入。

2. 搜索成本降低与促进市场竞争

信息知识能够并且已经成功地运用于传统产品市场,即通过一定的技术和协议将不同企业同时组织在信息知识与实物产品的市场中。一方面,信息知识的网络效应能够使市场的透明度大大提高。企业可以快捷地获取信息知识,不必奔波就能比较其他企业所提供的产品信息知识。另一方面,企业获取产品信息知识的成本大大降低。除了计算机和通信设备的初装费用,消费者通过电子网络查询商品信息知识的成本几乎为零。现在基于互联网的电子化实物市场为企业提供了多种搜索产品信息知识的工具。

与传统市场相比,借助于信息知识将促成一个更富有效率、摩擦力更小的市场。我们可以从三个维度来考察信息知识对于传统产品市场的影响。

第一,信息知识降低了价格水平。在古典经济学的社会福利模型中,当所有能增进福利的交易都得以实现时,经济效率达到最大化。为此,产品的价格应该定在边际成本处。高于边际成本的定价将使那些对产品的评价介于价格和边际成本之间的顾客失去本来可以增进社会福利的交易机会。

经济学理论认为搜索成本的存在会使均衡价格高于边际成本(如 Hotelling,1929; Solop,1979)。如果电子化市场可以使消费者更容易了解创新企业的价格和产品要约,这些搜索成本的下降将降低同质产品和差别化产品的均衡价格(Bakos,1997)。

此外,从企业之间的连接来看,信息技术改变了成本结构,突破了空间和时间的限制。这种成本结构的变化改变了产品的边际成本,增加了降价空间。同时,由于电子化市场需要的固定投资较少,进入壁垒相对不高,潜在竞争的存在也限制了现有企业之间索取溢价的能力(Milgrom and Roberts,1982)。

第二,价格弹性提高。价格弹性是指消费者需求对于价格变化的敏感程度。在有效市场中,只要存在可以替代的销售商或产品,消费者对于价格的小幅变动应该更为敏感。如果互联网可以有效降低消费者搜索成本,那么,我们应该看到消费者需求价格弹性绝对值的上升。

Goolsbee(2000)使用调研数据分析了消费者对地方销售税的敏感程度。他发现经常上网的消费者对地方销售税政策高度敏感,经常上网的消费者在面临本地的高销售税率时更有可能通过网络上的交易避免支付地方销售税。这说明互联网使消费者更容易在一个更大的范围搜索总体价格(包括税收等因素)最低的商品,他们对于不同的商品价格更为敏感。这种高度的价格敏感将随着互联网的进一步普及而变得更为重要。这同时意味着创新企业之间价格竞争的激烈化。

第三,菜单成本降低。菜单成本是指创新企业(特别是零售商)变动产品价格时所发生的成本。在传统商务模式下,菜单成本主要包括更换货架上商品的物理标签的成本(Levy,Bergen,Dutta and Venable,1997)。菜单成本对于有效市场来说至关重要,这是因为高菜单成本可能引起一定程度的价格刚性。零售商只会在改变价格的收益大于菜单成本时才会对价格作调整。如果菜单成本较高,销售商就不大愿意进行小幅的价格调整,因此不能对需求和供给的小幅变化作灵活的反应。

在电子化市场中,菜单成本将大大降低,更改菜单只需在中央数据库改变一下数值就可以了。经验研究表明,互联网上的菜单成本低于传统物理市场的菜单成本。Bailey(1998a)比较了电子化市场和传统市场上价格变动的频率。他发现网络上的销售商比传统销售商明显频繁地变动价格,因此可以推断在电子化市场中菜单成本远远低于传统市场上的菜单成本。

Brynjolfsson和Smith(2000)则比较了两种商务模式下零售商进行微小价格变动(即高菜单成本下不大可能发生的价格微调)的倾向。他们发现网上零售商的最小价格变动是传统销售商最小价格变动的1/100。

综上所述,在信息知识网络效应的影响下,由于消费者搜索成本的下降,产品的价格水平趋于下降,价格弹性增加,菜单成本显著下降。充分且低成本的信息知识具有网络效应,可促进企业之间进行连接,并且随时进行调解变迁以达到新的均衡。

3. 价值链的缩短及创新组织连接紧密

充裕的信息知识改变了创新组织的组织结构。创新企业作为独立的企业进行"连接"成为创新组织。信息知识的网络效应促使"连接"进行动态扩大规模,并且相互之间联系更为紧密,最终形成一个"整体"的均衡。

这一点和人类社会的历史发展规律是不谋而合的。人类社会的经济形态从总体上来说经历了三个阶段。农业经济是简单的直接经济,工业经济是建立在机器大生产的迂回经济。

第一阶段,在农业经济社会,交换不占据重要地位,生产与消费直接符合,以单个创新企业的形式独立进行创新;国民财富只是简单的再生产,自给自足的生产和消费直接合一,这是一种低水平、没有社会化的直接经济。

第二阶段,在工业社会,生产与消费过程产生分离,产业资本和商业资本出现分工,创新企业开始连接。财富的增长不仅来自生产环节的分工,也来自于生产和销售的分工。总之它是一种在生产起点和消费终点之间存在多重环节的迂回生产方式。不再是原先的直接经济,而演变为社会化的迂回经济。

从经济学说史的角度考察,"迂回生产"的概念首先由奥地利学派代表人物之一庞巴维克在其1889年出版的《资本实证论》提出①。庞巴维克的迂回生产说亦可从制度经济学角度加以阐释。杨小凯援引威廉姆森的提法,指出有两种效率不同的信息知识联系方式:一种是"全通道网络"联系②,类似于通过市场协调分工;另一种信息知识联系方式是

---

① 他还认为:"在生产中,我们可以一付出劳动就直接达到目的,也可以故意采用一种迂回的方法,也就是说,可以这样付出我们的劳力,使它们能够马上完成,由于具备所需财货的生产所必需的条件,因而财货就立即随着劳力支出而出现。或者我们也可以首先将我们的劳力与财货的远因联系起来,目的并不在于获得财货本身,而在于获得这种财货的一个近因,然后再把这个近因与适当的物质和力量结合起来,直到最后——也需要经过很多周折——得到成品,即满足人类需要的手段。"(庞巴维克,1889)。

② 如果卷入分工的人共有5个,则两两通讯总共需要10次通讯才能有效地协调劳动分工。

"轮式网络"①,属于嵌入式组织结构,则是内部协调分工的主要方式,即由专业管理者协调内部分工。例如,在销售领域,通过增加专业商人这一层次,变企业与消费者之间的"全通道网络"为"轮式网络",这也是降低交易成本的制度安排。

但是,随着社会分工的进一步深化和企业规模的扩大,单层的"轮式网络"已不敷使用,必须不断添加中间层次,引入互补式组织,从而形成了企业内部和市场中的金字塔层级结构,即将嵌入式组织嵌入到互补式组织之中。

第三阶段,在现在已崭露头角的新经济社会,生产和消费将再次走向统一,创新企业的连接更加紧密。财富的增长主要来自于生产与消费的统一过程,或直接化过程。生产更加直接快捷地贴近用户需求,由此得到的价值评价也就越高。它是高度的直接生产,是社会化的直接生产。

信息技术在生产领域和销售领域的广泛应用改变了这种过于迂回的生产和销售方式。简而言之,信息技术组织在变迁中规模不断扩大,而且有能力协调管理更大规模的组织。因此,分层互补的重要性趋于下降;这对于互补式组织的金字塔层级结构而言,是组织扁平化的过程,属于捆绑式组织。例如,对于市场金字塔而言,是营销链不断缩短,企业与消费者距离不断缩小的过程。电子商务出现之前,企业无力组织和面对众多的消费者,因此需要批发商、零售商这些中间环节组成的金字塔组织来降低交易费用。电子商务出现之后,销售商和生产商管理、组织消费者的能力都得到加强,因此市场中的层次可望降低,甚至会出现大量生产商面向最终消费者直接销售的现象②。

因此,信息知识的网络效应通过传统产品市场,也在推动创新企业的连接及其变迁。捆绑式组织将是动态均衡,而这为实现熊彼特式创新提供了另一个变迁途径。

[参考阅读]

1. 陈春花、赵海然:《共生:未来企业组织进化路径》,中信出版社,2018年。
2. 蔡晓月:《熊彼特式创新的经济学分析——创新原域、连接与变迁》,复旦大学出版社,2009年。

[思考题]

1. 收益最大化是创新的目的吗?为什么?
2. 在创新过程中,如何激励约束资本、人力资本、知识信息等关键要素?

---

① 5个人不采取两两之间相互通讯的办法,而是4个人围绕一个人,再由这个人与市场联系,总共需要5次通讯,很显然这种方式效率更高。
② 如索尼公司已经开始通过互联网向最终消费者直销,并预期在今后的2—4年使网上的销售量达到总产量的20%。

第三部分
创新的制度

第7章 创新的产业

[本章主要内容]

本章主要研究新兴战略产业的本质:产业模块运作机制与要素分配机制。从时间角度研究产业变革的规律特征,从空间角度研究产业发展模块化的趋势,从而得出战略性新兴产业演进的规律性特征。

7.1 战略性新兴产业的概念

一、新兴战略产业

战略性新兴产业是新兴科技和新兴产业的高度融合,既代表着科技创新的方向,也代表着产业发展的方向;通过自主创新,实现可持续性竞争优势,即优势资源、先进运作模式与适合市场需求的产品和服务,从而形成优于对手的核心竞争力。

然而,在开放经济下,我国战略性新兴产业的自主创新面临矛盾:一是创新成果的"创新低";二是内生要素稀缺且外生要素介入的"自主难";三是国际贸易竞争中"优势小"。

1. 战略性新兴产业重点发展领域

2008年爆发的国际金融危机对全世界各个国家的经济都造成了不同程度的创伤,很多发达国家为了尽快走出经济衰退的阴影,力争发展新技术和培育新产业以创造新的经济增长点,各国都纷纷从国家层面予以扶持,加大对科技创新的投入,将注意力转移到扶植本国的新兴战略产业的发展上(见表7-1)。

表7-1 当前主要国家新兴产业重点发展领域

国家或地区	重点发展领域
美国	清洁能源开发和利用;混合动力汽车;生物医药;航天;海洋开发;信息和互联网;气候变化应对
欧盟	健康;食品、农业及生物工程;纳米科学、纳米工程;材料和新产品技艺;信息和传媒工程;能源;环境(包括大气改变);运输(包括航空);安全;空间
英国	生物产业;创意产业;数字产业;通信产业;绿色能源

(续表)

国家或地区	重点发展领域
法国	生态经济和绿色化工；再生能源；未来城市建设；未来交通工具；数字内容
德国	数码软件创新研究；药物疗效和新药安全；成像诊断学；智能传感器和眼科学；用户友好和环境友好的创新技术；未来物流
日本	信息通信；纳米材料；系统新制造（机器人、微机电系统、设计制造加工、航空、宇宙空间）；生物；环境；能源；软件；融合战略（可持续制造业、计量与测量系统）
韩国	新可再生能源；低碳能源；高质量水处理；LED应用；绿色交通系统；高技术绿色城市；传播通信融合产业；IT融合系统；机器人应用；新材料纳米融合；生物制药和医疗设备；高附加值食品产业；全球医疗服务；全球教育服务；绿色金融；文化创意；会展观光

资料来源：1.《2009世界制造业重点行业发展动态》，上海科学技术文献出版社，2010年；2.《科技创新引领战略性新兴产业发展》，中国科学院内部报告、上海科技发展研究中心；3.《科技发展研究》，2010年第2期。

我国政府及时给予了培育和发展符合我国国情的战略性新兴产业强有力的政策支持，以推进我国产业结构的升级和经济发展方式的转变。2009年9月，新兴战略性产业发展座谈会强调，发展新兴战略性产业是中国立足当前渡过难关、着眼长远上水平的重大战略选择，要以国际视野和战略思维来选择和发展新兴战略性产业。2010年10月10日，中央发布了《国务院关于加快培育和发展战略性新兴产业的决定》，该文件中指出："战略性新兴产业是引导未来经济社会发展的重要力量。发展战略性新兴产业已成为世界主要国家抢占新一轮经济和科技发展制高点的重大战略。我国正处在全面建设小康社会的关键时期，必须按照科学发展观的要求，抓住机遇，明确方向，突出重点，加快培育和发展战略性新兴产业。"这正是战略性新兴产业之于中国的重大战略意义。

战略性新兴产业具有资源能耗低、劳动系数大、就业机会多、综合效益好的特征。对于战略性新兴产业的特征这一问题，国内的很多学者都提出过自己不同的看法。姜大鹏、顾新（2010）认为，战略性新兴产业具有技术前沿性、战略不确定性、市场前景光明、关系社会经济全局及国家安全、初始成本高和高效益等特征。胡昱（2011）概括了战略性新兴产业具有"四化"的新特征，即技术创新集成化、生产制造智能化、能源发展绿色化和资源利用循环化。综合国内学者的各种意见，笔者认为，战略性新兴产业应至少具备科技创新性、持续增长性、产业关联性和政策导向性等特征。

2. 我国战略性新兴产业发展现状

我国战略性新兴产业缺乏核心技术支撑。目前的战略性新兴产业核心技术是在更早时候产生的，因此我国提出的七大战略性新兴产业在核心技术上几乎都有"软肋"。例如，太阳能产业制造能力中国已居世界首位，但核心技术专利和知识产权仍依赖国外。

我国战略性新兴产业存在"中国制造"路径依赖。我国企业对新兴产业和市场的敏感性和响应速度是值得称道的，产业投资的积极性也很高涨，从全国风电和太阳能制造能力的迅速扩张可见一斑。但值得注意的是，"中国制造"已成为产业发展的"路径依赖"，企业仍对战略性、前瞻性技术探索和研发持不积极的态度。这对发展战略性新兴产业是极为不利的，因为发展战略性新兴产业的战略意义不仅在找到新的"中国制造"机会，而且在于借此由"中国制造"向"中国创造"跃升,后者更为重要。

新兴技术的商业化是发展战略新兴产业的瓶颈。基于节能环保绿色建筑、纳米材料、物联网、新能源汽车等战略性新兴产业的调查分析发现,新兴技术的商业化难题成为当前发展战略新兴产业的制约因素:一是大规模产业化技术和市场发展不成熟;二是产业配套程度不佳;三是新兴技术关键原材料和元器件对国际市场的依赖程度高。

出现后发优势逆转成为后发劣势现象。技术创新理论指出:当技术轨道发生变迁时,先发者由于背负了相对沉重的转换成本包袱而难以及时抓住机会,而后发者的转换成本相对较低甚至为零,可以更快地进入新轨道,进而可以利用后发优势实现赶超。我国本应可利用这种后发优势,但是我国在一些领域的后发优势发生了逆转,构成新的后发劣势。中国制造业长期沉淀积累投资、巨大而分层次的市场延长了陈旧产品的寿命,从而造成技术依赖和产业转型刚性。例如,我国电视机产业在国际同行积极开发平板技术时,由于对原有产品上的生产性投资世界最多,且农村显像管电视机仍有较大的市场空间而漠视平板技术。这导致我国失去了后发赶超的机会,再次落后。

"三高"叠加有可能断送战略机遇。高技术壁垒、高设立成本、高转市场风险叠加,严重阻滞了技术、能力和资源处于相对劣势的我国某些产业的启动、转型和发展。

我国战略性新兴产业的内涵在于创新。根据国务院2010年第32号文件,战略性新兴产业是"以重大技术突破和重大发展需求为基础,对经济社会全局和长远发展具有重大引领带动作用,知识技术密集、物质资源消耗少、成长潜力大、综合效益好的产业"。首先,战略性新兴产业必然是新兴产业的一个部分,即它是随着新的科研成果和新技术发明应用而出现的;其次,战略性新兴产业是新兴产业中能够成长为主导产业或支柱产业的那部分。因此,可以把战略性新兴产业理解为,是建立在重大前沿科技突破的基础上,将新兴技术和新兴产业深度融合,引致社会新的需求,代表着未来科技和产业的发展方向,体现当今世界知识经济、循环经济、低碳经济的发展潮流,目前尚处于成长初期,但发展潜力巨大,能在一段时期内成长为对国家综合实力和社会进步具有重大影响力的产业和部门。

3. 全球战略性新兴产业发展的现状

(1) 全球"技术—经济"范式更迭为我国战略性新兴产业超越式发展提供了契机。

2007年爆发于美国的次贷危机,已经迅速演变为一场自20世纪30年代以来最严重的国际金融危机,希腊国家债务危机表明危机还远远没有结束,危机的影响从发达国家扩展到发展中国家,从金融流域蔓延到实体经济。其影响的范围之广、破坏力之强令世人震惊。全球已经陷入了非常严峻的经济危机。准确识别危机爆发的根源和危机演变机制是提出有效的危机治理对策、走出困境的基本前提。"技术—经济"范式是在熊彼特的创新范式和康德拉季耶夫长波周期理论的基础上,由技术创新经济学家佩雷丝和弗里曼为主提出并逐步完善发展起来的一种理解经济发展趋势的主要理论。佩雷丝(2007)认为,每次技术革命都形成了与其相适应的"技术—经济"范式。一个"技术—经济"范式包括一套通用的技术和组织原则,是一种最优的惯性模式。每次技术革命大约会持续五六十年。可以划分为导入期和拓展期两个阶段。在导入期,新技术、新产品、新产业呈现爆炸性增长特征。新的技术经济范式开始形成,金融资本也开始介入。在拓展期,核心技术的创新潜力逐步耗尽,曾经作为增长引擎的核心产业的市场开始饱和,经济增长出现停滞,金融资本开始退出并寻求新的机会。2008年国际金融危机正处于第五次技术革命由导入期向拓展期的转折点,其成因是主导"技术—经济"范式更迭所致。转折点和拓展期是战略性新兴技术和产业的酝酿和培育期。从"技术—经济"范式周期的更迭来看,现有的主导技术范式,不论是针对技术模块还是技术构架或者两者,都存在被新技术范式替代的可能。由于认知惯性和转移成本,主导技术范式的转轨对技术领先的发达国家存在很大风险,对于发展中国家而言则潜藏着跨越式发展的机会。

(2)开放经济下我国战略性新兴产业提升自主创新能力的迫切性。

在开放经济下,国际竞争的主体是战略产业竞争和战略性技术竞争。防止发达国家和跨国公司整合中国战略性新兴产业,是当前最为紧迫的任务之一。发达国家和跨国公司为了保持技术领先优势与利益,往往通过标准战略将知识产权和标准体系糅合在一起,制定和维护有利于自己的标准秩序,不断强化自己的全球垄断地位,打击标准秩序中的竞争者,将发展中国家严格锁定于全球价值链的低端位置。残酷的现实告诉我们,中国正处在外国核心技术和标准的包围之中。如果不及时采取对策,将极可能成为国外的技术殖民地和单纯的生产加工车间。

另一方面,跨国公司又在全球范围内大肆掠夺研发资源,导致发展中国家本土技术的边缘化、研发资源的流失、技术发展路径的依赖,这对本已处于劣势的发展中国家的冲击是不可估量的。提升自主创新能力,特别是增强战略性新兴产业自主创新能力,是关系中国经济发展动力的核心问题之一。它直接影响和制约着产业结构升级、经济转型的进程。国内战略性新兴产业目前尚未形成与第五次技术革命核心技术相适应的技术创新模式,也没有形成对各类创新主体进行协同创新的有效引导和激励机制。长期主导的"以技术换市场"的战略思维是依靠廉价的生产要素,而不是以竞争优势原则介入国际分工。这就决定了我国产业在国际分工中只能处于产业价值链的低端。"以技术换市场"的战略模式的结果是一次次延误了中国战略性新兴产业的自主创新。所以,把推动自主创新与培育战略性新兴产业结合起来,激发经济增长的内生动力,是走出危机、实现创新发展的根本途径。

4. 全球战略性新兴产业发展新态势

(1)产业模块化、平台化趋势。战略性新兴产业模块化,首先意味着产品层面的模块化,"作为模块化的后果,进入和竞争在新的模块边界处会增加"(Bladwin,2008)。产品模块化使得产业边界发生变化,这将为发展中国家参与复杂产品设计和标准制定提供机会,所以隐含了发展中国家新兴产业跨越式发展的机会。其次,组织层面的模块化。围绕产品的大规模定制趋势,生产将不可避免地由外包、分包,甚至是众包所替代。企业为了管理好相应的行为,必然要求新兴企业组织要柔性化改造,因而项目管理、业务流程外包等管理手段将替代传统的职能管理成为主流的组织管理手段。再次,模块化生产网络将成为未来适应产品模块化时代的主流的生产方式。当所有的产品和组织都被模块化后,围绕着架构设计师(主流技术平台),将出现大量的模块化系统和模块化生产网络,将来新兴产业的竞争必然是平台的竞争和模块化生产网络之间的竞争。

(2)研发全球化、集成化趋势。研发全球化促成了技术、专利等知识资源在全球范围内的自由流动与优化配置。对于优化东道国技术创新体系、提升其创新能力具有不可替代的作用。但是,研发全球化同样是一把双刃剑,一方面为发展中国家或地区技术创新系统的提升提供了跨越发展的机遇。另一方面也为东道国的企业和国家创新体制提出了严峻的挑战。如何趋利避害、化压力为动力,如何在跨国公司研发全球化中掌握主动,是各国政府普遍关注的问题,也是中国产业界、学术界迫切需要解决的课题。此外,战略性新兴产业往往是最新技术的集成,其突破性发展是建立在各个部件和模块累积性自主创新的基础上。研发集成化趋势也预示着战略性新兴企业主体培养集成创新能力的重要性和迫切性。

(3) 主导设计、标准竞争白热化趋势。战略性新兴产业由于其先导性质,其产业尚不成熟,往往处于幼稚阶段。在战略性新兴产业演化进程中,经常出现多项新技术标准为主导地位而激烈竞争的场景。主导设计的形成不仅决定了获胜和失败技术及其发起企业的命运,还决定了围绕每项新技术的一系列互补性行业的兴衰,因而代表了战略性新兴产业发展进程中的一个里程碑。所以,发展中国家如何在战略性新兴产业的成长过程中逐步构建自己的标准化策略,进而抢夺主导设计,是刻不容缓的问题。

(4) 产业低碳化、生态化趋势。伴随着工业的高度发展,能源枯竭、资源短缺、环境恶化的危机频现。人们开始对传统的经济发展模式进行重新审视。目前,在大多数工业中,高能耗、高排放、高污染的"高碳经济"还是普遍现象,产品生产和分解的速度不均衡,还不能形成一个可持续发展的循环,因此亟须发展以低能耗、低排放、低污染为基本特征的"低碳经济"。低碳经济的实质在于企业提高资源的利用率。在区域内重点发展低碳产业、促进低碳产品的开发、加强副产品和废弃物的交换和再利用。最终达到维持全球生态平衡的目的。低碳化和生态化是选择战略性新兴产业时必须重点考虑的问题。奥巴马总统上台后,新能源产业成为美国积极培育的新兴产业。这也反映出低碳经济的要求。

加快推进我国战略性新兴产业自主创新,在国际经济周期波动的时代背景下具有重大战略意义。

二、新兴战略产业扶持战略与政策

2010年9月8日,国务院常务会议审议并原则通过《国务院关于加快培育和发展战略性新兴产业的决定》(以下简称《决定》),加快培育和发展以重大技术突破、重大发展需求为基础的战略性新兴产业,对于推进产业结构升级和经济发展方式转变,提升我国自主发展能力和国际竞争力,促进经济社会可持续发展,具有重要意义。因此,必须坚持发挥市场基础性作用与政府引导推动相结合,科技创新与实现产业化相结合,深化体制改革,以企业为主体,推进产学研结合,把战略性新兴产业培育成为国民经济的先导产业和支柱产业(见表7-2)。

表7-2 我国新兴战略产业的界定

七 大 产 业
◎ 节能环保产业:为节约资源,保护环境提供技术、装备和服务保障的产业
◎ 高端装备制造产业:包括我国高速铁路技术等

(续表)

七 大 产 业
◎ 生物产业：包括生物医药和生物农业等
◎ 新材料产业：包括以纳米材料为代表的新材料的应用等
◎ 新能源汽车：包括燃料电池汽车、混合动力汽车、氢能源动力汽车和太阳能汽车等
◎ 新能源产业：太阳能、地热能、风能、海洋能、生物质能和核聚变能等的发现和应用
◎ 新一代信息技术产业：互联网、云计算为技术基础的一些新兴平台

《决定》确定了战略性新兴产业发展的重点方向、主要任务和扶持政策如下。

(1) 从我国国情和科技、产业基础出发，现阶段选择节能环保、新一代信息技术、生物、高端装备制造、新能源、新材料和新能源汽车七个产业，在重点领域集中力量，加快推进。

(2) 强化科技创新，提升产业核心竞争力。加强产业关键核心技术和前沿技术研究，强化企业技术创新能力建设，加强高技能人才队伍建设和知识产权的创造、运用、保护、管理，实施重大产业创新发展工程，建设产业创新支撑体系，推进重大科技成果产业化和产业集聚发展。

(3) 积极培育市场，营造良好市场环境。组织实施重大应用示范工程，支持市场拓展和商业模式创新，建立行业标准和重要产品技术标准体系，完善市场准入制度。

(4) 深化国际合作。多层次、多渠道、多方式推进国际科技合作与交流。引导外资投向战略性新兴产业，支持有条件的企业开展境外投资，提高国际投融资合作的质量和水平。积极支持战略性新兴产业领域的重点产品、技术和服务，开拓国际市场。

(5) 加大财税金融等政策扶持力度，引导和鼓励社会资金投入。设立战略性新兴产业发展专项资金，建立稳定的财政投入增长机制。制定完善促进战略性新兴产业发展的税收支持政策。鼓励金融机构加大信贷支持，发挥多层次资本市场的融资功能，大力发展创业投资和股权投资基金。

加快培育和发展战略性新兴产业是我国新时期经济社会发展的重大战略任务。要加强组织领导和统筹协调，编制国家战略性新兴产业发展规划，制定产业发展指导目录，优化区域布局，形成各具特色、优势互补、结构合理的战略性新兴产业协调发展格局。

当前，我国战略性新兴产业发展势头良好，从中央到地方都出台了一系列促进战略性新兴产业发展的规划和政策。同时，产业发展实践中也存在一些亟须解决的问题。在新形势下，我们需要充分认识新兴产业演进的规律性特征，进一步明确我国战略性新兴产业的发展方向和实现路径，推动战略性新兴产业持续健康发展。

7.2 新兴战略产业的发展历史

战略性新兴产业尚处于发展初期，还无法系统总结其发展规律。但是，分析历史上的新兴产业发展历程,对当前有借鉴意义。人类历史不同发展阶段一定是由不同的技术引领,从第一次工业革命开始,人类就不断突破要素,寻求新的产业动力,而第三次革命对于世界经济的影响远未结束。新兴战略产业是21世纪引领人类文明发展的产业新动力。

一、第三次工业革命及其发展

"第三次工业革命"概念的真正兴起和全球化传播,与全球可持续发展面临的压力息息相关。第三次工业革命的产生源于人类对于自身能源约束的焦虑——20世纪80年代的石油危机。石油和其他化石能源的日渐枯竭,及随之而来的全球气候变化给人类的持续生存带来了危机。化石燃料驱动的原有工业经济模式,不再能支撑全球的可持续发展,需要寻求一种使人类进入"后碳"时代的新模式。2000年起,欧盟就开始积极推行大幅减少碳足迹的政策,以加速向可持续发展时代的转型。未来学家里夫金全面分析了第三次工业革命的全球性影响,他提出互联网、绿色电力和3D打印技术正引导资本主义进入可持续、分布式发展的第三次工业革命时代。

20世纪70年代初,美国也开始探讨第三次工业革命。一些学者分析了第三次工业革命对员工、收入和研发等微观层面的影响。赫尔夫戈特(Helfgott)分析了新技术对工人在企业中地位的影响。他认为,正风靡美国产业的新技术,推动着工作场所的转型,团队中的工人变得更加重要和自治,身负更多责任。格林伍德(Greenwood)认为,从20世纪70年代初开始,信息技术的发展推动着经济体系进入第三次工业革命,而信息技术的快速变革会在初期降低生产率,扩大收入差距。莫维利(Mowery)分析这场革命对产业研发结构带来的影响,他认为自1985年起,美国的产业研发结构由大企业主导的封闭式创新走向了以中小企业为主的开放式创新,非制造业企业成为研发投资的重要来源。美国著名未来学者杰里米·里夫金(Rifkin)的著作《第三次工业革命》的出版,也论述了由互联网与再生性能源融合导引的新一轮工业革命,引发广泛关注。

关于第三次工业革命的比较有代表性的论述有两种。

第一种以杰里米·里夫金为代表,他对第三次工业革命有比较长期的研究。他认为,所谓第三次工业革命是能源互联网与再生性能源结合导致人类生产生活、社会经济的重大变革。第三次工业革命已经开始,而且迫在眉睫。第三次工业革命有五大支柱,包括:向不可再生能源转型;将每一大洲的建筑转化为微型发电厂,以便就地收集可再生能源;在每一栋建筑物以及基础设施中使用氢和其他存储技术,以存储间歇式能源;利用互联网技术将每大洲的电力网转化为能源共享网络,调剂余缺,合理配置使用;运输工具转向插电式以及燃料电池动力车,所需电源来自上述电网。

第二种以保罗·麦基里为代表,他长期关注制造业技术和数字制造的发展。他认为,第三次工业革命是数字化革命,将带来制造模式的重大变革,大规模流水线制造从此终结,人们可以完全按照自己的意愿来设计。第三次工业革命甚至还可能带来反城市化浪潮,取代城市化生活的将是一种分散、自给自足的(农村)生活方式。

服务经济真正服务实体经济的发展战略,从"工业化"到"去工业化"再到"再工业化",是实体经济到服务经济再到实体经济的回归,符合经济产业形态的螺旋上升的发展规律。

"去工业化"指的是,去掉低附加值的加工制造环节;而"再工业化"即是对制造业产业链的重构,重点是对高附加值环节的再造。

归纳起来,第三次工业革命有以上两种路径,它们各有特点,但殊途同归,即人类目前的生产生活方式需要根本性的变革。

二、第三次工业革命的本质

新一轮工业革命即所谓第三次工业革命,从20世纪70年代至今,已经经历了两个阶段的发展。第一阶段是20世纪70年代至2000年这里一轮工业革命,可以称之为第三次工业革命1.0版本,主要以数字化与互联网技术的发展为标志。这一轮发展,以21世纪初期的互联网泡沫破灭为终止,但是第三次工业革命并没有结束。

第三次工业革命2.0版本,在2000年之后就开始酝酿,寻找新的发展机会。2008年美国与西欧的金融危机再次给了技术领域一次机会,第三次工业革命找到了新的发展方向,即2.0版本。其实质就是以数字制造技术、互联网技术和再生性能源技术的重大创新与融合为代表,从而导致工业、产业乃至社会发生重大变革,这一过程不仅将推动一批新兴产业诞生与发展以替代已有产业,还将导致社会生产方式、制造模式甚至生产组织方式等方面的重要变革,最终使人类进入生态和谐、绿色低碳、可持续发展的社会。第三次工业革命2.0版本是基于新兴战略产业而发展壮大起来的,具有如下五大特征。

1. 能源生产与使用革命

我们目前的经济与社会发展模式、生活消费方式所依赖的化石能源已经逐步进入枯竭期,需要在理念、技术、资源配置、消费习惯、社会组织等诸多方面转型以开发可替代的再生性能源,使人类社会可持续发展。这是第三次工业革命的核心之一,里夫金构想了这一变革。

2. 生产方式变革

现在的生产方式是大规模标准化、用机器生产机器的方式;新的生产方式,是以互联网为支撑的智能化大规模定制的方式,标志着个性化消费时代的到来。具体来说,第一,今天的互联网既是信息平台,又是交易和生产控制平台,当然它还是娱乐和社交平台;第二,智能化意味着智慧型计算机嵌入到制造设备中,从而使生产设备能够更快地自我反应、计算判断、分析决策和操作;第三,过去定制品数量非常少,但在数字化、智能化的制造条件下,个性化产品的大规模定制生产在技术上已经成为可能,甚至部分已成为现实。

显然,相比工业经济时代的生产模式,新的模式将有诸多优势:资源节约,原材料使用仅为传统生产方式的1/10,能源消耗也远低于化石能源时代;生产成本低,互联网信息的运用和自己动手生产,这些都降低了产品生产的成本;交易费用低,通过网络平台直接定制交易,交易费用几乎为零;流通费用低,分散生产、就地销售可以节约大量流通成本;消费者的满意度提高。

3. 制造模式变革

制造业主流制造模式从削减式制造转变为叠加式制造,这一变化本质上是制造业数字化带来的。削减式制造,先要铸造毛坯,切削加工,再做成零部件或产品;数字化叠加式制造则是快速成型,"打印"出来的。

4. 生产组织方式变革

我们现在的生产组织方式为"集中生产、全球分销",先要盖厂房,从全世界采集原料,生产后再运送到各地销售,运输成本高,信息搜寻与交易成本都很大,会浪费不少资源。新的生产组织方式则不一样,它可称为"分散生产,就地销售",它不需要今天这样的工厂,只需要3D打印机就可以真正做到本地生产、本地销售。

5. 生活方式变革

消费的同时就是生产。购物在3D打印店里就能完成,这才是真正的体验式消费,边消费,边生产。消费者也可以购买家用3D打印机,像从前那样自给自足,这就称为反城市化。

三、第三次工业革命与"再工业化"

20世纪80年代至今,世界制造业格局发生重大变化,一个主要特点是美国和欧洲经历了"去工业化"的过程,劳动力迅速从第一、第二产业向第三产业转移,制造业占本国GDP的比重和世界制造业总量的比重都持续走低。制造业向新兴工业化国家转移,发展中国家尤其是中国的制造业快速崛起(见表7-3),发达国家汽车、钢铁、消费类电子等以往具有优势的制造行业面临严峻挑战。

表7-3 世界主要国家制造业增加值绝对值与相对值　　　　单位:亿美元

	1980年	比 例	2010年	比 例
世界制造业增加值	27 900		102 000	
美国	5 840	20.93%	18 560	18.20%
德国	2 490	8.91%	6 140	6.02%
法国	1 400	5.02%	2 680	2.63%
英国	1 260	4.52%	2 310	2.26%
中国	1 330	4.78%	19 230	18.85%

第三次工业革命以来,世界制造业增长迅速。与美国、德国、法国、英国等发达国家形成鲜明对比,过去三四十年里,中国制造业经历了在规模上追赶和超过主要发达经济体的过程。1980年,中国制造业的增加值远低于美国和德国,与法国、英国相当。然而,1990年以来,中国制造业增长速度较快,制造业增加值在绝对值和相对值上先后超过德国、美国等世界制造业强国,2010年成为世界制造业第一大国。但是,中国目前还不是制造业强国,我们在高端制造技术与发达国家还有比较大的差距,如数字制造技术等产业。

从概念来说,《韦伯大词典》对"再工业化"的解释是:一种刺激经济增长的政策,特别是通过政府的帮助来实现旧工业部门的复兴和现代化,并鼓励新兴工业部门增长。从历史文献来看,"再工业化"概念最早源于20世纪80年代美国的社会学家艾米·泰克,主要是针对美国在20世纪六七十年代所遭遇的经济问题——过度消费和投资不足损害了美国的生产能力。他认为,解决之道就是通过再工业化吸引大量投资,将新技术引入制造业,提高生产效率,恢复美国经济的增长。

在全球经济今天正迈向第三次工业革命的背景下,网络经济与实体经济的相互融合日趋加深,生产能力的复苏与增长必然是奠基于新的生产方式之上。第三次工业革命2.0版本中新兴产业的工业化进入了新标准领域,将以互联网为支撑的智能化大规模定制的生产方式,即为再工业化。

从工业化到去工业化,再到再工业化这个循环的过程,表面上反映了从实体经济到服务经济再到实体经济的回归,实际上体现了服务经济真正服务实体经济的发展战略,符合经济形态螺旋式上升的发展规律。如果说去工业化去掉的是低附加值的加工制造环节,那么,再工业化实际上是对制造业产业链的重构,重点是对高附加值环节的再造。

发达国家的再工业化战略必然会对全球产业尤其是制造业活动的空间分布,以及各国产业结构的调整产生影响。欧美发达国家意图通过再工业化解决四个问题。

一是,通过制造业数字化技术发展的领先,继续保持在制造业价值链上的高端位置和全球控制者的地位,解决服务业的虚拟化和金融化与实体经济发展脱节的问题。保持实体经济与金融市场的紧密结合,以避免再次出现金融危机。

二是,通过再工业化推动国家经济结构和产业结构的转型。特别在再生性能源开发、智能互联网发展方面,通过立法、政府资金投入补助等,使各国过度依赖化石能源的经济体系、社会生活方式等发生根本改变。对于发达国家和发展中国家都提出了如此的要求,发达国家有雄厚的经济实力为支撑可以比较轻松地进行转型,而发展中国家尤其像中国这样的大国是否应该转型、如何转型,则成为经济学家们争论的焦点问题。

三是,新的数字信息技术、互联网技术进入传统的劳动密集型制造业,重新定义、整合发展,通过技术创新,改变传统制造业的制造模式,降低单位劳动成本,提高其在国际上的竞争力,同时提供大量就业机会。

四是,积极推动科技创新、技术创新,创造新的产业。我们知道,美国等发达国家的技术力量强,创新能力强。很多新兴的产业都首先源于欧美,继而领先全球,迅速产业化以后,再在全球市场上扩张。美国不仅善于创造新的产业,还善于创新商业模式,这可能成为再工业化的中坚力量。

因此,从产业发展的历史角度可以归纳出科技革命创新的最终结果,即实现产业升级的高端化与高效化。

产业高端化,即基于产业链分工占据附加值更高的产业或产业环节,这可以从以下三方面来理解。

(1) 高级要素禀赋,指要素禀赋从传统的资源要素转到知识要素禀赋,而知识要素在企业中多体现为在核心技术和关键工艺环节中有较高的技术密集度。

(2) 高的价值链位势,制造业价值链形如微笑曲线,高的价值链位势就是占据微笑曲线两端,而动态维持高价值链位势需要具有高的自主创新能力。

（3）高的价值链控制力，从在价值链上所处的环节位置判断，实质是对价值链关键环节——核心技术专利研发或营销渠道、知名品牌等的控制力，高价值链控制力也意味着产业内部的高战略引领性。

产业高效化，是指产业资源配置效率高，具有良好的经济和社会效益。产业高效的内涵也有以下三方面内容：

（1）高的产出效率，如单位面积土地产出效率、人均产出效率等；

（2）高的附加值，如利润率高、工业增加值率高、税收贡献大等；

（3）高的正向外部性，即产业与环境和谐友好，生产过程产生污染少、符合低碳经济要求，还有就是对就业的促进和产业链上其他企业的带动作用等。

7.3 新兴战略产业的国际经验

国际新兴产业基本沿"美欧──→日本──→韩国"的路径演进。新兴产业不可能在各个国家同步形成和发展，而存在明显的时间差。从 20 世纪末到本世纪初，较为典型的新兴产业发展时间序列是：欧美──→日本──→韩国。例如，微电子产业发源于美国；日本发挥二次开发优势和精密制造优势，较快取得产业优势；随后，韩国以及中国台湾地区进入该产业，并取得相当的优势。国际产业演进路径是由不同国家所处的科学、技术、产业能力水平和结构特点决定的。要突破这种路径，就要在科学探索、技术原创、产业能力水平和结构上下工夫，同时也要有开放创新和承担风险的心态。

因此，本部分主要研究新兴战略产业在全球范围内的水平集聚与垂直分散的空间结构。新经济的网络特征促进了市场中相似企业之间水平方向的分工合作。这是一种带有规模报酬递增色彩的普遍现象，强者更强，弱者更弱，也可以理解为新经济条件下的正反馈效应、胜者通吃的市场竞争正反馈机制，并进一步理解新经济中企业集聚与分散现象。

一、企业集聚网络的正反馈机制

接下来我们将用一个简单的模型分析说明：新经济市场的网络效应和动态化市场结构相结合，产生了正反馈机制，促进企业集聚。

企业集聚可以是有形的集聚，通过缩短地理空间距离来降低运输成本；也可以是无形的集聚，通过通信网络技术缩短沟通成本来降低运输成本。

产业集群就是一种有形集聚的形式，由在附加值生产链中关联性很强的供应商、消费者和知识中心、大学、研究所、知识密集型服务中介组织所形成的网络①。这些网络：具有可支配的互补能力；通过生产链和价值链相互关联；提高共同的生产工艺和终端产品或成

---

① Bergman Edward M., and Pim Den Hertog, In Pursuit of Innovative Clusters: Main Findings From the OECD Cluster Focus Group, NIS Conference on Network-and-Cluster-Oriented Policies, Vienna, 15-16 October, 2001.

果;在网络中集中参与创新和技术开发。因此,产业集群是由新型企业组成的动态现象。产业集群为一种综合性的网络——共享特定的自然资源,并根植于共同的社会文化背景之中的几大行为主体(供应商、企业、消费者、大学和研究机构、中介机构和政府等)构成的动态网络。该网络中存在着不同行为主体之间垂直或水平链条上的联系,以及知识、信息和人员持续的流动。

  无形集聚包括企业之间的联盟合作,包括信息层面、资源层面,乃至实质经济层面。新经济建立在其系统竞争体系基础之上。传统的竞争战略集中于竞争者,供应者和顾客在网络经济中出售互补产品的公司同样重要,信息技术对系统的依赖性意味着企业不但重视竞争对手,还要重视合作伙伴,组成联盟,扶持伙伴和保证兼容或不兼容,成为关键的商业决策。例如,互联网在企业商家中获得广泛应用就是一种无形聚集的形式。

  本节所讨论的集聚,指的是广义的集聚,包括空间地理上的有形集聚与经济联盟的无形集聚。企业集聚后便产生网络效应,能够提高生产效率,产生边际递增的报酬。

  新经济具有超强的正反馈。几乎每个产业在发展的早期都要经过正反馈的阶段。大部分正反馈的来源是厂商的规模经济。大公司通常有更低的单位成本,至少到某一点是这样的。这种正反馈被称为生产者规模经济更为合适(Carl Shapiro & Hal Varian,1999)。

  新经济中由于网络效应,导致企业集中的现象。尽管有生产者规模经济,但是大公司从来就没有完全占据整个市场的时候,市场的基本格局更多地表现为寡头形式。这是因为基于制造的传统规模经济通常在远远低于主宰市场的水平时就耗尽了。在网络经济形态中,消费者规模经济和生产者规模经济有机地结合起来,结果导致双重作用。消费者的增长既减少了生产者的成本,又使产品对其他用户更具吸引力,进一步加速了需求的增长,结果形成超强的正反馈效应,从而导致产业和市场超速发展。

  在企业集聚网络规模扩大的初期,那些较早集聚的企业获得了效率提升。中间产品生产企业与最终产品生产企业之间的交易成本降低了,它们都从企业集聚中得到了好处。而集群外的其他企业仍旧面临较高的交易成本。企业集聚后效率提升带来了总利润额的增加,但由于仅有少数甚至没有更多其他的企业进入集聚,因此集群内企业的收益若以降低了的边际生产成本来衡量,还处于相对较少的水平。

  进一步,如果更多的企业集聚,那么更多的中间产品供应商也将跟进。如此一来,更多的企业就可以集聚,而边际生产成本又可以得到降低。这就促使其余企业也集聚,进而所有集群内企业都能从中受益。由于早期集聚的企业数量不多,它们能够获取较高的利润。这对其他企业形成了刺激作用。如前所述,总体效益将进一步提高,不过这也意味着市场竞争的加剧;因为更多的企业能够以较低的边际成本生产出相同的产品了。此时,集聚企业的利润有所下降,但仍然高于那些未进入者。更为重要的是,由于在低边际成本市场上竞争变得更为激烈,生产成本的加成量也随之降低了。

  因此,由于每个企业在投资决策方面都有不同的特性,投资于新技术所带来的适应成本取决于企业规模。较小的企业(因而适应成本也较低)就更乐意采用新技术,而大企业出于理性考虑则不愿采用(如图7-1)。

我们发现企业面临递增的适应成本。净收益(即利润增加额减去投资成本)起到了临界值的作用。当企业预期的适应成本低于净收益时,它就会投资于新技术;反之则不会。集聚或扩散的过程既可以理解为净利润临界点的右移,也可理解为适用成本分布曲线的左移。前者可能是由于投资成本的降低、效益的提升,或兼而有之;后者可能是由于适应成本的降低。

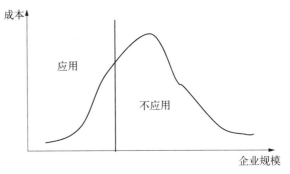

图 7-1　新技术的应用

因此,这一模型的核心在于:集聚或扩散的过程由变动的净利润临界值和(或)适应成本分布曲线所决定,而这些因素受到内生因素与外生因素的作用。

二、企业聚集的网络效应

再从企业外部来看,企业选择集聚的初期,仅有少数企业集聚,效益也并不十分显著。当更多企业进入时,由于一体化程度的提高,加上中间产品市场上日渐激烈的竞争、更便宜优质的软件等,企业所能获取的收益就会提高。这表明,当更多企业选择集聚时,无论是有形集聚还是无形集聚,集聚的网络效应就会增进。随着更多企业集聚,所有新进入集聚的企业都将从中受益,而原来的企业将会从中获得更多的收益。

因此,可以假设效率的增进是新进企业数目的递增函数。这意味着集聚企业的边际成本随着进入者的增多而减少。在给定前一期集聚企业数目的情况下,企业知道边际成本的大小,但不考虑未来收益,仅仅视之为一个常量。此时,由于边际成本不再是一个常数,集聚企业与未集聚企业之间利润的差异也就不再是恒定不变的了。在集聚规模扩大过程的初期,选择集聚的企业数目即 m 较小,网络效应所引起的未集聚企业利润的降低也相对较小。

网络效应对于集聚企业较之未集聚企业更为重要,这两者利润之差是递增的。然而,当集聚企业越来越多时,网络效应转而对未集聚企业变得更为重要。在集聚规模扩大过程的结束期,两者利润之间的差异不再扩大,甚至可能缩小。这一进程是不对称的,因为集聚的网络效应随 m 值的增大而减小。

上述过程意味着适应成本较低的企业会在很早时候就选择集聚,带来网络效应,而利润差额也随之增加。另外,这促使那些适应成本较高的企业也选择集聚。该过程不断重复,直至集聚企业数目非常之大,扩散过程趋于结束时为止。

最后,可能会有某些企业因选择集聚无利可图而永不聚集。如果没有网络效应,当初始盈利水平不能弥补投资成本时,任何企业都不会有集聚的动机。引入了网络效应之后,集聚的扩散就变得完全内生化了,这表明:作为一种降低成本的工具,集聚的扩散降低了价格水平。

当集聚企业数目增多时,有两种效应削减了未集聚企业的成本加成空间。首先是未集聚企业市场力量的削弱;对此可以很容易地进行解释,而不需引入网络效应:如果 m 上升,c_0 的权重就会下降,而 c_1 的权重上升,这样未集聚企业的加成能力就下降了。第二种效应是由网络效应引起的,它使应用者的边际成本以更大的幅度下降,因此未集聚企业的加成能力也就进一步受到了削弱。

制定标准形成联盟。网络经济的基本特征是网络市场的形成,网络市场中的标准和规模导致新型的合作与激烈的兼并。集聚无时不刻在改变着市场中的标准。有形集聚改变的是地理区位的标准,而无形集聚则在改变着技术、信息、质量等无形标准。标准问题在改变着游戏的规则。互补产品的销售者欢迎标准。竞争企业唯有奋起反抗,或者服从这一新的标准。

只要他们的产品是符合标准的,对市场占有者而言,新的标准对现有的市场占有者造成严重的威胁。不管怎样,如果标准引发了正反馈,并且帮助集聚企业很容易地攻占未集聚企业的市场份额。对集聚企业而言,他们更欢迎标准。因为标准通常会扩大市场规模,甚至对市场是否能够出现也非常关键。当一群企业总体上可以从一个标准中获益时,他们总有办法制订一个协议来支持这种标准。但是,当标准对它们的影响方式不同时,标准对不同的供应者有不同的影响。拥有最大的旧标准的企业损失最大,而控制更优越的企业收获最丰。规模也是非常重要的,小的市场参与者会特别欢迎标准,因为标准通常会缩小大小供应商之间的差距,不管你是参与正式标准设定过程,还是只想建立自己的产品标准,你都需要联盟来引发正反馈,联盟的建立一般是先组成联盟,在此基础上实现联盟之间的互联。

新经济中的正反馈机制,可以通过较低的成本获得。在网络效应的作用下,正反馈来自消费者,领先者提供更有价值的产品或服务、产品开发和设计技能可能对获取先发优势非常重要。但是,早期的介入可能会造成质量上的妥协和更多的故障。这两种情况都会毁掉企业的产品,例如 CBS 在彩电中以及日本在高清晰度电视中的例子就是这样。

胜利属于捷足先登者。但是,速度应该来自于研究开发,而不是将一种劣质系统推向市场,除了将产品早一些推向市场外,还需要在早期积极地建立顾客安装基础,要找到那些最渴望尝试集聚的人、发烧友,迅速占领这个市场,自我实现的预期是正反馈经济学和流行效应的一种表现形式,因此进入网络效应很强的市场的公司应力图向顾客传递这样的信息,他们的产品将最终成为标准,而与之竞争的不兼容产品会很快被孤立,通过在市场上竞争性地预告一种产品的问世就是预期管理的一个很好的例子。预期是使顾客决定是否购买的关键因素,所以企业要尽最大努力来管理预期。当然,市场的占领者会尽力阻止集聚的推广,新进入者也会尽力建立信用,但这正是一种旨在影响预期的经典策略,宣布一种即将推出的产品,以冻结竞争对手的销售。IBM 和微软都有过类似的举措,当然预告产品也具有双刃剑的作用,它也会影响目前同类产品的销售,因此采取这一行动必须权衡好利弊得失。

新经济中存在网络效应,领先企业率先使用集聚,不断扩散,形成正反馈机制,胜者通吃或者形成联盟,使之处于寡头地位。

三、生产的垂直分散

与相似企业集中化的趋势相反,新经济的网络特征也推动了处于不同生产阶段的企业之间垂直方向的联系。广泛应用互联网大大降低传统产品市场中的交易成本,尤其是无形运输成本,其结果为直接导致生产分散化。

1. 垂直的产品内分工

新经济中由于网络效应的正反馈机制,处于领先优势地位的企业集中化,也就是胜者通吃的现象。但是,这并不意味着中小企业的消亡,或者企业之间的孤立关系。在企业集中的同时,企业之间的联系反而更加紧密了。

这种紧密性表现为处于不同生产阶段的企业之间垂直联系的加强。网络经济形态中,企业之间具有互补性。除了现代工业社会中信息和基础设施,即软件和硬件,被不可分割地联系在一起外,其他方面也具有互补性,如消费者之间的互补性,消费者与供应者之间的互补性等。互联网的应用必须是众多消费者一起使用才能充分获得它的福利。

因此,产品内分工①出现了。产品内分工是一种特殊的经济国际化过程或展开结构,其核心内涵是特定产品生产过程不同工序或区段通过空间分散化展开成跨区或跨国性的生产链条或体系,因而有越来越多国家参与特定产品生产过程的不同环节或区段(卢锋,2004)。产品内分工包括垂直专业化的产品内分工与水平交换的产品内分工。

垂直专业化的产品内分工,是指各国技术水平的差异(Hummels, Papoport & Yi, 1998)通过纵向延伸方式来建构,表现为处于不同发展阶段的国家之间的中间产品分工。最终产品的生产过程分为连续数个阶段,至少两个国家以上,每一国家从事一个以上专业化生产阶段,但不是专业化所有阶段,在生产过程中,至少某一生产阶段必须跨过国界。换言之,垂直专业化产品内分工即某一国家利用进口的中间产品,去制造最终产品而出口。产品内分工实际上就是包含在产业内分工的范围以内的垂直专业化产业内分工。

产品内分工还包括水平交换的产品内分工,通过横向扩展方式来实现,表现经济发展水平与要素禀赋水平相似的国家或者地区,生产同一种具有水平差异的产品,尤其是发达国家之间的中间品分工。他们会生产相同或相似的产品进行交换,或在市场上进行竞争,优胜劣汰,其形式为多样化生产。

究竟选择哪种形式的产品内分工,取决于企业所生产的不同类型产品。传统的比较优势理论通常被用于解释产业间分工现象,但对于产品内分工,该理论依然适用。传统贸易理论中的比较优势表现在不同的产品上,而产品内分工理论分析中的比较优势则表现在产品的不同生产阶段上。如果说传统国际分工的边界是产业的话,产品内分工的边界则在于价值链。产品的价值链按要素密集度的不同分为劳动密集环节、资本密集环节、技

---

① 产品内分工(Intra-product Specialization)是指特定产品生产过程中不同工序、不同区段、不同零部件在空间上分布到不同国家或地区,每个国家专业化于产品生产价值链的特定环节进行生产的形象。从某种意义上说,产品内分工是国际分工的进一步深化,是同一产品的不同生产阶段(生产环节)之间的国际分工,其实质是生产布局的区位选择。

术密集环节三种,各国依据自身的要素禀赋在不同环节的生产上具有比较优势,则会相应占据产品价值链上其具有比较优势的环节。

在要素同质的条件下,产品内分工对国家福利、专业化分工和贸易模式及要素价格都会产生影响(Deardorff,1998)。如果生产过程分离化不改变商品价格,则两国的产出价值都会增加;如果生产过程分离化改变商品价格,则一国会因为贸易条件向不利于本国的方向变化而福利恶化;即使一国因为生产过程分离化而受益,该国的某些要素所有者也可能会受损;生产过程分离化是要素价格均等化的推动力。

由于垂直产品内分工往往按照要素禀赋条件进行分工,属于信息层级分解型的互补式市场结构。不仅如传统贸易模型所料,产品内分工提高最终产品国际竞争力,产品内分工更是改善了分工参与国的福利(Arndt,1997)。对于资本丰富的发达国家而言,如果将与进口品相竞争的劳动密集型的生产阶段外包给劳动丰富的国家进行生产,进行产品内分工,这样对两个国家而言,都会增加就业和工资。但是,如果资本丰富的发达国家对资本密集型的出口产品实施产品内分工,该国的工资水平则会下降。

垂直产品内分工并不一定是独立存在的,也有可能在某个生产工序中包含着水平产品内分工。例如,IT产品的全球垂直分工生产,在研发阶段,其生产特点必定是采用捆绑式的水平产品内分工模式,推动创新;研发阶段与大规模生产阶段之间属于垂直产品内分工,产品将定位于由劳动密集型的发展中国家进行生产。

产品内分工分为可以通过市场在不同国家的非关联企业间完成,在企业外部通过市场机制来实现产品内分工。在此,我们主要探讨企业间垂直专业化的产品内分工,也称为业务外包。

2. 业务外包

生产垂直分散化的主要形式即业务外包(Out Souring),也有人将之译为外部委托,或者资源外包。尽管业务外包这种经营形式至今仍没有一个统一明确的定义,但其本质是把自己做不了、做不好或别人做得更好的事交由别人去做,准确一点讲,业务外包是一种管理策略,它是某一公司(称为发包方)通过与外部其他企业(称承包方)签订契约,将一些传统上由公司内部人员负责的业务或机能外包给专业、高效的服务提供商的经营形式。

业务外包,作为现代企业的一种业务运作方式,近年来在全球范围内表现出了快速流行的趋势,市场规模持续扩大。例如,据有关媒体报道,全球软件行业的外包市场规模近年来以每年50%的速度增长。

业务外包这一概念,由Prahalad和Hamel(1990)在其著作 *The Core Competence of the Corporation* 首次提出。业务外包属于典型的垂直型产品内分工形式,由来自世界各地独立的供应商为企业提供产品或部件的活动(Kotabe,1992)。依赖于外部资源制造部件或从事其他增值活动(Lei and Hitt,1995),为获得预期结果,把组织的部分或全部信息技术和相关服务交给第三方管理(Willcocks,1995),并将部分管理义务或责任向外部组织转移,改变服务传递与组织内部员工管理模式的安排(Johnson,1997)。

业务外包实现的载体是企业,外部供应商从事与企业整体或部分生产设施相关的物资或人力资源活动(Loh & Venkatraman,1992);企业在内部资源有限的情况下,仅保留其最具竞争优势的核心资源,而把其他资源借助于外部的专业化资源予以整合,以优化资源配置,实现其自身持续性发展。

更进一步的,将公司部分业务或机能委托给外部公司的业务外包正为一种重要的商业组织方式和竞争手段。可以将企业活动划分为核心业务、辅助性业务、支持性业务和无关业务,并由此来决定外包的类型,包括外包主体、外包目标、外包合作者和外包设计这四个单元组成的外包结构模型(Arnold,2000)。企业内部的分工协作已经扩展到企业、行业之间,那种传统的纵向一体化和自给自足的组织模式可以说失灵了。

因此,业务外包被认为是一种企业引进和利用外部技术与人才,帮助企业管理最终用户环境的有效手段。全球竞争中的成功者已经学会把精力集中在经过仔细挑选的少数核心本领上,也就是集中在那些使他们真正区别于竞争对手的技能与知识上。通过把一些重要但非核心的业务或职能交给外面的专家去做,而企业的领导人能把公司的整体动作提高到世界最高水平,而所需的费用则与目前的开支相等或者有所减少,与此同时,他们还往往可以省去一些巨额投资。

在西方国家正在兴起的供应链联盟(Supply Chain Alliances)说明了这一点,由于新经济的通讯互联网技术可以跨越时空进行信息沟通,因此企业可以低成本凭借互联网实现虚拟运作,将一些企业自己不擅长或者不经济的功能进行外包。企业可以集中力量发挥自己的核心优势,最大限度树立起企业在市场中竞争优势,企业虚拟运作必须寻求一些关系紧密的合作伙伴,并与它们建立联盟关系,在建立联盟的时候一般要提供互联或兼容性,但是要设立能反映本企业强项的条款,并且要加以限制,以减少失去控制权的危险,与可能的敌对方结为联盟。

3. 业务外包的动因

关于业务外包的动因,咨询公司 Anderson Consulting 在 1993 年通过一项研究发现,降低成本是企业实施外包的最主要驱动因素。其研究还表明,虽然人们似乎也在逐渐意识到企业为获取竞争优势,需要将外包看作一种发展战略,但实际上人们主要还是将外包看作是一种节省成本的手段。

整合资源,全球配置,是业务外包的基本核心。任何一家企业只依靠自身来完成其所有经营事务是很困难的,越来越多的企业已开始意识到,欲在全球竞争中求得生存与发展,需要掌握更多的优势与能力,需要通过更多的商业联合来有效地配置资源,而不仅仅是降低成本,那种仅仅关注财务交易的合约已不能与企业的成长战略相匹配(Rick,1997)。

对于企业外部而言,企业通过业务外包,进行垂直产品内分工,其目的在于降低交易成本,获得竞争优势。随着技术的快速发展,企业要通过外包迅速获取新技术,从而赢得竞争优势(Chuck,1997)。Arnold(2000)从节约交易成本和提升企业核心能力这两个方面分析了企业业务外包过程的目标。

对于企业内部而言,进行业务外包的动因还有企业的财务状况。企业实施业务外包,并非由企业的发展策略驱动,而是由于这些企业的财务出现了麻烦。《外包:失败者的游戏》通过对一些实行了业务外包的企业的统计指出,企业实施外包的原因很简单,那就是它们处于财务危机中(Strassmann,1995)。

企业的目标是利润最大化,企业的一切行为都离不开这个目标。企业是否选择将某项业务外包,其依据必然是外包能否为企业带来更大的利润。与一般的购买不同,外包给企业带来的不仅是支出和收入的核算,更会影响企业的组织结构,长远来看,还会影响企业的发展战略。因此,外包决策的制定要考虑的因素是很复杂的。我们可以从一些典型的企业业务外包行为(见表7-4)来考察企业做出业务外包决策时所考虑的因素。

表7-4 部分企业的业务外包行为

发包企业	外包业务	承包企业
戴尔公司	笔记本电脑生产	广达、仁宝、华硕
	人力资源管理	仕达富、金网络
海尔集团	商流系统、物流系统、售后服务系统、信息系统维护	东软
百安居(中国)	零售系统	惠普公司
宝洁公司	人力资源管理	IBM
索尼中国公司	办公自动化系统	IBM
惠普公司	物流与仓储	赖德统一后勤服务公司
耐克公司	体育用品生产	若干外部生产工厂

关于外包的优势,美国外包协会的一项外包调研报告,从战术、战略与变革的角度分别提出了外包的优势(见表7-5)。美国外包协会对外包优势的划分可以说是对众多观点的一种综合,也是对外包目标较为全面的描述。

表7-5 业务外包的优势

战术优势	战略优势	变革优势
降低和控制经营成本	改善业务关注点	为顾客带来更快、更新的解决方案
减少对非核心业务的投资	获取世界一流的先进技术	对日益缩短的产品生命周期作出反应
注入现金	促进组织重组	重新确定与供应商及合作伙伴的关系
获得内部缺少的资源	分担风险	超越竞争对手
克服职能管理失控的困难	释放资源用于其他用途	以较低的风险进入新的市场

风险与收益总是相对应的。对于业务外包的风险,一些业务外包失败的案例使得学者们对外包风险研究给予了极大关注。

从企业管理角度,对软件公司进行的一项调查显示,导致外包失败的因素有:没有设置有关持续改善合同条款的机制;文化与目标差异导致的不相融性;合同缺乏灵活性;承包企业的机会主义行为;忽视外包关系管理所导致的服务水平下降;指派不合适的人员管理外包合同;外包引起员工士气和信心下降;企业失去对有关职能的控制;外包所引起的信息安全性与潜在竞争(Everest,1997)。

从交易成本以及代理成本的角度探讨了外包风险,外包中可能发生隐藏的交易成本和管理成本,包括资源重新配置成本、组织调整成本、投入外包管理的人力成本等(Cross, Earl and Nelson,1995、1996)。许多企业经常低估交易成本和管理成本,而这两项成本通常上升很快(Earl,1996)。在对英国石油公司外包案例进行了研究以后发现,其外包所耗费的管理成本远远超过了外包合约的价值(Cross,1995)。这包括可能发生的昂贵的契约修订成本,失去专长、创新能力和竞争优势等的外包风险,以及隐藏的服务费用、法律争端与诉讼、契约协商困难、服务成本增加等风险(Lacity and Willcocks,2000)。

从资产专用性角度而言,业务外包中存在发包企业被承包企业锁定的问题(Leary,1990)。无论是发包企业还是承包企业终止或突然取消外包合约,都将造成另一方供需价值链的断裂而形成的巨大损失。

因此,基于以上分析,企业的外包行为有这样三个特点。

第一,以上企业外包关系中,发包企业的生产计划具有较高的确定性,其核心业务具有稳定性与延续性。同时,这些外包合同为期一般都比较长。

第二,发包企业外包出去的业务,均不是它们的核心业务,而同时又是承包企业的核心业务。这些业务对发包企业来说,都是需要花费成本,却不能直接带来收入的项目。然而,这些业务或为产品生命周期的一部分,或为企业日常运行的必需,它们对于发包企业的核心业务都起着一种辅助或是支持的作用。对于承包企业,这些业务是它们的主要收入来源。

例如,戴尔公司的核心业务是销售电脑,其自身并不具有生产能力。戴尔公司所销售的笔记本电脑,是由其设计中心开发,然后将生产环节外包给广达、仁宝、华硕等具有强大电脑生产能力的企业,最后由戴尔公司来利用其直销模式进行销售。

又如,从事IT产品生产和销售的惠普公司,在美国有11家工厂,原来各工厂各自处理自己的进货和产品的仓储和配送工作,供应路线混乱,协调复杂,经常造成运输车辆空驶,效率低下。20世纪90年代惠普公司将上述业务全部外包给专业从事货物配送的赖德统一后勤服务公司,同时精简了自己的仓储和卡车运输业务。21世纪以来,IT行业中外包代工更为普遍,形成全球分工格局。例如,华为、苹果等企业在全球产业链体系中占有相当比重,牵一发而动全身。

第三,外包出去的业务,其确定性都是比较高的。这些业务需要的技术都比较成熟,通用性比较强,市场上可供选择的承包企业比较多,同时外包的结果可以预见,发包企业对其控制也比较有效。

仍以戴尔公司的笔记本电脑为例,笔记本电脑是标准化程度很高的产品,技术成熟,市场上具有笔记本电脑生产能力的企业有广达、仁宝、华硕、英业达、纬创等。戴尔公司在寻找承包企业的过程中,巨大的需求使得这些生产企业之间产生了竞争,戴尔公司在外包合同的制定上也有了较强的谈判能力,不仅可以对产品的良品率提出很高的要求,同时也能够要求更低的支付价格。

又如,耐克公司,在完成运动鞋的设计并寻找生产企业时发现,鞋这种劳动密集型产品的生产高度标准化,在中国和其他一些东南亚国家中有大量的鞋厂可供其选择。

[参考阅读]

1. [日]青木昌彦等：《模块时代：新产业结构的本质》，周国荣译，上海远东出版社，2003年。

2. 芮明杰：《战略性新兴产业发展的新模式》，重庆出版社，2014年。

[思考题]

1. 新兴战略产业发展的历史规律有哪些？国际差异有哪些？

2. 全球产业链分工的特点有哪些？各国在其中的地位与作用是什么？请以某产业或企业为例，举例说明。

第8章 创新的产业集群

[本章主要内容]

本章学习创新型产业——新兴战略产业的本质与动态机理。新兴战略产业自主创新的根本动力在于突破生产的资源约束,培育企业家精神。新兴战略产业中企业创新的本质,可以理解为模块化过程。企业家精神追求较高的收益增长率,是自主创新的根本动力,表现为新兴战略产业须放眼长远,逐利不能产生创新,须初期大量投入以弥补新兴技术研发的外部性。

8.1 从企业到产业集群

一、运用博弈论框架理解创新

创新无时无刻存在于我们的生活中。熊彼特式创新渗透在社会的各个领域,但并非所有的创新都产生于企业,企业仅仅是创新的一个主体。在企业产生以前,创新就已经存在了。任何社会域的成员都有他自己的动机,任何社会结果都可以理解为社会成员交互作用的产物(青木昌彦,2005)。因此,我们可以勾勒出基于不同范围的创新:企业、组织域、社会域。

青木昌彦(2005)将制度认为"是对许多可能的(纳什)均衡路径中某一中路径所具有的不变而且显著特征的概要表征,它已经内化为所有参与人有关博弈重复方式的共享信念"。

基于博弈域来研究创新,引入熊彼特式创新的均衡路径,必须首先假设:根据熊彼特的观点,创新包括新组合(生产要素)的引进和旧组合的打破,这样就会从中出现并随之而来大规模的均衡转换。

与企业相关的均衡是创新的原型,更为现实性的制度模型可以通过这些原型的均衡连接(组合)而得到。根据博弈主体的动态选择区分创新企业的如下三种不同创新模式:如果参与者跨域选择其策略,那么这些域就连接起来了。

(1) 嵌入(Embeddedness)。经济企业、社会企业,以及组织域之间的相互嵌入。现代社会的市场和组织的参与者嵌入在具体的人际关系和社会结构(网络)中,他们能产生信任,劝阻不法行为,同时形成通行的社会准则和价值观,这部分是出于他们的策略性理论(Granovetter,1987),如软件开发创新中的专业声誉激励机制。

(2) 互补(Complementarities)。每个参与者或特定的参与者协调其自身的跨域策略性选择,从而形成单一的均衡。或者,参与者把另一域的创新当成参数,并在本域中相应地选择策略,如共同决策和社团。

(3) 捆绑(Bundling)。这包括内部捆绑与外部捆绑。内部参与者将相似的域捆绑在一起,如多重合同的捆绑——工厂、风险投资、多渠道分销合同。或者,外部调节者将相似的域捆绑在一起,如律师事务所、由控股公司所掌控的商业集团、法律制约下的市场。

基于嵌入、互补、捆绑这三种连接方式,多个创新企业之间进行连接形成创新组织,从封闭走向开放,是由简单到复杂、由低级到高级、由无序到有序的过程。在资本、人力资本、知识信息等渠道不断地强化"弱化"或者弱化"连接",继续"连接"或者解除"连接",以致形成创新模式的变迁均衡。

按照青木昌彦(2005)对于创新的研究,创新变迁必然要涉及三种模式:熊彼特式的松绑和再捆绑、重叠的社会嵌入、动态的互补。

熊彼特式重新捆绑的创新演进过程,通过创新企业的连接与变迁,将更多的创新因素引入创新过程;其手段是毁灭旧组合,产生破坏旧的新力量,其目的是为了创新,促进经济突破性的增长。熊彼特创新理论中的创新性毁灭(Creative Destruction),将经济周期与投资波动和技术、制度创新联系了起来(Schumpeter,1934),其结果为突破性创新(青木昌彦,2005)。熊彼特式的松绑与再捆绑,从生产要素组合的观念扩展到博弈组合(捆绑)。通过松绑、再捆绑可以在实物资源存量不变的情况下,通过将这些实物资源重新组合为能提供更大价值的形式,从而达到更高的生活水平。如今的个人电脑与1982年的电脑在构成物质(钢、塑料、硅等)的数量上几乎相同,但是前者的运行速度是后者的数百倍,并比后者具有多得多的功能。这是由于将实物资源重新组合形成了新的形式。当今网络①的出现与广泛应用,也为这种松绑与再捆绑提供了很好的平台,大大提升了创新能力。

20世纪最后20年中,硅谷企业簇群的演化被认为是熊彼得式创新最引人注目的历史性例证。硅谷现象是一种系统现象,即它的出现不是一两个企业的成功,或者单个企业的内部创新造就的。构成这个系统的一方面是聚集在一起的创新企业,另一方面是各种中介机构,如风险投资者、相关的大公司和其他职业服务的提供者。创新本质上是一个自生自发的、具有历史依赖性的新生事物,它以一种全新的方式把工程师的设计活动和这些活动的结果在开发具有很高潜在商业价值的复杂技术系统中结合起来。创新的出现在很大程度上破坏了一个特定的组织域内排他性的开发技术系统的价值(青木昌彦,2005)。

---

① 网络,不仅仅包括物理空间上的网络,比如互联网络、电话网络;网络技术的开放互联性质,不受空间地理限制;缩短空间距离,从而扩大了企业经营活动的半径,打破了束缚着企业空间扩张的国家界限和约束。网络更包括组织结构上的网络体系,比如企业内部组织结构、企业集群的关系构架。网络体系有利于信息、技术、知识、资本等要素的传递与流动,便于组织内部知识的收集、传递、整合、决策。

重叠的社会嵌入和动态的互补,即非熊彼特式创新,借助于过去的创新发挥作用①,其结果是渐进性创新。在互补性机制或承继过去能力的环境下,类似于熊彼特式重新捆绑的重新连接注定会出现,并嵌入到永久性的社会准则中。但是,重叠性社会嵌入和动态的互补并不必然意味着一定会阻碍创新。相反,在一定的条件下,重叠性社会嵌入有助于过渡到新的创新,而动态的互补有助于新创新的演化。

所有的创新都能按照创新的规则进行划分,比较三个创新模式的特点如表8-1所示。

表8-1 比较三种不同创新模式之间的异同

创新的规则	非熊彼特式创新		熊彼特式创新
	重叠的社会嵌入	动态的互补	
对于风险的态度	风险规避	风险规避	风险偏好、宽容
竞争程度	无竞争	无竞争	竞争激烈
共享程度	不共享	不共享	共享
创新的动力	内生动力	外生动力	内生动力与外生动力
创新的结果	渐进性创新	渐进性创新	突破性创新
持续程度	内生持续	外生推动	可持续、长期性
风险性	低风险	低风险	高风险
成本	低成本	低成本	高成本
收益	低收益	低收益	高收益
创新的过程	集成创新	集成创新	模块创新
反应速度	慢	慢	快
创新时间	时间不变	时间不变	时间缩短

原域连接之后,将出现连接的动态变迁的均衡。捆绑式组织中的企业会根据其所在组织的网络优势带给自身的收益情况,选择松绑再捆绑,还是继续捆绑。不仅如此,在动态均衡的情况下,嵌入式组织与互补式组织也都会选择是否继续连接,还是解除连接。根据创新均衡的变迁,更进一步,青木昌彦把创新作为规则来区分创新模式:重叠的社会嵌入、动态的互补、松绑与捆绑的熊彼特式创新。

1. 重叠的社会嵌入:模仿创新

一般模仿企业的技术开发能力薄弱而制造能力相对较强,战略投资少,不进行新技术的研究与开发,而是靠购买专利技术进行仿制;获得技术的速度快,通过持续的工艺创新来降低生产成本和加快产品的商业化,从而避免新产品的市场和技术风险。这种战略与技术领先者相比,技术实力差距较大,难以与之直接竞争,因此在模仿基础上的创新,要提高模仿起点,行之有效的方式是模仿尚未市场化的创新科研成果。一旦组织中的嵌入企

---

① 青木昌彦:"熊彼特式的制度创新",《比较》,2005年第19期。

业因模仿而无法保证其生存,则重复的社会嵌入即停止。

2. 动态的互补:跟随创新

跟随企业一般在基础研究和开发技术方面的能力较弱,通过跟随同一产业主导企业开展相应的创新活动,依赖于企业外部的研究型大学和科研机构,以降低创新的风险和成本;其主导方式是跟踪市场领先者的研究成果来获取技术信息,对主导型企业的新技术和新产品加以选择、应用研究、改进和提高,缩短进入市场"时滞",并降低制造成本和扩展市场,把新产品生命周期中的成长期的新产品投入市场,迅速占领市场,以保持利润的长期最大化。在动态互补过程中,组织中的企业相互影响,一旦企业间互补性消失则解除互补连接。

3. 松绑再捆绑:领先创新

创新企业一般能重视基础研究,具有雄厚的研发和经济实力,以及快速反应和配合的能力,通过要素与生产不断松绑再捆绑进行知识创新,率先开发出新产品,降低创新风险,提高创新收益。创造市场并在一段时间内保持领先优势,取得较大的市场份额和较高的垄断利润。在长期市场竞争中提高企业的竞争优势,彻底摆脱市场被动者的地位,而不仅仅是短期的市场利润。如 GE、Dupont 和 Software 等跨国公司,每年用于研发的资金大约占企业销售收入的 10%。这种类型的研发战略属于创新型企业的典型。网络优势决定选择松绑再捆绑,还是继续捆绑。在动态情况下,捆绑式组织会根据内生合作动力与外生竞争动力模型选择动态均衡。因此,第 4、5、6 章将分别针对模块内、模块间、模块外的因素进行分析和研究。

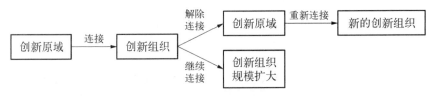

图 8-1 连接与解除连接

本章基于创新企业连接的创新组织,研究分析了连接方式的过程机制,以及其与创新选择之间的关系。连接并不是稳定的均衡,会出现动态选择"连接──继续连接",或者"连接──解除连接──重新连接",如图 8-1 所示。为了回答这个问题,我们将从空间角度入手,研究资本、人力资本与信息知识在变迁中的作用机制。在企业连接的过程中,资本、人力资本、信息知识等外生要素进入企业。在开放条件下,企业获取外生要素的方式不同也就区分了不同的"连接";外生要素的激励机制将会强化或弱化"连接",形成创新组织的"变迁"过程。

二、企业之间的连接

"产业集群"是一个"集合"概念,指由若干关联的创新原域所构成的集合体。创新原域是创新组织形成与发展的内核或者说是集聚胚。显然,一个孤立的创新原域不能构成创新组织,一群分散无关联的创新原域也不能构成创新组织。

创新组织产生新知识、新技术,并产生聚集功能,使得相关创新原域不断地连接,在连接过程中资本、人力资本、信息知识都在创新原域、创新组织内部与外部之间进行互动(如图8-2)。

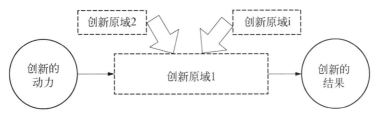

图8-2 创新原域之间的连接

例如,产业集群就是一种创新组织的形式。在附加值生产链中关联性很强的供应商、创新企业和知识中心,大学、研究所、知识密集型服务、中介组织,所形成的网络[①]。这些网络具有可支配的互补的能力,通过生产链和价值链相互关联,提高共同的生产工艺和终端产品或成果,在网络中集中参与创新和技术开发。除了美国硅谷之外,印度的班加罗尔(Bangalore)[②]主要集中研究和生产计算机软件,成为世界上一个重要的计算机软件生产、加工和出口基地。中国台北的新竹科技工业区也是成功的一例。

青木昌彦(2001)认为信息关联的一般模式,可以用嵌入、互补、捆绑等不同的连接方式将构成不同的组织结构。这三种基本组织形式决定了资本、人力资本、知识信息相互之间的关系,包括产生不同的信息传播路径。

1. 嵌入式组织结构

假定在单一封闭的经济交往域中,不能产生足够的剩余以支撑企业进行创新。但是,该企业可以与其他企业或者组织进行合作,以获取足够的社会剩余。有 m 个创新企业构成创新组织,创新组织中的一切管理活动均由企业决策机构直接指挥和管理。可以将创新企业的管理活动抽象为处理一系列的信息流 $I_i(i=1, 2, \cdots\cdots, n)$。每一个创新企业都对 I 进行信息处理,各自独立研发,产生各自的创新成本;创新组织的创新收益等于所有创新企业成果的加总。在这种情况下,由于非合作会破坏创新而被排除出组织,因此组织内部能实施合同(如图8-3)。

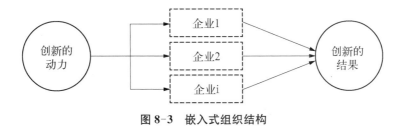

图8-3 嵌入式组织结构

---

① Den Hertog & M. Bergman, 2001.
② 案例综合自以下相关资料:陈剑锋、唐振鹏:"国外创新组织研究综述",《外国经济与管理》,2002年第8期;王缉慈:《创新的空间:创新原域创新组织与区域发展》,北京大学出版社,2001年。

嵌入式组织结构属于信息同化模式,参与企业同时监测信息、共享相关信息,就会出现系统性风险。所有单元根据一致的信息进行思路大致一致的创新。在垂直方向和水平方向共享信息和相互影响,以至于组织收益很难清晰分解到个人的贡献,参与人在积累和使用人力资产时会萌生"搭便车"的动机,治理的问题在于如何治理参与人的"搭便车"问题。

2. 互补式组织结构

多个职能部门处理同一个创新任务。创新组织由多个创新企业构成;每个企业有 m_i 个员工,每个企业的员工数不可能为0。创新企业把另一个企业中的剩余当作自身的参数,并在本企业中相应的选择其策略;反之亦然。整个创新组织中的各个企业产生各自的创新成本;创新组织的创新收益等于所有创新企业共同的成果。在这样的情况下,每个企业是相互依赖和相互增强的(如图8-4)。

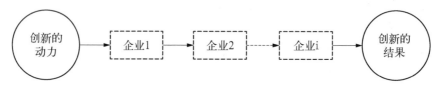

图8-4　互补式组织结构

互补式结构属于信息层级分解模式,对系统信息和环境信息的监测是一级一级传递下来的,下一层级以上一层级的信息作为自己的参数做出反应,而上一层级也会据此调整自己的行为。信息自上而下,信息的总量大大降低。

3. 捆绑式组织结构

创新组织对企业实行分权管理,将多个企业进行捆绑。在捆绑式组织结构形式下,将实现信息的共享。信息流 I_i 将根据产品或者地区加以分类,如属于企业1的信息将不会由企业2来处理,如此将减少组织的创新成本。对创新成果进行整合,创新成果等于所有创新小组成果的加总。这是一种捆绑的连接方式,具有网络特征(如图8-5)。

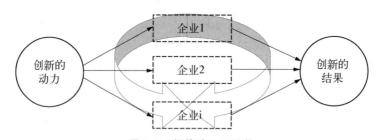

图8-5　捆绑式组织结构

捆绑式组织结构属于信息包裹模式,各自监测各自的信息,互相不相干,分别根据各自的信息独立开发进行创新,然后进行捆绑连接,这大大降低系统出错的风险。许诺与最成功的企业共享创新成果,形成一种类似锦标赛的局面,诱使各个企业能够做出更多的创新。在捆绑的情况下必须建立激励约束机制,既能避免创新偷懒,又能促进信息共享和新的创新。

捆绑式组织结构具有网络特征,具备了其他组织形式所没有的优势,它既包含要素机制的作用,又有相对稳定的创新企业间的契约关系,对经济效率的提升有积极的作用。如果将创新组织视为网络,将创新企业视为对各创新组织网络进行选择的新企业,那么存在的网络效应就会让捆绑式结构具有不同的其他组织结构的特点。所谓网络效应①,根据夏皮罗(1985)的定义,是指网络中存在着网络价值随着网络规模的增大而增大的现象。因此,创新组织结构的演化不是偶然的,而是有其内在必然性的。

可见,基于信息模式,不同的连接方式形成不同的组织结构,接下来我们就要研究组织结构在创新中的特征。

三、从企业到产业的变迁

基于模块理论,可以将企业、生产环节、制造业价值链、产业组织理解为企业、组织、连接及其变迁。

1. 捆绑式组织连接之初

熊彼特将企业作为社会经济的根本动力,从这一角度看,产业组织也是企业获得最优利润的结果。企业谋取最优利润的行为导致了企业创新,正是这种创新才会形成分工,并最终将产品的市场实现由一种企业行为演化为一种产业行为。

当分工实现后,企业的经济行为促成了产业组织的发展变化。产业的概念是从产品出发的,其基本经济学原则是产品只有通过市场实现其价值才能称其为商品。产业可定义为为实现产品的结构功能而进行经济活动的所有企业。企业是产业中的一个基本单位。

众多独立的企业组成产业,而这些企业的产品与服务实现了产业之间的分工与合作。产业的结构是动态的,产业在变化过程中会形成一定的企业之间相互关联的静态结构形式,本书将这种结构形式形成的过程称为组织,将形成的结构形态称为组织形式。(如图8-6)

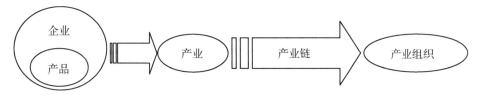

图8-6 产业组织与产业

在产业组织中存在一定的产业组织构架。当产业仅以一个企业的形式存在时,所谓的产业组织实际上仅仅是企业的治理机制,产业链也仅仅是企业内部价值链的结构。这时,针对产业的研究将在企业内部进行。产业组织在生产过程中,为了降低产业链各环节之间的交易费用,产业链往往存在产品生产的统一标准,这个标准限定了各环节产品的性

---

① 网络效应并非什么新鲜事物:历史上出现过的一些著名例子,包括铁路系统、电话网络和州际公路网。近期的例子包括信用卡网络、自动取款机网络、传真机、调制解调器、互联网和电脑软件等。

质,甚至生产工序。同一市场上,假定产业内同一市场上的产品同质,这个假设对于企业数量与市场结构都没有作出规定。

在大规模工业企业中形成生产分工,工序被分解成数个子工序。子工序的产品作为最终产品的原料存在,工序之间存在的由产品之间联系表现的形如链状的关系,称之为价值链(Value Chain)。分工带来产品生产厂区甚至企业的分离,最终产品与其零部件之间的联系从同一条生产线向不同生产线、不同厂区、不同企业甚至不同国家转化。产品的生产需要经过更多的环节,每一个环节可能由一个或者多个企业(甚至是企业群)组成,各环节之间由相对独立的市场连接。价值链的构成与地理距离都被拉长。这时,同一产业内不再是由同一产品构成,但不同产品之间仍然以链的形式相互连接,形成产业链。产业组织的形式是指产业链的结构以及产业链各环节之间的关系。产业链的结构包括产业链的长度,以及各环节在链中的地位。产业组织的规律实质上就是产业链结构形式的规律。

2. 形成捆绑式创新组织

由于创新组织网络效应的存在,对于已形成一定网络优势的创新组织来说,可以提高本组织的开放程度,实现与其他创新组织网络的连接,或者提高本组织的网络强度,提升对于其他创新企业的吸引力。如果能够维持良好的组织发展趋势,在一定程度上可以弥补资源成本较高的缺陷。创新组织网络结构的正反馈机制将产生吸引力,捆绑形成更大的创新组织,将导致一个稳定的长期均衡。

产业组织创新的过程中,网络外部性(Ecnomides, 1993; Katz & Shapiro, 1985)的成本递减与风险递减。同时,从生产方面看,分工降低了协调成本,达到规模生产(Romer, 1987、1989、1990; S. Becker & Murphy, 1992)和收益递增。因此,在产业组织中,收益递增、成本递减、风险递减为实现"毁灭性创造"提供了可能性。此时,创新从一个偶然的、路径依赖的过程开始转变为必然的过程。

产业集群是一种综合性的网络(如图 8-7),即共享特定的自然资源,并根植于共同的社会文化背景之中的几大行为主体(供应商、企业、创新企业、大学和研究机构、中介机构和政府等)构成的动态网络。该网络中存在着不同行为主体之间垂直或水平链条上的联系以及知识、信息和人员持续的流动。

3. 继续"捆绑",还是解散"捆绑"

在存在创新组织网络效应时,赢得第一次的组织竞争使得对外部创新企业更具吸引力。创新组织的规模随着外生的相对成本优势与内生的网络优势的增加而增加。所以,创新组织对较早吸引企业进入的补贴与激励,使得组织所获得的动态的、长期的效果可能超出其直接的经济效果,提升以后的组织吸引力。当然这也可能会引起组织之间的恶性竞争。这只是变迁的起点。

对网络优势欠缺的创新组织来说,并不能获取产生更多的突破性创新。因此一段时间后,组织内的企业将重新分拆,解除连接,进入其他创新组织,进行再次捆绑,形成新的均衡:松绑再捆绑。在缺乏其他更具优势的组织时,被解散的原域甚至会选择以嵌入或互补的方式与其他原域或组织连接,产生稳定的渐进性创新,这即是另

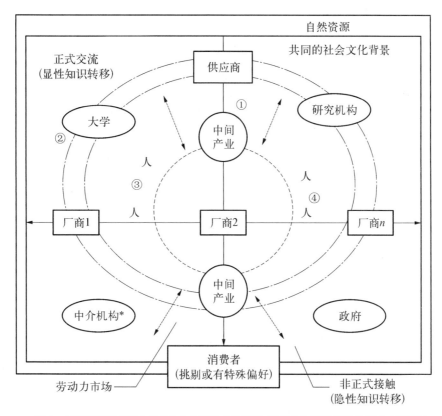

其中：①表示垂直方向上的专业化分工形成供应链；②表示知识流或信息流（包括显性知识和隐性知识）；③表示掌握专业技能的人员的流动，形成共同的劳动力市场，同时通过非正式交流促进了隐性知识的传播；④表示水平方向上生产相同或相似产品厂商之间的合作与竞争，形成产品差异化。*中介机构包括银行、会计公司、咨询公司、营销或广告机构以及小企业中心等。

图8-7 产业集群：一个综合性网络

一种均衡。

例如，硅谷模式就是通过模块化将任务进行分割，然后通过锦标赛制度与声誉制度进行激励与约束，最后通过风险资本将模块进行整合，这样的过程大大降低了创新的风险，促进了突破性的创新（青木昌彦，2005）。

四、具有网络特征的捆绑式创新组织

新古典模型无法涵盖不同创新企业之间日益增长的复杂性关系，尤其是具有网络特征的捆绑式组织结构。

从网络的视角来看，国家、区域、企业等组织的运作是由不同创新企业之间的整合来解释的，关注的仍然是新古典模型中纳入生产函数的四个变量：创新产品或成果、人力资本、资本和知识信息。

实际上，创新企业是相互联系着的，是一种介于创新企业和社会域之间的组织形式——创新组织网络，必须将模型扩展到互动的网络研究中去。

创新组织网络的组织结构,包含了垂直关系(Vertical Relationship)和水平关系(Horizontal Relationship)。前者垂直关系衡量了产业链上的分工程度,稳定的垂直关系能够有效降低信息和交流的成本,以及伴随着新产品或成果的推介和创新的产业化的风险(Ernst, Mytelka & Ganiatsos, 1998)。垂直方向上的专业化分工形成供应链,通过区域合作或者内部合作,形成产业链,形成范围效应,促进创新组织的发展。后者水平关系衡量创新组织内部相同或共享技术基础的相关产业创新企业的多样化程度,良好的水平合作关系通过降低交易费用、加速问题的解决和市场的进入,能够产生合作效率(Collective Efficiencies)(Schmitz, 1997)。和前者相关的概念是马歇尔外部性(Marshall Externalities),即产业专业化的程度;和后者相关的概念是雅各布思外部性(Jocobs Externalities),即产业多样性。水平方向上生产相同或相似产品或成果创新企业之间的合作与竞争,形成产品或成果差异化。促进技术变革,进行内生的技术研究与开发,以及外生的引进技术与技术传播;吸引创新组织外部的创新企业进入或者创新组织内部创新企业进行衍生,扩大创新组织的规模效应。

捆绑式组织结构,具有网络特征,具备了其他组织形式所没有的优势,它既包含要素机制的作用,又有相对稳定的创新企业间的契约关系;对经济效率的提升有积极的作用。如果将创新组织视为网络,将创新企业视为对各创新组织网络进行选择的"新企业",那么存在的网络效应就会让捆绑式结构具有不同的其他组织结构的特点。

1. 促进了分工和专业化的发展

捆绑式组织是为了共同的目标而紧密联系在一起的创新企业群。在捆绑式组织内部,作为组织成员的创新企业各有其特定的分工,网络利用其特有的价值整合功能,使得网络组织最终所实现的价值,大于各个创新企业独立创造的价值之和,而其中的超额价值部分,则由网络组织成员所共享。这就使得网络成员能够专心在各自的专业领域,不断改进技术水平和生产方式,提高经济效率。

更重要的是,网络组织在分工的过程中降低了企业在创新过程中资本的试错成本与融资成本。

在资本数量充裕可以分拆的前提下,捆绑式结构降低资本投入的可变投入,增大资本投入率,促进选择高风险创新。

例如,大国比小国更容易实现捆绑式组织结构,实现信息包裹模式,因为有足够的资源可以分拆为不同的创新企业,以便同时对信息进行检测、分析与创新。

2. 降低了交易成本

创新组织中的交易成本[①]包括了那些可以通过创新组织化存在减少或降低而又不属于生产成本的成本,包括信息成本与物流成本。严格而言,运输成本或范围更大的物流成

---

① "交易成本"这个概念最早由科斯将其纳入经济学分析中。其实,科斯对交易成本并没下过严格的定义,仅指出其基本内容为:"使用价格机制(市场)是有成本的。通过价格机制'组织'生产的最明显的成本就是所有发现有关价格的成本。"张五常教授对交易成本的解释是:"一系列制度成本、包括信息成本、监督管理成本和制度结构变化的成本。简言之,包括一切不直接发生在物质生产过程中的成本。"

本应该属于直接物质生产过程的成本,但在本书中也被纳入交易成本的框架下一并分析。人力资本、资本、知识信息在进入创新企业的过程中,如果按照在生产过程中的作用,交易成本可以概括为如表 8-2 所示。

表 8-2　要素在创新组织中创新的交易成本变化

	资　　本	人力资本	信　息　知　识
达成交易/合同的交易	降低单次谈判签约成本、谈判签约数量、仓储成本①、运输成本②	降低移动成本③	降低信息不对称产生信息获得/搜集费用④、提高组织内部降低要素的流动速度
管理和代理	组织结构⑤会增加管理成本和委托-代理理论中的代理人成本。降低监督成本⑥		
进入—退出	资本专用性⑦	降低了机会成本⑧	

创新企业只有采取分工,通过建构新的组织结构进入新的资源空间,才能减少组织结构熵,克服组织结构对组织系统演进的阻碍,向有序化方向发展,降低交易成本,减少资本占用时间,偏向选择高风险项目。

通过数学模型的分析可知,随着组织的发展,创新组织由小到大的发展过程,其组织结构的演进是从简单到复杂。用捆绑式组织形式,可以将经常性交易对象组织起来,建立长期的信任和合作关系,在此基础上对网络成员之间的相互交换关系进行管理,有助于降低契约谈判费用,简化冲突的协调过程,增加关系性专用资产投资,最终降低总体交易成本。

---

①　为了保持其生产过程的连续性,特别防止停工待料等意外而造成的停工待料损失,需要备有库房,存放部分备用的原材料和零部件,产生了仓储成本(包括库房租金、电力、动力和搬运原材料、零部件进出仓库时所需的劳动费用)。

②　波特(Porter)所指创新原域邻近供应商所节约的运输成本和克鲁格曼(Krugman)所指创新原域邻近新原域所节约的运输成本。

③　由于人力资本的语言、技术水平、习俗文化等差异而导致的交易成本。

④　"一方为了获得对方同等的信息量的费用是非常高的。"(Williamson, 1975)

⑤　创新原域规模较小、等级较少、指挥链较短,有助于解决管理成本和代理人成本问题。

⑥　长期合作关系和地域上的邻近性减少信息不对称现象的发生,例如美国硅谷风险投资商与创新原域之间的地域邻近性。

⑦　在创新过程中由于行业、技术等限制,而使得生产过程中存在一定的沉淀成本(Sunk Cost)。由于一些创新组织已存在一些现成的基础设施、支撑产业、专业生产设备、专门技术人才,甚至现成的顾客群体和市场信息,因此新创创新原域或新进入创新原域所面临的进入成本较低,同时由于这些创新组织内有大量的生产类似产品或成果或使用类似技术的创新原域。因此,专有设备较易转手加上群内为生产性服务的金融与咨询等服务业较为配套,市场发育相对健全,创新原域可以通过产权交易或创新原域并购的形式退出产业,使创新原域的退出成本大大降低。

⑧　减少机会主义行为的发生,需求方很容易对供给方的生产过程进行检验,在发现不良产品或成果时,需求方也能够在较短的时间内获得补救。

3. 有助于优化资源配置

组织结构还会形成外部规模经济①与外部范围经济②，以及形成正的外部性③。

捆绑式组织结构具有外部规模经济与外部范围经济，产生正的外部性，提高信息投入率，促进高风险创新。

由以上分析可以看出，捆绑式创新组织的网络特征具有促进专业分工、降低交易成本、优化资源配置的作用。捆绑式连接的情况下，原本在封闭条件下不具有突破性创新条件的企业，也能够提高要素投入率，选择高风险创新项目。

接下来，将基于捆绑式组织的网络特征，研究其连接及变迁的发展轨迹与规律。聚焦于创新组织内部合作，以及创新组织外部竞争。

8.2 微笑曲线的动态价值链

基于产业链的微笑曲线，描述一个产业的投入产出过程是产业价值增值的过程。典型的产业价值链分为七个环节：信息收集和分类、研究和开发、适量生产、生产试销、引进、装配和市场开发。

一、经典微笑曲线理论

经典的微笑曲线理论，认为不同的生产环节中所需要生产要素也是不同的。价值链的中下游偏向于劳动密集型倾向，价值链的上游则偏向于资金或知识密集型的倾向。

不同的生产环节中的价值增量差异更大。研发、设计、技术、专利等设计开放环节，以及品牌、营销等营销服务环节的价值链两端附加值高，而组装、制造的生产制造环节处于价值链中间附加值低。这就是经典的企业竞争战略——微笑曲线（施振荣，2005）。微笑曲线

---

① 外部规模经济，是指整个创新组织发展规模的扩大，给创新组织内单个创新原域带来的降低成本、提升利润的好处。假设创新组织 1 和创新原域 M，$C_1(M)$ 表示创新原域 M 在创新组织 1 组织生产所耗费的成本。当创新原域数量增加 n 倍，外部规模经济表现为：$C_1(nM) < nC_1(M)$。

② 外部范围经济，是指两种创新原域集中在同一创新组织中进行创新的成本，低于分散在两个不同创新组织中进行创新的成本所产生的经济性。假设创新组织 1 和创新组织 2，创新原域 M 和 N，$C_1(M)$ 表示创新原域 M 在创新组织 1 组织生产所耗费的成本，$C_2(N)$ 表示创新原域 N 在创新组织 2 组织生产所耗费的成本。外部范围经济表现为：$C_1(M, N) < C_1(M) + C_2(N)$ 或 $C_2(M, N) < C_1(M) + C_2(N)$。

③ 正的外部性，是指经济主体（个人或创新原域）生产或消费活动受到其他经济主体活动的直接影响，使其生产函数或消费函数之值发生了改变。因此，生产或消费之决定受到其他经济主体活动的影响，甚至其他主体经济活动成为其决策函数之变数。外部性的概念强调了创新组织中创新原域之间的联系，例如垂直分离型的创新组织中很多小创新原域正是依靠大创新原域溢出的知识、技术、人才等正的外部性生存。克鲁格曼对马歇尔式的外部经济的归纳，劳动力市场共享、多种类低成本的中间产品或成果供应和技术外溢，其实均可视为创新组织产生的正的外部性。正是为了分享这种正的外部性使得大量的创新原域被吸引到特定创新组织聚集。

是价值曲线,中间价值低,两端价值高。

为什么会产生微笑曲线?不同学者的视角不同,大部分观点都认为是附加值差异所引起的。附加值的差异源自生产要素回报率的差异以及市场结构的差异。

生产要素回报率的差异,直接影响不同生产环节的附加值,乃至收益。

不同的生产环节种的市场结构也是不同的。微笑曲线中间生产制造环节所面临的市场结构是完全竞争的市场环境,因此获得的只有低附加值的平均市场利润。微笑曲线的两端设计开发和营销服务市场面临的是市场结构是有差异的垄断竞争或寡头垄断甚至是完全垄断市场结构,因此就能够获得超额垄断利润。

因此,可以将三个生产环节的特点总结如表8-3所示。

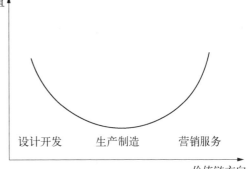

图 8-8 生产链的微笑曲线

表 8-3 三大生产环节的特征

价值链环节	设 计 开 发	生 产 制 造	营 销 服 务
	研发、设计、技术、专利	组装、制造	品牌、营销
附加值	高	低	高
市场结构	可以获得超额利润	仅获得市场平均利润	可以获得超额利润
要素结构	人力资本、资本	熟练劳动力	资本、人力资本
创新方法与创新结果	突破性创新	渐进性创新	突破性/渐进性创新

二、价值链升级理论

关于价值链升级理论(陈柳钦,2009;池仁勇等,2006;张辉,2004,2006),Kaplinsky(2000)认为升级就是制造更好的产品,更有效率地制造产品或者从事需要更多技能的活动。在此基础上,Humphrey 和 Schmitz(2000)认为全球价值链中的产业升级有四种模式:工艺流程升级(Processupgrading)、产品升级(Productupgrading)、功能升级(Functionalupgrading)和链条升级(Chainupgrading)。

表 8-4 产业升级的定义比较

升级模式	实 践 形 式	案 例
工艺流程升级	通过整合生产系统或引进先进技术,提高价值链中的加工流程的效率	委托组装(OEA) 委托加工(OEM)

(续表)

升级模式	实 践 形 式	案 例
产品升级	通过引进新产品或改进已有产品,增加产品的附加值	自主设计和加工(ODM) 联合研发(JDM)
功能升级	重新组合价值链中的环节,以提高经济活动的附加值。获得新的功能或放弃已有的功能可增加经济活动的技术含量,改变企业在产品价值链中所处的位置	自主品牌生产(OBM)
链条升级	从一条价值链跨越到一条新的价值量高的相关产业的价值链,企业把在一个产业获得的能力应用到另一个新的产业,或转向一个新的全球价值链	链条转换

基于微笑曲线,根据产业升级的实践形式,可以将产业升级区分为四类。

第一类,工艺升级。一般而言,进入一个新的产业,往往从微笑曲线中间段熟练劳动力密集投入的生产制造环节入手。在这一阶段的创新,表现为工艺流程升级,称之为制造环节深化。

第二、三类,产品升级或功能升级。为了能够获取更多的利润,生产环节向两端延伸拓展或者转移。将设计开发环节纳入生产中,即可以实现产品升级。而向营销服务环节延伸,则可以实现功能升级。依循产业链的升级,所面临的问题是,如何挑战已有竞争者。

第四类,链条升级。更进一步,价值链可以整体上移,提升到一个新的价值水平,也就是(产业)"链条升级"或者产业(链条)升级。

产业链条升级后,如果仍然处于生产制造环节,尽管还是可以获得更多的利润,依然是平均理论,无法获得超额利润。这时可以认为处于一种产业链陷阱的状态。

如果这个新产业中暂时没有垄断者,那么新进入这完全有可能直接进入设计开发和营销服务等高附加值的环节中去。所面临的问题是,如何进入以及保持新获得的竞争地位。

按照价值链,梳理从传统产业升级到新兴战略产业的路径,分为制造环节深化、产业链内部、产业链间升级,以及产业升级陷阱等四种情况。

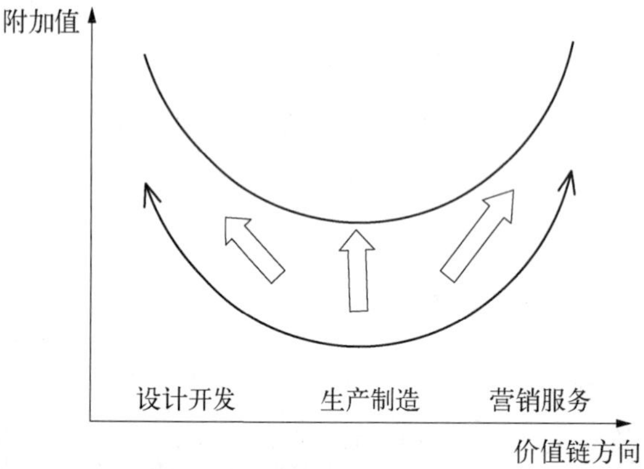

第一种,制造环节深化,即表明在某一产业链环节上进行革新创新,没有出现产业链位置的移动,属于产业链环节深化型创新。

第二种,产业链内部,即在同一条产业链内部进行前向或后向移动,产业链延伸或缩短或位移,出现位置的变化。

第三种,产业链间升级,即不同产业链之间的变动,产业链本身出现变动,放弃原先的产业链,从事一种的全新的产业链生产。

图 8-9 微笑曲线上的产业升级

第四种,产业升级陷阱,即不同产业链的同一生产环节,尽管身处产业不同,但是由于产业链位置没有发生变化,因此附加值也不会增加。

根据产业链升级的类型,可以从生产链、生产环节、模块机制、利润水平、生产过程等角度区分不同类型的产业链升级模式。

表8-5 从传统产业到新兴战略产业的升级路径

	生产链	生产环节	模块机制	利润水平	生产过程
制造环节深化	同一生产链	同一生产环节内	深化	提高平均利润/获得垄断利润	工艺流程升级
产业链内升级	同一产业链	不同生产环节	竞争与兼容	获得垄断利润	产品升级、功能升级
产业链间升级	不同产业链	更高端生产环节	进入与维持	获得垄断利润	链条升级
产业升级陷阱	不同产业链	同一环节	兼容	依旧获得平均利润	产品升级、功能升级

进一步,按照创新的定义,重新整理产业升级的概念,从模块结构角度理解产业结构升级为新兴战略产业的动力、过程、结果以及规则(见表8-6)。

表8-6 产业升级创新的动力、过程、结果与规则

	创新的动力	过程	结果	规则
制造环节深化	提高利润,内生动力	集成创新	渐进性创新	重叠的社会嵌入
产业链内升级	获得超额利润,内生或外生动力	集成创新	渐进性创新	动态的互补
产业链间升级	获得超额利润、占据整个产业链,内生或外生动力	模块创新	突破性创新	熊彼特式创新
产业升级陷阱	获得平均利润	集成创新	渐进性创新	动态的互补

通过创新推动新兴战略产业,有两种途径:一是依循产业链的产业链升级,向微笑曲线的两端进行延伸拓展;二是突破原有产业链寻找新的产业增长点,寻找到全新的产业,形成产业升级。

8.3 新兴战略产业集群创新

战略性新兴产业是"以重大技术突破和重大发展需求为基础,对经济社会全局和长远发展具有重大引领带动作用,知识技术密集、物质资源消耗少、成长潜力大、综合效益好的产业"。新兴战略产业集群,是指先导性技术促成的大量关联密切的先导技术型企业与相关中介机构、大学等不同群落在一定地域范围内集聚,从而形成的产业体系健全且灵活、充满创新活力的有机体。新兴战略产业集群是综合的,有着复杂的空间组织形态,是一种较为繁复的产业组织网络,主要表现在成员的异质性及其数量与地位的不同。

从纵向来看,集群中的成员有产业链的上游企业、中游企业和下游企业。从横向来看,产业区内的成员有与产业相关的竞争企业和互补企业。从环境来看,整个产业集群的成员还包括为产业服务的金融机构、中介机构、行业协会和政府部门等。每个企业在产业网络中的地位是不同的,核心企业或骨干企业在对整个产业区的稳定和发展演化中的地位至关重要。

一、新兴战略产业集群特点

从本质特征上看,新兴战略产业的一个突出特点就是新兴科技和新兴产业的深度融合,因此与传统的产业集群相比较,新兴战略产业集群有以下五个特征。

第一,核心技术的独创性。新兴战略产业的竞争核心是关键技术的竞争。战略性新兴产业集群往往是那些刚刚萌芽的高端技术企业集群,这些企业掌握着核心技术,所缺乏的只是产业化与市场化的时间和相关的管理经验。

第二,发展不确定性。新兴战略产业在产品研发、社会认同以及市场包容性等方面有明显的高投入高风险特征,而这种不确定性很有可能会降低企业在进行技术创新投资方面的积极性。

第三,知识溢出性。由于地理接近,企业间密切合作,某一家企业的知识创新很容易外溢到集群内的其他企业,这有利于新技术、新观念和新知识的传播,促进知识和技术的转移扩散。知识溢出效应有利于增强集群内企业的研究和创新能力,降低创新成本。此外,由于集群内核心或龙头企业的示范和辐射作用,能够吸引更多的新企业及相关支持机构的加入,实现范围经济。

第四,专业协作的网络性。局域网与互联网是产业集群内部进行信息流、资金流、物流等各种信息沟通与互换的重要平台。

第五,产业放大性。集群内企业的竞争自我强化机制将在集群内形成优胜劣汰的自然选择机制,刺激企业创新和企业衍生,引导企业实现稀缺资源的最佳配置。集群内既有竞争,又有合作竞争机制,其带来的规模经济效应是单个企业无法比拟的,具有产业放大作用。另外,由于集群地理集聚这一特征,公共物品可以在集群内共享,提高了资源在集群内的使用效率,而通过发挥集群内企业的整体力量,利用群体效应,更容易形成区位品牌,从而使集群内每个企业都受益。

二、产业集群的集群模块理论

1. 内部结构

讨论产业集群的内部结构,大致可以从集群内的企业规模、企业行业的分布、产业链的分布、企业之间的关联等方面来分析。根据产业集群中聚集的企业的规模大小以及相互之间关联程度高低,产业集群的内部结构基本上有以下三种模式。

(1) 网络式的内部结构,类似于荷兰经济学家彼得·克劳格瑞等(Knorringa, Stamer, 1998)提出的意大利式产业集群。网络式内部结构意味着集群中聚集着大量同一产业的中小企业,没有占核心主导地位的大企业存在。这些企业之间产业联系密切,相互关联程度高,形成一种网络状合作系统,自成一个生产—消费体系。企业是按产品的生产链分布,产品链上游企业所生产的产品供中间产品的企业所消费,依次延伸到产业链末端的下游企业(如图 8-10)。

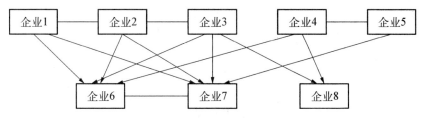

图 8-10　网络式的内部结构示意图

(2) 层级式的内部结构就是某产业的产业集群内存在至少一个占核心主导地位的大型企业,这些占中心地位的大企业往往掌握着核心技术、资金和服务等,而它又吸引了众多的中小企业围绕其周边,集群中有明显的等级制度。这种模式类似于马库森(Markusen,1994,1996)所认为的轮轴式产业集群。马库森还认为,该种模式中的大型企业除了掌握重要资源之外,外围还有许多供应商与之形成紧密的合作关系,政府在其中也起重要作用。该集群中,大多数中小企业完成的主要是专业化零部件生产与配套,多处于价值链末端,表现出对大型企业的一种依附从属关系。核心企业则承担着市场网络塑造者的角色。

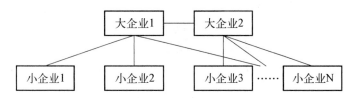

图 8-11　层级式的内部结构示意图

(3) 卫星式的内部结构意味着集群内部的企业呈现出关联度低、合作较少的特征,多由本地或者外部大型企业投资于当地而形成的。这种模式的产业集群的作用相当于是仅仅提供了一个聚集的平台,企业在此聚集可能大多是由于当地廉价劳动力等这样的原因,或者是因为当地政府在此处提供了优惠政策以及其他的基础设施服务,所以这样的集群内聚集的企业呈现出行业多样化的特征。集群内的企业彼此之间并无太多的关联,而核心企业是位于集群的外部,却控制着集群内企业的决策。例如我国的有些高新技术产业开发区,区内企业的产业联系较少,只是地理上集中于某一区域及产业平台而已。

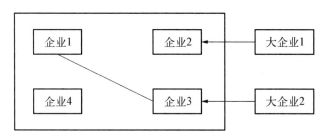

图 8-12　卫星式的内部结构示意图

因此,新兴战略产业集群的内部结构,由于产业的差异,并没有统一的形式。现实中的产业集群结构大多是来自上述三种模式的变形。我们可以用表8-7来描述新兴战略产业集群内部结构的这三种模式。

表8-7 三种内部结构比较

	网络式	层级式	卫星式
企业规模	中小企业为主	大型企业为主导;大量中小企业	中小企业为主
有无核心大企业	无	有,并在集群内	核心企业在集群外
集群内行业分布	专业性强	专业性强	行业呈现多样化
企业关联性	强,合作网络	层级关系明显	较弱
主要特点	竞争激烈,创新潜力大	整个集群依赖大企业经营绩效	依赖外部企业,技术诀窍有限

2. 组织方式

对于新兴战略产业集群的组织方式,我们着重考量的是政府在其中发挥的作用,即政府是以一种怎样的姿态去管理。地方政府和地方性的经济发展机构作为新兴战略产业集群所在地的基础服务与制度的提供者,对新兴战略产业集群的发展起着积极的作用。它们可以创造有利于产业集群的区域性经济与创新环境,提供市场交易的协调与保障机制,为企业提供新的发展方向,并激发创新性战略的调整。

在缺乏制度支持的条件下,企业间缺乏基于共同利益的正式联系,很可能成为竞争对手的成员之间很难建立共同目标,也很难有效地规制企业间的不正当或者过激的竞争行为。此时,企业若能参与到与其最终产品市场相关的协会,或者是与其自身技术有关的协会,就能够敏感地察觉到发展企业关系网络所带来的市场机会,并学到相关的专业知识。若有地方性协会与论坛,通过区域内的非正式联系网络,实现相互认同,并提供市场、技术、资金与信息,激励成员间的合作。

(1)外围管理式,政府与产业集群的关系是疏离的,政府更多地表现出一种"局外人"的身份。政府为新兴战略产业集群搭建起一个平台,并直接管理该集群的运行,对集群内的企业实行服务性的管理,并且与整个集群的利益是相分离的。这种的模式的优点在于,政府能为企业提供有力的市场及创新环境,而且由于利益分离,政府本身不会因为市场利益驱动而干预集群的发展。地方政府可以通过发放补助金、投资税收减免、制度保护等方式来发展当地的产业集群。

(2)融入式的组织方式,政府不是以"局外人",而是以"参与者"的形式加入产业集群,成为集群中的一部分,从内部实行组织管理。这种模式的优势在于,政府作为组织内部的一员,容易与企业达成共同目标,其利益相关性能促使集群朝着有利的方向发展。缺陷在于,政府如若参与进来,能否保证不滥用其行政手段来获得超额利益(如图8-14)。

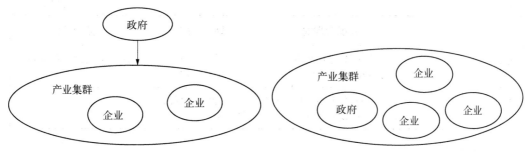

图 8-13　外围管理式的组织方式示意图　　　　图 8-14　融入式的组织方式示意图

(3) 抽离式组织方式,初期由政府为当地的新兴战略产业集群搭建好一个平台,然后政府撤出管理,整个集群可以交由一个第三方或者独立的中间性组织,类似于管委会来进行实际的管理服务工作。由于产业集群是介于市场、企业和政府间的载体,如果有独立的中间性组织,则能形成自立的企业、独立的中间性组织、服务性的政府三者之间的相互合作的治理格局。中间性组织通过博弈获取独立决策的权力,能促进市场体制的完善,促进地方政府对产业集群从统治转向治理,从而形成企业、中间性组织和政府间的平等竞争、合作协商、利益协调得到产业集群组织治理机制(如图 8-15)。

图 8-15　抽离式的组织方式示意图

因此,从 20 世纪 80 年代产业集群被证明是有效的区域经济组织模式以来,中国地方政府把集群开发和开发区建设作为发展地方经济的重要抓手。在市场经济转型的浪潮中,地方政府客观上已逐步演变成一个具有相对独立的利益结构的行为主体。政府作为公众利益的代理人,不应该有自身效用的目标,但政府自利性的存在是一个不能否认的事实,地方政府在经济发展中的行为有明显的自利特征:一方面负责经营辖区内的各种资源,尤其是土地和公共产品,与其他地方政府展开竞争;另一方面与本地企业结成利益共同体,成为企业的经纪人和代理人。我们可以通过表 8-8 归纳上述三种组织方式的各自特点。

表 8-8　三种组织方式比较

	外围管理式	融入式	抽离式
政府的角色	服务提供者	参与者	建立者
与集群内企业利益的关联性	利益分离	利益相关	无直接利益关系

(续表)

	外围管理式	融入式	抽离式
优点	公平公正地提供服务，没有市场逐利性	与企业达成共同目标，有利于集群发展	拥有中间组织者协调
缺点	可能存在政府过度干预，阻碍集群发展	政府自利性动机导致的逐利行为	

3. 运作特点

由于新兴战略产业是建立在重大前沿科技突破的基础上的，科学知识和先进技术的结合与传播十分重要，因此不得不提到大学和科研机构在其中的支持者的角色。在产业集群内，企业和大学的联系沟通了先进技术的传播渠道，这些先进技术可以通过校企合作，即所说的产学研实现商业化，也可能通过大学教职工或学生进行传播，或者大学直接作为集群企业产生的孵化器，更多的是大学向集群内企业源源不断地输送高水平的人力资源。新兴战略产业集群的运作特点，关注的主要是集群内的企业如何获取集群内的各类资源的途径。由于新兴战略产业的独特性，重点探讨的是企业如何获得土地、人才、技术和其他服务。

企业获得土地的方式，主要有三种：一是租赁的方式；二是土地买卖的方式；三是以股权的方式。人才方面主要考量某产业集群内是否建有人才市场，集群内企业之间是否有人才的流动等。技术方面则看产业集群内部是否有技术交易以及技术平台，技术产业化的路径是研究成果直接引入市场来建立新企业，还是通过产学研合作实现研究成果产业化转移。

最后，集群中的其他服务包括中介服务、融资服务、生活服务、政府服务等。中介机构主要是指会计师事务所、律师事务所、咨询服务机构、各类代办机构等。融资机构主要指银行、保险公司、担保企业、产权交易机构等。政府服务主要是指社保体系、地方品牌宣传、行政效率等。

总之，将上述的内容做一个归纳（见表8-9），在随后的案例分析部分，将按照这几个方面，来进行不同的产业集群间的对比。在此研究基础上，提出产业集群发展过程中，金融服务业为实体产业服务，贸易服务业提升产业竞争力，从而达到产业发展推动金融发展的目的。

表8-9 内部结构、组织方式和运作特点的类型

内部结构		网络式、层级式、卫星式
组织方式		外围管理式、融入式、抽离式
运作特点	土地	租赁、买卖、入股
	人才	是否流动、是否有人才市场
	技术	是否有交易平台、大学和科研机构
	其他服务	中介、融资、生活、政府服务

[参考阅读]

1. 王缉慈：《创新的空间：创新原域创新组织与区域发展》，北京大学出版社，2001年。
2. 王缉慈：《超越集群——中国产业集群的理论探索》，科学出版社，2018年。

[思考题]

1. 什么是产业集群？
2. 新兴战略产业集群的特点与运作机制是什么？

第 9 章 创新的国家

[本章主要内容]

本章将国家视为创新的模块,理解国家内部与国家之间的连接,在阅读书目的基础上,讨论创新的体系环境,通过模块的连接、嵌入与整合,形成市场与层级制,构建国家创新体系,并进行创新政策、国家竞争战略的国际比较。

9.1 国家创新体系

在开放条件下如何实现熊彼特式创新的途径。创新是熊彼特的经济理论的核心概念。熊彼特提出,所谓创新就是建立一种全新的生产函数,也就是说,把一种以前从来没有过的,关于生产要素和生产条件的"新组合"引入生产体系①。这种新组合包括五种情况②。熊彼特式创新是经济变动的一种形式或方法,"它从来不是,也永远不可能是静止的"。它本身将"不断地从内部革新经济结构,即不断地破旧的,不断创造新的结构",是一种"创造性毁灭过程"③,又可称为"产业变异"(Industrial Mutation)。在熊彼特看来,创新的手段是"毁灭"旧组合,产生"破坏旧的新力量",其结果是"创新"新组合,成功的创新将会打破旧的、低效的工艺与产品。因此,熊彼特式创新强调的是"旧组合——→分拆——→新组合"的过程与规则,而不是单纯地强调其"毁灭性创新"式的突破性结果。

一、原域的连接与变迁

按照"原域—组织域—社会域"的逻辑,建立国家创新的研究框架。为了简化讨论,我

---

① 约瑟夫·熊彼特:《经济发展理论》,何畏等译,商务印书馆,1997 年,第 73—74 页。
② (1) 产品创新,是指创造一种产品的新特性,或创造一种新产品;(2) 工艺创新,是指采用一种新方法,这种新的方法不仅是采取新的科学技术,即不一定非要建立在科学的新发展基础之上,它还可以是以新的商业方式来处理某种产品;(3) 市场创新,是指开辟一个新的市场,这个市场可以是新出现的,也可以是以前存在但并未开发进入的;(4) 资源开发利用创新,是指获得或控制原材料、半制成品的一种新的来源,无论这种来源是已经存在的,还是第一次创造出来的;(5) 体制和管理创新,是指实现任何一种新的产业组织方式或企业重组,例如造就一种垄断地位(例如通过托拉斯化),或打破一种垄断地位。按照熊彼特创新理论,创新包括企业家对产品、技术、工艺、组织和市场的开拓与控制。
③ 约瑟夫·熊彼特:《资本主义、社会主义和民主主义》,绛枫译,商务印书馆,1979 年,第 102 页。

们继续将组织域抽象为原域,将整个世界视为创新社会域。也就是说,将国家视为创新的原域,而国家与国家之间的经济联系抽象为原域的连接,其构成组织域。

存在三种典型的原域连接的组织结构。

1. 嵌入式组织:封闭的国家

国家处于封闭状态,并不与外国发生任何的经济往来,包括资本、人力资本,甚至信息,完全根据本国天然既定的要素禀赋来进行选择进行创新。这样的国家就好像处于原始森林中土著部落,他们按照自己的发展来进行发展。其创新活动由原域内部的要素数量与结构来决定。根据本书第三章的讨论,我们知道由于封闭状态的要素积累远不能够达到创新的要求,因此仅仅能够做到偶然的创新。这种情况下的创新是间断的、随机的、神秘的。创新常常会演化为一种宗教仪式上的崇拜与祈求。要获得熊彼特式创新必须有大量资本、人力资本、信息知识,以及较高的要素投入率或较高的预期利润增长率的保证,然而一般的国家很难满足这一要求。

因此,这一点就必然要求打开国门走向开放。从东西方创新的分岔中,可以看到走出封闭是东方社会进行创新的必然选择。

2. 互补式组织:雁型模式

在直线型的结构中,国家和国家之间形成层级关系,按照一定的顺序进行连接。这种顺序可以是地理远近、政治亲疏上的顺序,也可以是经济发展水平相似度的顺序,或是科学技术发展水平相似度的顺序。总之,在直线型的结构中,各个国家原域并不是处于相同的位置,要素按照顺序进行连接。

东亚的雁型模式就是典型的直线型结构。日本从美国处引入先进的技术与资金人才,进行技术的实用化研究,并且大量生产出口。由于日本本国资源有限,在技术成熟后,日本将成熟技术转移到东南亚其国家,如马来西亚等国。在这个过程中,美国、日本、东南亚国家按照技术转移的顺序进行连接。

3. 捆绑式组织:区域一体化

区域经济一体化是一种典型的并列网络型结构。关税同盟、共同市场、共同货币,将区域内的国家进行连接。所有国家在对外经济方面采取相同的措施。

在开放条件下,经常项目中产品贸易政策与资本项目中的引入外资政策都会影响创新模式的选择,包括产品周期贸易与保护幼稚产业等政策,以及经常项目中吸收外国直接投资和间接投资,都会影响创新模式的路径选择。在开放的过程中,国际贸易、国际金融和国际投资等活动,产生创新原域变迁的资本效应、人力资本效应与信息知识效应。

二、我国的自主创新及其战略分析

1. 对于自主创新的理解

自主创新,是指在政府的引导下,通过内部的技术和管理的更新换代以及升级,达成新的改革目标和完成新的任务的过程。

自主创新提出后,引起了理论界众多讨论。争论的焦点集中在:自主创新战略与我国目前依靠比较优势而实行的出口导向的贸易战略、引进外资的开放战略是否矛盾?

高粱(2005)提出,只有自主创新才是立国之本,比较优势和全球化不可能解决我国经济发展的技术源泉问题。其文中强调了科技发展战略必须注重自身能力的发展,认为比较优势论把企业竞争力、技术和结构变动的因素,完全归结为市场影响和要素禀赋(特别是资本)的变动,忽视技术学习、组织能力等企业和产业结构的内部的深层影响因素。他将国家获得先进技术的方式分为五类:自力更生型[①]、模仿—创新型[②]、简单跟进型[③]、被动引进型[④]、合资引进型[⑤]。他认为,比较优势片面强调发展劳动密集型产业,取消后进国家政府应采取的产业政策和技术政策;假定后进国家只能循着发达国既有的技术路径跟进;不承认后进国家自主技术创新的可能性和必要性;把合资看作引进技术、获得能力的最合理、最经济的途径,不承认发展民族产业的必要。依赖比较优势将会导致对外来技术的依赖,最终走上依附型道路。因此,他得出结论,在当前我国处于结构转型,面临"创新型、资源节约型和环境友好型社会"这一战略转型的时期,比较优势论尤其不能成为国家发展战略的指导思想。

为能够更好地理解自主创新与本书所讨论的熊彼特式创新之间的关系,我们首先还是要再将创新的概念进行梳理。

按照创新的范围仅限于创新企业之内,还是创新企业之间,可以将创新分为封闭式创新与开放式创新。按照创新规则的不同,可以将创新分为熊彼特式创新与非熊彼特式创新。在此基础上,可以分析这两个经常提及的概念:自主创新与内生创新。

由表9-1可见,上文所提到的技术创新、获得先进技术的方式,并没有囊括所有的创新途径。

表9-1 自主创新与自力更生之间的关系

	封闭式创新	开放式创新
非熊彼特式创新	渐进型创新	模仿—跟进型、简单跟进型、被动引进型、合资引进型
熊彼特式创新	内生创新(自力更生型)	外生创新

自主创新并不排斥借助外生力量进行创新,而外生力量也的确能够在一定条件下,帮助国家实现熊彼特式创新的过程。

2. 我国创新战略的理论依据:内生效应与外生效应

我国的创新战略必须建立在创新的内生效应与外生效应之上。

创新的内生效应:在封闭社会,每个国家都依靠自身的要素禀赋进行创新;但是根据

---

① 在得不到外界知识和技术供给的情况下,从基础理论的学习起步,基本上通过自身的组织能力,综合国内资源,独立发展出自己的技术体系。我国的两弹一星是一典型案例。

② 韩国高技术产业的发展经验可概括为"逆向工程",即在模仿国外先进技术的过程中,开发出具有国际竞争力的产品,形成自己的核心技术,占领产业高端位置。

③ 单向引进—消化,如我国机械工业及部分军工的测绘仿制方式。

④ 买设备、买专利、买图纸,直接投入生产,不考虑模仿学习与进口替代。

⑤ 在引入外资的过程中产生本土技术,被动地获取技术。

第 3 章的结论,我们很容易就知道,封闭的创新企业很难获得足以推动创新的要素禀赋:充足的要素赋是指拥有较高的要素投入率,或较高的预期利润增长率。因此,在封闭社会中多数出现的是渐进型的创新。

创新的外生效应:随着社会的开放,全球化趋势的发展,国家之间的往来越来越密切了。创新企业以不同的方式进行连接,而连接的方式直接决定了是否能够产生熊彼特式创新的突破性创新结果。重叠性嵌入或者动态性互补将产生模仿—跟进型、简单跟进型、被动引进型、合资引进型等创新方式都是属于在开放条件下的非熊彼特式创新,并不能够带来长久的经济增长,反而会让经济陷入令人担忧的比较优势陷阱。

捆绑式连接方式将导致突破性创新的结果,即实现开放条件下的熊彼特式创新。在外生资本、人力资本、信息知识进入创新企业的过程中,需要提供适宜的环境条件,激励外生要素,并且通过外生要素实现不同国家(创新企业)之间的捆绑式连接。

因此,自主创新并不排斥依靠创新的外生效应;外生效应与内生效应必须相结合。在开放条件下进行创新,依然需要依靠企业本身创新实力的提高,才能借助外生要素、外生制度的推动,促进突破性创新的产生。无论是封闭式创新还是开放式创新,都需要创新企业具有促进激励、共享、溢出的创新环境。

青木昌彦教授在《设计规则:模块化的力量》中文版序言中认为:"以我的观点来看,模块化是能够抓住一个新兴产业结构本质的一个最重要而且最有解释力的理论概念。但遗憾的是,这个概念在中国好像仍然没有被解释清楚,它的含义和意义仍不为人所理解。但是,随着中国即将进入一个新的产业发展阶段,这个概念对塑造一个复杂且不断变革的产业结构有深远的意义。"他认为,对置身于世界市场的中国来说,"要想在设计、生产和推广日益复杂的产品系统方面获得竞争力,就需要以更少集中、更灵活的方式吸收来自底层的创新和竞争力量,就需要克服对大规模的盲目崇拜。"

三、我国创新战略的政策建议:自主创新与改革开放

从上述的数据和分析中也可以看出,我国的创新指数排名第 21 位,而相应的人均 GDP 排名却为 37 位,这说明我国的科技创新能力对国民经济发展和社会进步的贡献与我国所拥有的科技创新能力不相适应,科技创新潜力远未充分发挥出来。所以,在将来的发展中,为充分发挥科技创新潜力,与经济发展相得益彰,需要从要素的角度,内外兼修入手。

以我国为原域,国家间形成创新组织。对于我国这样的发展中国家而言,拥有充裕的劳动力,但是资本、人力资本、信息知识的储备相当少,因此我国本身并不具有实现内生式熊彼特创新的条件。

从这个意义上来说,这种自主创新不是封闭条件下的创新,而是要借助外部力量的创新;不是内生创新,而是外生创新。如果中国依赖自身力量来实现熊彼特创新,将要积累更多的时间才能够获取熊彼特创新所必需的资本、制度、文化。自主创新需要有外部力量推动。

引入外生要素的数量、质量,以及激励制度。外生扩充要素的数量与质量,可以获得经济增长,但是只有相应的激励措施才能够保证实现创新,这包括资本融资机制、人力资

本激励机制,以及信息知识的定价。为此,必须改变我国单一固定的激励措施,采用多样化的适合我国国家原域与其他国家进行捆绑的机制。简单的固定分担风险融资、固定工资激励与边际成本信息定价方式,都只能导致我国始终处于国家间互补式组织之中。

同时,由于我国经济实力相对较弱,依靠国家综合实力的提高来提升国际产业链中的地位,将是一个非常漫长的过程,很容易就陷入比较优势陷阱的悲观。很多国家之所以在实行开放政策之后,出现了比较优势陷阱,即在于他们没有能够创造一个良好的内部有利于吸收外生资本、人力资本、信息知识的机制。

因此,我们首先应改变开放过程中的吸收外生要素的激励定价制度,灵活化,国家间共担风险,才有利于连接进入捆绑式组织,形成突破性创新。在开放过程中,借助外部力量来实现熊彼特创新。需要有一定的内部环境条件给予保证,才能够实现创新的内生效应。

(1) 资本方面,促进资本捆绑。加快健全科技创新转化的市场中介组织,特别是与科技成果转化密切相关的风险投资、融资等中介机构,提高科技创新各环节之间联系的质量,有利于突破我国科技成果不易转化的瓶颈,释放科技创新的潜力,促进经济社会的全面进步。

(2) 人力资本方面,吸引激励人才。多样化的人力资本激励制度鼓励人力资本的创新,形成相应的股票期权金融市场的支持。并且,注重提升人居环境,创造适应的环境来吸引科技人才和繁荣科技文化,形成科技资源汇集的洼地,增强科技创新的基础。同时,继续加大对教育和基础研究的投入,这些对提升科技创新能力至关重要,也是我国的弱项之一。

(3) 信息知识方面,推进信息知识共享。加快一部分科研院所的企业化转型,我国的科技成果转化困难的重要原因之一是科研机构的科研计划和项目实施没有能够充分面向市场、面向企业进行。这既有企业的因素,也与科研院所运营方式有关,而加快科研院所的企业化转型,可以从根本上增强科研院所的生产力转化能力。当然,那些关系基础研究和国防安全等的科研院所仍应以国家支持为主。另外,密切企业间和产学研之间的联系,整合科技创新资源,优化资源配置,缩短科技成果转化链条,实现双赢,达到共同提升,也使得社会经济效益达到最大化。还需要加强科技创新的法律环境和加大知识产权保护力度,创造尊重创新,激励创新的良好外部环境。

熊彼特的捆绑式创新为我国实现自主创新提供了新的思路,完全不必拘泥于内生创新还是外生创新。辨析清楚创新的本质规律,可为我国经济增长提供理论依据与政策建议。

9.2 企业、产业的创新政策

一、推动单个企业进行创新

增加全社会的创新投入,提高企业创新能力,不仅要提高创新投入的数量,利用政府在财政体系上的转移支付作用,增加创新投入,降低创新企业税收,引导资金进入创新部门、行业或企业,增加对于企业研究开发的初期支持,还要改变投入结构,提高人力资本投资,加强知识产权保护的力度。

1. 金融创新推动企业创新

从总体上看,发明创造的主体是企业和个人,但政府的作用同样不容忽视。新经济之所以在美国崛起,与美国政府的以下作为是分不开的。和大多数国家的政府一样,美国政府在规模上早已超过了亚当·斯密所极力推崇的自由主义小政府的规模边界,但是美国政府对经济干预却营造了培育新经济市场的环境。

美国历来把维护市场竞争秩序视为自己的基本职能,但是与其他国家相比,美国更加注重企业创新与金融创新。企业就像人体中的细胞,金融体系就像人体中的血液系统,这两者的结合可使社会的经济活动像人体的新陈代谢一样不断地推陈出新。政府放松管制可以创建新经济发展所需的制度环境,鼓励企业创新与金融创新。

在这里首先让我们来考察一下美国的自由企业制度。相当多的人对美国自由企业制度的理解并不准确,除了产权清晰与自主经营之外,美国自由企业制度最为重要的特征是开业自由和退出自由。美国自由主义的经济政策、非常软弱的工会组织与世界上最灵活的劳动制度等因素,为美国的自由企业制度提供了非常有利的发展环境。借助于这样的制度环境,在美国,不仅开业是自由的,退出同样也是自由的。由此产生的结果是,美国不仅可以以最快的速度完成经济结构的调整,而且还导致了诸如比尔·盖茨这样的新经济创业家成批涌现,并为美国带来了新经济的繁荣。

美国的金融创新也走在世界的前列。美国最早放松对银行的管制;美国有世界上最为发达的股票市场;美国不仅有各种各样的投资基金,而且还有支持创新企业发展的风险投资基金;美国不仅允许商业银行混业经营,而且还有非常发达的金融衍生市场;特别是美国金融业的证券化与国际化的发展,不仅导致其国内金融资产的剧增,而且也把国际资本大量地吸引到了美国。由此而形成美国发达的金融市场与先进的金融体系,为新经济的崛起和发展提供了强有力的金融支持。

冷战的结束使美国从沉重的军备竞争压力下解脱出来,得以重新调整国家战略,把经济利益和经济安全看作是美国国家利益的核心。为此制订了新的科技发展战略,将科技发展由军事向民用转移,加快科技产业化进程。在宏观上,政府力求减少原有的干预和强制作用,许多一度成为负担的社会计划被削减,从而减少了联邦财政赤字,使政府有可能将更多的资金投入到科技、教育和新兴产业中去,进一步增强美国经济的发展潜力。面对经济全球化、自由化的趋势,政府积极为企业开拓海外市场。同时,放松反托拉斯政策,允许跨国公司兼并合作,增强企业的国际竞争力。美国政府这些积极的放松管制的做法为新经济的发展扫清了障碍。例如,1996 年,克林顿签署了新的《电信法》,对 1934 年的《通讯法》作了全面修改,大大放松了对该行业的限制,这标志着美国信息高速公路的建设将更加畅通无阻。以美国为例,1998 年其在基础研究上投入 379 亿美元,应用研究 512 亿美元,开发研究 1 381 亿美元[①]。

---

① 资料来源:www.gpoaccess.gov/eop/index.html。

目前,世界各国政府都出台了类似的研发政策,制定了财政激励策略,提高总体研发投资,刺激工业创新。一些国家还提供了相应的研发贷款和税收优惠政策,或者为小型科技企业提供特惠性研发项目。

2. 增加人力资本投资

政府加强人力资本投资发展教育,增加人力资本的供给,提高国家知识存量与流量的积累,为新经济发展提供充足的人力资本。

美国教育的一大特色就是政府把开发人力资源的基础教研工作全力承担下来,为企业界尤其是高新技术产业提供了源源不断的人力资源,从而为美国经济由工业经济向知识经济转变创造了条件。在加强基础教育的同时,美国政府还加速发展信息教育,普及计算机和因特网技术。这些为信息技术的全面发展做好了准备。除此之外,美国政府还采取相当积极的移民政策来吸引全世界的优秀人才,以满足新经济对高科技人才不断扩大的需求。据报道,美国 1999 年签发的 H1B 签证达 11.5 万。其中,印度占 46%,中国大陆占 10%。在加州硅谷工作的高科技人员中,33% 以上是外国人。在美国计算机领域,具有博士学位的高科技人员中,50% 以上是外国人①。

自人类进入后工业化时代以来,知识就已成为一国可持续竞争优势的唯一来源。20 世纪 70 年代以前,发达国家的工人只要拥有发展中国家的技能也能拿到超额工资,因为他们生活在发达国家,和发展中国家的工人相比,他们的工作场所有更多的设备和更好的技术,这些因素实际上提高了他们的劳动生产率从而使他们得到超额工资。如今跨国公司的运作机制使得那些发展中国家的劳动者也能掌握技能的工人,不管他们是否生活在发达国家,通常也只能拿到相当于发展中国家的报酬,因为非技术劳动力可以在世界上任何便宜的地方买到。所以,只有具备高技能知识的工人才可以获得超过非技术工人的超额工资,世界财富在向高技能人才群集的国家流动。美国政府最早认识到这一点,所以美国政府对人力资本的投资可以说是重视到了极点,再加上美国政府对世界高级人才所采取的高度开放的移民政策,从而使得美国拥有世界上最多的高级人才,而这正是美国能够始终站在当今技术革命和新经济浪潮最前列的国家的基本原因。

3. 创新风险与知识产权保护

政府除了增强企业之间的相互合作与信息交流交换之外,政府还有一个更为重要的角色,即扮演着仲裁者的角色。

根据世界知识产权组织规定②,知识产权系指智力创造,包括发明、文学和艺术作品和商业中使用的标志、名称、图像以及外观设计。在技术创新过程中应强化产权保护。根

---

① 刘树成、李实:"对美国'新经济'的考察与研究",《经济研究》,2000 年第 8 期。

② 知识产权分为两类:工业产权,它包括发明(专利)、商标、工业品外观设计以及原产地地理标志;另一类是版权,它包括文学和艺术作品:诸如小说、诗歌和戏剧、电影、音乐作品;艺术作品诸如绘图、绘画、摄影和雕塑以及建筑设计。与版权相关的权利包括表演艺术家对其表演的权利、录音制品制作者对其录音制品的权利,以及广播电视组织对其广播和电视节目的权利。在 WIPO 出版物《知识产权阅读材料》中广泛介绍了知识产权。《WIPO 世界知识产权指南》向你提供了成员国知识产权立法的概要以及有关的联系资料等。

据技术创新的定义,我们不难发现创新过程中可产生如下的产权:专利权①、著作权②、商标权③、商业秘密权④等。

当我们看到企业创新带来的高收益时,这些收益将会由于知识信息存在的非竞争性与非排他性的特性,而在企业外部产生溢出。但是与此同时,高收益的背后是高风险,创新风险较高,成功概率较小,并且不可预知。收益可以溢出了,那么究竟由谁来承担高风险呢?

研发的社会回报与私人回报之间的缺口表明了公司的确无法获得其所从事的研发的全部收益(Nelson & Romer,1998)。经济计量研究也反复表明研发的社会回报率(社会因研发成功而所获的收益)通常是私人回报率的 2—5 倍(Jarboe & Atkinson,1998)。这样企业就没有足够的动力对信息知识创造给予恰当的投资,因而需要有更加有效的所有权制度来对产权加以保护,否则知识要素的发明者与拥有者的利益就会受到侵犯,人们进行知识创新的积极性就会大幅度下降。与传统的观点不同,我们这里所说的知识产权的保护,不仅涉及过去已经存在的对于发明创造的成果的专利权保护,而且还应借助于知识入股的办法鼓励人们进行人力资本投资,进一步提高发明创造的积极性。换句话说,在新经济时代,知识的所有权不仅应当体现在知识的客体上,而且还应当体现在拥有知识的主体上。

然而,产权保护,如果涉及信息知识的客体,过去已经存在的发明创造的成果的专利权保护,这样会产生消极后果,抑制技术的发展(Nelson & Romer,1998),就没有人会投入信息知识的创新活动中去。由于商业化利润的推动,会导致企业行为保守以降低风险,提高利润。

因此,产权保护还应当体现在拥有信息知识的主体,未来可能存在的发明创造之成果,也就是人力资本投资的激励,借助信息知识入股的办法鼓励人们进行人力资本投资,进一步提高发明创造的积极性(周其仁,1996;方竹兰,1997)。

可见,政府承担着保证在知识共享过程中保护知识产权所有者利益,并且激励企业进行创新,避免出现企业在共享中偷懒的现象。新经济时代,企业之间、市场之中,知识的交流交换,必然涉及知识产权的问题。知识产权,由于知识本身的特殊性,在界定、仲裁的过程中,非常复杂,因此需要有一个权威的机构维护合理正当的知识产权权益,避免侵犯无视知识产权,或者对于知识产权的过度保护。

总之,由于知识信息的溢出性与外部性的内部化赋予了政府新的职能要求,在具有网络效应的市场中,政府协调知识的溢出对于企业、市场的影响,保证知识供给与需求的平衡。一方面,政府需要推动企业创新,扩大知识信息的供给,激励企业增加知识信息的溢出;另一方面,政府也需要引导企业、市场对于知识信息的有序需求,保证知识创新的溢出

---

① 主要是由于新产品或新工艺设想而产生。
② 主要指科技作品的著作权,如计算机软件、工程设计、产品设计图纸及其说明等。这主要在研究、开发和工程化过程中产生。
③ 这一般在商业化生产到扩散这一过程中产生。
④ 在创新活动的全过程中,随时都会产生相对于竞争对手来讲的商业秘密(包括技术信息知识和经营信息知识)。

能够内部化与市场之中,防止搭便车现象。

在新经济中,由于交易成本相对于运输成本下降,因此出现了企业的水平集聚化与生产的垂直扩散化并存的趋势。因此,政府的职责是:在企业集聚时,促进知识溢出;在生产分散时,优化资源配置。

二、企业集聚时促进知识溢出

新经济政府为市场以及其中的企业提供新型的创新环境,鼓励竞争,放松管制,协调内部市场结构的途径包括:提供新经济发展必需的公共产品与服务,促进市场内企业之间的不同要素的流动或合作,包括人力资本、资本、知识信息等。政府放松市场管制,以发挥市场资源配置的有效性为目的,旨在扫除市场有效运作的障碍,避免新经济时代的市场失灵。

1. 促进人力资本的合作

政府除了在教育上增加投入,培养更多高素质的研发人才外,还要注意促使人力资源的规模集聚。最有效的途径就是走产学结合的创新之路,其杰出代表就是美国的硅谷。世界一流的工程科技人才纷纷汇集于此,与企业家的创业精神很好地结合起来,创业资本与创新思想紧密结合起来,从而使思想转化为物质,成为技术创新的火车头。

(1)生活环境。人们把科技园区这一类企业称作创业创新企业的栖息地。栖息地是一个生态学的名词,它要求环境适宜。技术创新的关键是人才,良好的生活环境,既有利于科技人员提高创新积极性和创新效率,又为吸引人才提供了条件,因此,生活环境是区位条件中的一个重要的因素。如日本在规划兴建企业—技术城时,主要是考虑产、学、住三种功能的综合,注重筑巢引凤。生活环境在企业形成阶段和成长阶段非常重要。

(2)制度环境。制度重于技术。技术创新是一个完整的系统,系统各部分的联系是有机的,对系统中任何一个子系统的忽视,都会引起系统功能的缺陷。即使系统中某一个子系统的功能很强,如果没有其相关系统的支持、协调、配合,系统整体功能也不能得到发挥。制度创新为技术创新提供了制度基础,只有科学的制度"土壤"存在,才能产生有效的创新企业技术创新激励机制。因此,企业的健康发展,首先有赖于一个合理的制度安排。制度环境在企业演化的全过程都很重要。

(3)人文环境。企业创新的发展是与地域的文化背景、群体的价值观念甚至宗教信仰密切联系的,地域群体的家庭观念、教育观念、经济观念、接受挑战和冒险意识等对企业区域内的创新行为影响十分深远,而青年一代的创新和接受新事物的意识尤为重要。如硅谷企业青年人的一个最大特点是,他们摒弃了传统的对雇主忠诚的思维模式,孜孜不倦地追求在创造中实现自身的价值。与硅谷企业相比,128号公路企业文化环境中最大缺陷就是,它的不利于技术创新的创新企业组织文化和文化传统。从创新企业组织文化来看,128公路企业的大公司具有扩散的自给自足的组织结构,使他们偏重于在创新企业内部孤立地进行技术改进,而对市场信息的重要性往往熟视无睹。人文环境在企业的成长阶段尤为重要。

2. 促进资本的合作

政府在市场中促进资本的合作,鼓励可以共享的资本参与创新,使企业政策从原有的税利、信贷、研发费用等经济指标中走出来。对市场网络来说,针对个体的金融激励之类的地方经济发展政策是不够的。政策需要与其他可以改善网络中个体之间关系机制的其他政策相互配合。市场网络需要政策从注重特殊产品或成果或技术的"指示性"政策,向以降低交易费用、提高创新企业整合,或便利技术与组织变迁为目的的"交易性"政策转变。对网络的管治意味着,政策的制定应着眼于便利网络互动的商品流或信息流上,使要素之间的关系能往好的方向发展,从而形成发展的良性循环。

(1)风险投资。政府尤其应该大力鼓励扶植创新型产业集群、高科技园区的风险投资。风险投资是指高新技术产业化过程中科技成果或发明商品化、产业化和市场化阶段和环节的创业投资,具有明显的阶段性。风险投资与一般产业投资的区别主要在于,它集中于对高新技术成果的产业化起步环节或阶段进行创业投资。针对某一产业集群或高科技园区的风险投资能够让。且大量的事实证明,像硅谷、128号公路等美国高新科技园区的发展就得益于风险投资。由于在企业的成长阶段,创新型企业大量衍生和大量涌入(加入企业),这一阶段风险投资最为重要。

(2)公共品。由于加强企业之间联系的成本付出具有较大的溢出性,因此政府必须承担公共品的提供,促进企业之间物理空间以及虚拟信息等方面的联系。公共物品是企业经济增长中"供给基础"的主要部分,带来广泛的正外部效应,对于企业经济持续增长具有重大影响,也会直接与产业的物质技术基础、投资的集聚程度以及投资环境有关。公共物品作为"中间性"物品作用于创新企业生产,间接影响生产活动。

创新资源集聚的企业往往是交通便利、通信设备先进、公共服务完备的企业。以硅谷为例,这里通信设施发达,交通十分便利。基础设施在企业的形成阶段和成长阶段特别重要。

政府公共品的提供也会影响企业或个人在市场中的积聚与扩散。当一个人或者创新企业从事"以足投票"的选址活动时,公共物品在企业间的分布将影响他们的行为,成为他们选址活动的出发点和归宿。在一个统一、完善的市场中,创新企业为追求最大利润,居民为追求福利最大化而在企业之间不断移动。企业公共物品无论是作为直接投入生产的中间物品,还是作为供居民消费的最终物品,都会成为创新企业选址和居民迁移的吸引因素。创新企业选址的变动一般造成就业机会的迁移,中间性物品对于创新企业来说,其状况是吸引这种迁移的主要因素之一。企业公共投资增长必然产生一定的乘数效应,带动企业私人投资的膨胀,最终推动整个企业经济持续增长,促进企业经济运行健康有序。

可见,科技创新始发资源,而政府的公共品与服务的提供将成为企业在创新初始阶段的重要资源。区域内科技创新始发资源拥有的多少和强度直接影响该区域对其他技术创新资源的集聚能力。其中,与产业界密切结合的研究型大学对企业形成与演化,特别是对科技园区这种类型的企业尤其重要。美国的一项研究表明:研发支出的平均回报率在26%左右,但在没有大学参与的研发活动中的回报率只有14%,而在有大学掺入的研发活动中,大创新企业的回报率约为30%,小创新企业的回报率约为44%[①]。科技创新始

---

① 资料来源:www.gpoaccess.gov/eop/index.html。

发资源在企业的形成阶段、成长阶段以及更新阶段很重要。

3. 促进知识信息的合作

通信技术的发展使空间集聚带来的地理接近无法再获得竞争优势。因此,对关于提高"灵活性"与"竞争力"的说法而言,必须满足如下要求。

从企业层面来讲,从人力资源所承载的知识与信息中创造价值是这一显性化政策的体现,也正是商业经济学领域所论及的知识管理方法。区域内知识管理的目标在于,使创新企业获取所需信息的途径更为方便,发展创新企业及时收集、组织和获得创新企业决策与生产活动所需的信息。知识管理旨在把本地化的、隐性知识显性化,适用于网络内的所有个体。知识管理也旨在缩短创新的时间,促进生产力发展,促进创新企业的拆并。这要求网络整个群体在生产过程中识别特殊因素,避免知识保密,创造参与新形式学习的激励。只有当可融合的激励存在时,扩充知识基础才是有可能的。许多企业创新体系所面临的问题在于注重现有观念、技术与伙伴关系所导致的认知和功能上的阻碍。知识管理政策关注的是,评估本企业经验,并引入外界知识,在机制上进行补充。

由上可知,学习型企业是产业区演化的最终结果,后者正是由于不断学习、适应和创新才得以不断演进的。学习型企业的目标在于,将本地情境中形成的隐性知识与世界层面上的显性知识相结合,刺激企业内生增长潜力。对技术体系和国家创新体系的研究表明,学习与创新过程是嵌入在既定的制度环境当中的,对制度的研究是非常重要的(Lundvall, 1992; Nelson, 1993)。

同时,创新过程可以视为互动过程,而且参与这一过程的网络是很宽泛的,包括大型公司、科研院所、私人研发实验室、技术转让机构、商会、创新企业家协会、职业培训机构、政府机关、当地管理机构、国家民政服务机构等。这一结网过程的效率,要求有物质性的机构(如信息通信技术)和非物质性机构(如中介组织、服务中心、技术转让中心)来支持。从这个角度讲,大学、不同的职业培训机构、职业团体等在本地生产体系与全球知识生产与扩散网络之间,所承担的中介或门户作用是自然而然、显而易见的。其中,政府作为非物质性机构,成为产业及群众知识管理与创新的催化剂。

因此,政府需要建立更为发达的信息硬件系统,先进高速的信息网络,以及与之相适应的知识产权保护的软件制度。政府必须承担起保护网络安全的职责,以维护网络的正常与高效运行。这是因为,网络在今天已经越来越具有公共产品的性质,网络安全与否也已成为一种全社会的系统性风险。政府必须强化知识产权的保护,为以网络为核心的新经济的发展提供技术与法律上的支持。

三、生产分散时优化资源配置

在生产分散的情况下,政府担当合理配置资源的重任,利用区位优势提升企业竞争力,国家发展战略指导并推动新经济发展,并且促进市场间知识的溢出与共享。

1. 利用区位优势提升企业竞争力

企业逐利性目标,一方面是企业前进的动力,另一方面常常会成为禁锢企业创新的障碍,企业会故步自封,停留于已有的成果。这时,就需要由政府来为企业未来的发展提一个宏观战略的指引,并且配以相应的基础设施建设,作为推动企业迈开新一步的创新。政府的作用就是审时度势,科学分析和把握国家、企业的机遇,建立良好的外部环境和为竞争优势发展提供政策建议和指导。

对于企业自身而言,改善竞争力。政府促进企业进行技术创新和改革生产活动组织,创新出新的高级生产要素,降低对初级生产要素的依赖;同时,促进对生产条件的投资,改善生产因素组合或产生新生产因素;生产因素的不断升级即意味着产业在国际竞争中地位和作用不断提高。世界级的客户跨入上游供应产业,有利于促进和提高国内企业竞争意识和竞争力的培养,相关和支持产业推出新产品,拓展市场的广度和深度,为新兴产业发展和进入提供机会,具有竞争优势(比较优势、绝对优势)的生产因素和专业型生产因素吸引新产业进入和发展。

2. 国家发展战略的指导与推动

政府鼓励国内相关支持产业的创新同样也会刺激企业生产创新,一定数量的国内竞争者可以鼓励发展更专业的供应商和相关产业。专业型的生图/地区营销机制模式产因素可以转移或转型到相关和支持产业的发展上,大规模或成长中的国内市场需求刺激了供应商(下游产业和辅助产业)的成长和深化。

例如,20世纪70年代,当日本决定进一步提高可视产品清晰度的时候,美国政府却正确地选择了半导体技术的数字化发展战略,从而为新经济的发展找到了一条可行的技术路径。当个人电脑问世、信息技术进入快速发展的轨道之后,美国政府又及时建设了信息高速公路,进而把美国信息经济推进到了因特网经济的发展阶段。

1993年美国总统克林顿率先提出建设信息高速公路的计划,并很快制订了《国家信息基础设施:行动计划》作为实施方案。该方案预计用20年时间实现4 000亿美元的投资,建起一个能给用户提供大量信息,由信息库信息处理机、通讯网以及各种电子设备组成的完备网络,这一巨大网络就是信息高速公路。从科技角度看,信息高速公路还将带动一大批相关技术如微电子、激光、生物工程、空间、海洋等技术以及新材料、新能源技术的大发展,与这些新的技术相适应,将带动一大批具有高附加值的产业群的出现,从而创造出巨大的经济效益和社会效益。

所以,信息高速公路计划一出台,立即得到产业界和公众的积极响应和支持。美国实业界立即掀起一股兼并和投资的热潮。近年来,美国公司每年在电信基础设施方面的投资超过500亿美元,这一数字还不包括公司在相关产业和计算机产业的大量投资。

可见,新经济时代,政府提供国家发展战略的指导与推动,包括技术发展的国家战略与基础设施的建设等。创建信息高速公路、为新经济发展提供必要的基础设施,为新经济的发展提供必要的新技术生产方面的支持。

3. 市场间的知识溢出与共享

政府作为公共政策制定者担当着决策聚集或是扩散的选择,以促进隐性知识与显性知识的共享。显性知识和隐性知识特性对于空间转移的要求不同。

隐性知识的溢出是企业空间距离的函数,只有出现空间上的水平集聚,市场中的企业才能获得这种知识。知识生产的聚集有利于企业之间共享隐性知识,形成创新环境与氛围。这是一种直接分担知识生产成本的方式。

首先,市场的存在便利了企业之间知识的交换与交流。企业通过为隐性知识提供交换机制解决了其传播上的困难。市场内部企业地缘上的接近,以及企业内部形成的共有的亚文化,为隐性知识的获得和传播奠定了基础。

同时,企业中的人际关系网络为企业员工提供了很多近距离、非正式接触的机会,加上企业内部专门劳动力的高流动性,极大地便利了知识,尤其是隐性知识的传播和扩散。

另外,集体学习是指为应对企业外的竞争或分担创新成本,企业之间建立在信任基础上的共享信息,共同合作学习新的技术。这种企业之间或企业和大学、研究机构、技术传播机构之间的集体学习,大大降低了单个企业的创新风险和成本,促进了企业的创新活动。同时,企业面临共同市场,从而为单个企业制造了潜在竞争压力,促使其不断创造差异化产品或成果,不断创新。

显性知识的溢出则受到空间距离的影响比较小,因此出现空间上的垂直扩散。空间上的扩散有利于生产中更好地利用地理区位资源禀赋的优势,利用空间上的垂直分工合作来降低知识生产过程中的总成本。这是一种间接分担知识生产成本的方式。

具体而言,政府可以通过交通、信息等基础设施的建设和对企业的支持,来促进该市场内的企业相互合作。在市场运行中,公共物品通过自身的数量与结构调整,增强市场的远距离运输能力的供给基础,包括有形运输和无形运输,以促进市场的运行健康有序。

9.3 培育竞争优势的国家竞争战略

新经济核心要素知识具有较强的外部性,单纯依靠市场的力量无法激励企业生产并提供知识,而市场对于知识的需求却急剧增加,知识的供需出现市场失效,因此亟须政府介入,其职责与定位在于如何让知识的溢出内部化,以弥补市场失效。

一、知识的溢出及其价值

尽管在传统经济中也有信息知识的创造,但是产品大多属于传统产品,具有有形特征,以物质产品为载体,独立的信息知识产品是很少见的。传统产品和服务的生产和分配具有两个基本特征①:一是竞争性,即在一定时期内仅有一个人可以使用该商品或服务;二是排他性,即个人可以阻止别人使用已属于你的商品或服务。

然而,在新经济中越来越多的产品却是独立存在的以知识或信息为主的产品(包括要素、中间品或最终品)。在一定程度上,信息知识是一种公共物品,具有溢出性。知识具有非竞争性,以致很多人同时使用时也不会减少它的供给数量与使用价值。另一方面,在生产与消费两个方面,知识的排他性较弱,从而在技术上或经济上无法阻止他人使用。

知识信息的溢出效应促进知识信息溢出企业之外,将会增加市场中知识信息的总供

---

① 何传启:《分配革命》,经济管理出版社,2001年,第48页。

给数量,同时人类劳动投入也可增加,知识生产可以不受限制地进行,但是其价值并不会因此而减低,双方都会对该信息知识的使用价值进行评估,并据此作出自己的选择。

知识信息交换价值依赖于交换产权的使用价值的评估。一般而言,某种信息知识如一项发明,一旦被生产出来,就获得了产权。尽管知识信息系具有外溢性,但是当该信息知识受到产权法律保护时,它就是唯一的,当然也是稀缺的[①]。如果其他人重复生产或模仿生产这种信息知识,不论他投入多少劳动,都不能获得产权。知识产权保护保障知识信息的外溢性,并不会影响其价值,使其具有稀少性特征。

知识溢出到市场之中,可产生外部性的内部化与网络规模效应[②]。

二、政府与知识溢出的内部化

在知识溢出的过程中,每一个企业必然会产生一定的外部性影响,有利于在更大范围内推动高风险创新。原先完全属于私人拥有的信息知识会逐渐外溢成为公共信息知识。其他企业可以"搭便车",通过"干中学"进行模仿,或再创造,这大大降低了创新成本,提高了创新收益,于是发明者的利益将会被无偿分享。

然而,不可忽视的是经过搭便车者这样的模仿,支付了巨大发明成本的发明者的利益将会被他们无偿分享,而这对于支付了巨大发明成本的发明者来说,显然是不公平的。

由于内部化的成本、收益的不对称性,以及"搭便车"现象的普遍存在;因此,在知识溢出内部化的过程中必须让知识溢出的"搭便车"受益者承担部分知识创新的成本,也就是知识生产成本的转移。可行的承担主体有多种选择,如市场中的企业、企业联盟、第三方官方或非官方组织。但是,出于企业利润最大化的考虑,企业或企业联盟并不会,也不一定有资金能力完全承担知识生产成本,这将导致企业知识生产的停滞。第三方非官方组织也会受制于经费预算与组织能力,不一定能完全胜任。

因此,官方组织政府作为公共产品公共服务的提供者必然成为知识溢出内部化的承担主体,并且发挥自己的作用来实现网络整体利益,有效率地配置市场内部资源,降低企业之间进行沟通的交易成本,提高企业之间沟通的效率,提升整个网络的竞争力。

为了能够让知识外部性内部化,政府必须在市场中发挥自己的作用,让知识外溢内部化于整个市场。转移知识生产的成本,有利于促进知识的生产及其溢出。研发活动需要政府、企业、学术研究机构协调合作,更需要得到国家、政府、企业的政策支持,不惜花钱,促进信息知识创新、信息知识获取和新技术开发应用,从而大大促进经济发展,增强综合国力。

政府在这一个过程中承担了外溢知识的生产成本,构建一个交流与交换的物质空间与虚拟平台,扮演着协调者、沟通者与撮合者的中介角色,推动企业与企业之间的关联,将知识的外部性内部化于整个市场之中。

---

① 何传启:《分配革命》,经济管理出版社,2001年,第48页。
② 对网络外部性的相关研究参见 Economides, Nicholas, 1996, The Economics of Networks, *International Journal of Industrial Organization*. 14。相关经济学网站:http://raven.stern.nyu.edu/networks;http://www.pbs.port.ac.uk/~judge/IfBE/links10.html。

三、政府与知识的网络规模效应

在新经济下政府介入知识生产显得尤为重要,不仅促进了知识溢出的内部化,而且还会促进网络规模效应,催化知识生产的集聚与扩散。

在传统市场内在价格机制的作用下,市场在需求曲线和供给曲线的交点"出清",即达到均衡;而且均衡点是唯一的,可以探讨其稳定性。在新经济市场中,由于存在网络外部性,单一均衡的现象被打破了,取而代之的是多重均衡(Multiple Equilibrium)。

根据 Katz 和 Shapiro 在 1985 年提出的实现预期的需求理论,构建网络外部性存在下的产品需求模型(Ecnomides, 1993)。定义: $p(n;n^e)$ 为 n^e 单位产品被预期销售下,对第 n 单位产品的支付意愿。由于需求曲线向下倾斜的规律,支付意愿函数 $p(n;n^e)$ 是关于 n 的递减函数。同时,又根据网络外部性的定义和性质,$p(n;n^e)$ 是关于 n^e 的增函数,表示了网络外部性的存在。

在某一时点上,消费者支付意愿函数 $p(n;n^e)$ 对应此时刻的需求曲线 $D_e(n^e)$。对于某一时期的市场均衡,当预期销售量被实现,即 $n=n^e$ 时,市场达到均衡,如图 9-1,这是短期内的市场均衡。

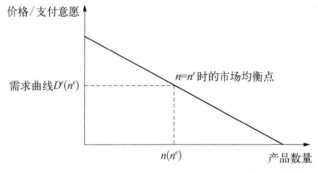

图 9-1 短期的市场均衡

在长期中,随着时期的动态演进,企业市场预期不断发生变化,从而消费曲线也发生变化。每条短期需求曲线 D_i 表示在预期网络规模 $n^e=n_i$ 时的消费者支付意愿曲线(在本模型为企业愿意为某一区位选择支付的成本),其中 $i=1,2,3,\cdots$;n^e、n_i 表示相对的市场份额。由短期均衡点 $p(n_i,n_i)$ 组成的曲线 $p(n_i,n_i)$ 便为长期中的实现预期的需求曲线(如图 9-2)。

假设 $\lim_{n\to 0} p(n,n)=0$,即当市场网络规模为零时,企业对该市场的评价为零。另一个假设 $\lim_{n\to \infty} p(n,n)=0$,即企业对该市场的支付成本意愿在网络达到一定规模大小时,呈现递减的趋势。这个假设避免了企业集聚于某一市场带来的拥挤效应,而且也是符合现实的。

在确定了需求曲线后,我们便可以着手分析网络外部性下的市场均衡。由经济学理论可知,市场的均衡点位于需求曲线与供给曲线的交点。如果政府对企业进入采用相同的进入成本要求,供给曲线即为一水平曲线。

如图 9-3 所示,出现三个均衡点 A、B、C 的多均衡。

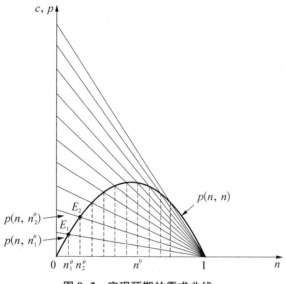

图 9-2 实现预期的需求曲线

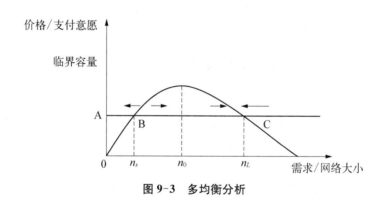

图 9-3 多均衡分析

A 点表示零消费下的市场均衡($n^*=0$),边际用户对产品的支付意愿为零,即没有人愿意购买此产品。这是悲观预期均衡,属于稳定均衡。

B 点表示小网络下的均衡($n^*=n_s$),均衡点左边的价格高于消费者支付意愿,而右边的价格低于消费者支付意愿。后来的消费者认为这个网络不会变得很大,因而不会选择购买产品来加入该网络。这属于非稳定均衡,任何一个边际用户的进入或者退出都会打破市场均衡,趋向于零均衡或者大网络均衡。

C 点表示大网络下的均衡($n^*=n_L$),均衡点左边的价格低于,而右边的价格高于消费者支付意愿。此时的均衡类似于传统市场中的均衡,在均衡点右边的边际消费者对于产品和网络的评价过低而不再加入该网络,尽管此时网络效应是很大的,属于稳定均衡。

通过对网络外部性下市场均衡的分析可以看出,某一区位的市场网络达到一定规模以后可能会出现自我强化的态势(即达到 C 点大网络均衡水平),也有可能在小规模发展后步入衰退(即达到 A 点的稳定状态或者 B 点的非稳定状态)。问题的关键在于市场的网络规模能否达到临界容量,而趋向大网络均衡状态。

要素禀赋的成本优势、开发路线的政策优势和产业集群的开放程度优势等因素是市场选择集聚或者扩散的重要力量。政府行为将会影响地区之间的竞争优势；对政府来说，如何通过其所提供的公共产品、公共服务、公共政策让市场深化发展，来实现临界容量的突破将是个极为重要的问题。

市场的网络效应意味着选择集聚或者扩散在一定程度上，依赖于市场规模的大小。市场内部集聚网络规模的扩大不能一味依凭企业数量的多少，而必须考虑到企业之间的有机联系，后者才是产业成为市场集聚和网络的关键条件，所以对市场结构，即集聚的内部分工和产业链的问题必须予以密切关注。

其中，政府扮演着重要的角色，其政策将有利于提高企业对于市场的预期，激发正反馈机制的形成，从而产生网络规模效应。同时，政府还可以通过与其他区位合作，实现市场的互接互通，可以在一定程度上实现市场的网络规模。更为重要的是，随着信息技术的广泛应用，市场的范围扩大，出现了知识生产成本在空间上的转移，即知识技术在空间上的扩散。正是这种知识的外溢和技术扩散，使企业通过模仿迅速掌握了创新成果，并在此基础上进行改进，从而产生更多的创新，形成良性循环。

市场集聚还是分散，取决于政府力量与市场力量的均衡。本章主要集中探讨政府在市场选择集聚或者扩散过程中的作用。

四、新兴战略产业自主创新与资本金融政策

加快健全科技创新转化的市场中介组织，特别是与科技成果转化密切相关的风险投资、融资等中介机构，提高科技创新各环节之间联系的质量，有利于突破我国科技成果不易转化的瓶颈，释放科技创新的潜力，促进经济社会的全面进步。

1. 宏观金融政策

建立健全有利于战略性新兴产业发展的融资体系也需要政府出台相关的政策激励。综合相关方面的专家学者观点和本书计量模型的结果，提出如下的建议。

（1）改进财政预算资金的投入方式和渠道。探索改进战略性新兴产业项目资本金、战略性新兴产业调整资金、发展资金等专项资金的使用方式。在支出重点上向发展战略性新兴产业的重点项目倾斜，引导社会资本投入战略性新兴产业体系建设，形成以财政投入为引导、以企业和社会投入为主体的多元化产业发展投入机制。

由中央财政出资或外汇储备出资组建战略性新兴产业投资基金，筛选优秀的专业化投资机构，采用标准的市场化激励与约束机制，按照国际惯例管理经营战略性新兴产业投资基金，以此促进战略性新兴产业加快发展，形成加快建设新兴产业的财政政策保障机制。

（2）重视产业与金融、资本融合发展。完善投融资政策，充分发挥多层次资本市场的引导作用，构建完整的创业投资链，进一步发展各类风险投资和私募股权基金。在支持新兴产业的风险投资方面，需要下大力气推动三个转变：转变一哄而起的非理性行为；转变重短期、轻长期的行为，培育长远的投资战略；转变重晚期、轻早期的急功近利行为，避免出现风险投资的PE化和私募基金大量通过上市前抢时间、托关系集中投资、禁售期一结束便大量抛售的投机现象。

（3）加大政府引导力度。例如，通过启动贴息贷款、设立战略性新兴产业发展专项资金和产业投资基金、对风险投资机构给予税收补贴、完善金融机构考核体制等方式，充分放大政府财政资金和行政管理的杠杆效应，引导包括金融机构、民营资本、国外资本在内的多渠道资金支持战略性新兴产业的发展。

2. 创业资本金融政策

（1）大力发展天使投资、创业投资和股权投资基金。发挥创业投资引导基金的作用，重点支持组建战略新兴产业领域的天使投资和创业投资基金，积极参与国家新兴产业创业投资计划，优先配置支持国家和省市联合组建的创业投资基金。在国家政策允许范围内，鼓励保险公司、企业年金管理机构和其他机构投资者参与新兴产业创业投资和股权投资基金。鼓励民间资本投资战略新兴产业。

（2）构建完整的创业投资体系。高度重视天使投资的作用。天使投资具有领头雁效应，能有效吸引风险投资、公募基金和银行信贷，从而满足新兴产业企业成长过程中的多种融资需求。为此，要通过进一步健全相关政策和法律法规、加强信息共享、优化区域市场环境等一系列措施，完善天使投资机制。

拓展并完善融资方式的选择。发挥多层次资本市场融资功能，大力发展创业投资和股权投资基金。企业可以发挥自身的特点和优势。现阶段大型企业更适合通过低成本的债权融资获得研发的资本，通过创新活动提升自身的竞争力，进一步强化在融资市场上的声誉，为以后持续获得低成本的融资奠定基础。

3. 多层次资本金融政策

（1）积极发挥多层次资本市场的融资功能。须进一步完善多层次资本市场体系，进一步做强主板，壮大中小板，完善创业板，大力推动新三板和产权交易市场的发展，尽快建立全国统一的场外交易市场。

鼓励符合条件的企业上市融资。加快建设上海股权托管交易中心，建立与统一监管下的全国场外交易市场相衔接的区域非上市公司股权转让公司，满足处于不同发展阶段创业企业的需求。大力发展债券市场，鼓励中小企业通过债券市场融资。

（2）鼓励金融机构加大信贷支持。此外，还应着力发展信用担保、信托贷款等多元化投融资机制。引导金融机构建立适应战略性新兴产业中小企业特点的信贷管理体制和贷款评审制度。积极发展中小金融机构和新型金融服务。扩大科技担保规模，完善包括财政出资和社会资金联合组建的多层次信用担保体系，促进投保贷联动。进一步推广知识产权质押融资、股权质押贷款、供应链融资等金融创新产品。

（3）完善商业银行金融服务体系。建立合理的项目评级授信体系，商业银行在设计内部评级和授信体系时应充分考虑战略性新兴产业项目的具体特点，不仅将企业历史经营数据引入模型，更应当充分认识到企业和项目的成长性。信贷融资工具应重点应用于还款有保障的融资项目，主要向依靠综合收益还款的项目倾斜，向处于产业化后端或产业成熟期的项目倾斜。

（4）完善融资担保体系。企业发明专利、商标权、版权等无形资产是战略性新兴产业企业的重要财富。金融机构应当加强对无形资产的评估能力，大力发展知识产权质押融资担保模式,完善融资担保体系。鼓励各类担保机构对战略性新兴产业融资提供担保,通过再担保、联合担保以及担保与保险相结合等方式多渠道分散风险。

4. 产学研的金融支持

(1) 进一步深化创新型企业的试点。可考虑选择一批优势骨干企业技术中心作为重点产业振兴的技术创新支撑平台,发挥行业骨干企业的领军作用,带动中小企业参与,对接国家重大专项科技基础设施的建设。

(2) 产学研创新体系。在产学研创新体系中,引入创新型金融机构或金融产品,帮助创新成果在科研单位、学校和企业的关联体系内进行产业化。数据表明,我国 2/3 以上的科技成果靠科技人员和所在单位联系并转化,通过中介服务机构实现成果转化的仅占 10% 左右。因此,应用与推广战略性新兴产业,理应以企业为主体,建立产、学、研、用相结合的产业技术创新体系。

五、新兴战略产业的全球产业链升级

战略性新兴产业必须在原创性、核心技术上有所作为。我们不仅要关注当前已经形成产业规模的战略性新兴产业,也要关注下一代战略性新兴产业,必须在下一代产业的原创性、核心技术上有所作为。我们同时面临资源有限和新兴产业前期技术轨道不确定的难题,因此对于技术战略的选择要十分慎重,既要把握在主轨道竞争中争取突破,也不放弃在分支轨道上寻求机会,在新兴技术的萌芽期、新兴产业下一代分支轨道的竞争期,在加强政府资金资助的同时,鼓励和引导更多的企业投入,进行多样化探索,以求从中培育脱颖而出者。

通过新兴战略产业模块结构进行自主创新,实现竞争优势的作用机制,及政府在其中的作用。以新兴产业项目/企业为自主创新的模块,关联模块组成的集群(产业集群、产学研集群等)视为模块结构,市场中可以共存多个模块结构(集群),自主创新的成果是技术及其标准体系,旨在刻画我国新兴战略产业实现具有自主产权与竞争优势的创新机制与政策。尤其将强调在模块结构内部存在市场与组织失灵,在模块结构之间存在市场垄断竞争的情况下,如何通过互联性的制度安排将市场之间的外部性内部化,即发挥政府在模块结构内与模块结构间的作用。

优化促进战略性新兴产业发展的政策结构。通过对改革开放四十年来经济、科技及创新政策的全面梳理与统计分析发现:我国产业政策主要作用于创新的供给侧,对需求侧的激励政策非常缺少。由于支持需求政策的缺失,造成了我国太阳能、风电、LED 等产业的销售市场出口依赖。更为严重的是,出口的产品只能作为部件供应,因而也丧失了企业应用系统的创新能力。反过来,当我国自己开始使用时,又再次形成了对外来系统的技术依赖。

关注产业重大技术及标准,解决行业关键共性技术研发缺位的问题。在已经初步形成产业规模的产业,要有效弥补其关键共性技术研发的缺位问题,重视在国际技术标准竞争中的话语权。可以考虑建立由行业龙头骨干企业牵头的国家级共性技术研发中心,整合举国之力,突破一些重大的共性技术或关键核心技术瓶颈,实质性推进国家产业技术创新战略联盟,由中央、地方、企业及民间资本联合投资,采取会员制运作,共担风险、共享成果。

加强创新链的协同发展。市场(用户)需求直接影响终端产品的生产,也逐级将需求传导至中、上游环节。为支持我国新一代主导产业的发展,应当强化政府引导,重视需求政策,挖掘国内市场需求,积极支持商业模式创新,优先采用本国上游产品(设备等),率先形成应用系统,推进新兴产业产品规模应用。可通过不断扩展"十城千辆""十城万盏""金太阳"等示范应用项目的范围,加快建立政府补贴和重大建设项目工程采购制度,促进首台(套)自主装备使用政策的落实,率先创造和开拓国内消费市场,促进产品和应用系统成熟,形成国际竞争力。

跳出中国制造路径依赖。一是转变观念,制定战略:全国从中央到地方,从行业到企业都要加强对中国制造路径依赖副作用的认识,增强危机感;制定由中国制造向中国创造转型的国家战略和产业战略,指导和鼓励企业、特别是行业龙头企业制定创新发展战略;强化机会意识,制定应对方略。二是推进制度创新,营造长效机制:要改变企业短期化行为,根本的是要推进改革,进行制度创新,增强企业活力和创造力。同时,出台针对技术创新中各类创新要素利益分配的原则;完善技术创新税收优惠政策和技术创新财政补贴制度;进一步健全知识产权的法律制度,加强知识产权执法力度,保护创新者的利益,给企业创造良好的技术创新环境,培育技术创新长效机制。

加强技术预警,发展自主创新能力,主动应对后发优势逆转。要主动应对技术轨道的跃迁,就必须对未来科学和技术进行前瞻性研究。技术预测的时间跨度应该是长期的,可能为5—30年,通常为10—15年。通过技术预测,为产业技术升级和企业制定发展战略提供指导性的技术信息。同时,在开放创新中发展自主创新能力。一要广泛开展研究开发合作,利用中国市场"筹码",与具有技术优势的国外企业、研发机构展开多种形式的合作,以有效地化解壁垒。二要大力发展技术并购。与此同时,加强消化吸收和整合,学习和建设兼容不同文化的整合能力。三要积极引进人才。有些企业不拘一格地引进领军型、骨干型及特长型的各类人才,发挥了重要作用。四要积极培育和推动新兴产业发展早期的行业研发合作、战略联盟,增强企业在技术创新中的主体地位。促进产业联盟围绕产业技术创新链开展集成创新,突破产业发展的核心关键环节,明确技术创新路径,优势互补、系统集成、分工合作、统筹推进创新活动。

突破"三高"叠加。一是突破高技术壁垒:低端技术或低端市场的颠覆性创新;举国之力、高举高打、自主研发、重点跨越;积极利用中国作为最大、最重要市场的资源杠杆,通过国际技术合作降低技术壁垒。二是突破高资金投入:建立新兴战略性产业发展基金,重点扶持、合理监管;进行融资创新,积极引入风险投资、民间资本,强化资本市场对鼓励创新的积极作用;支持央企、地方国企、民企,在信贷政策、技术及设备进出口的税收补贴政策、企业研发贷款贴息及税收减免等方面平等对待。三是应对高市场风险:加强产业上下游的协调互动,加强促进市场应用的政策支持,加快市场拓展,使我国拥有的最大市场成为平抑市场波动的有力杠杆;建立高市场风险产业共同基金,在市场低迷期予以资助。

探索多元化的追赶超越路径。技术创新理论指出,技术轨道变迁是后发赶超的机会窗口,为此,我们要密切关注技术轨道发展态势,及时抓住轨道变迁机会,实施赶超。我们还应看到，从新技术轨道衍生的追赶机会远远不能满足中国创新追赶的期望，即存在巨大的机会窗口；用技术轨道理论来指导后发国家的创新实践，可能会将创新追赶的机会局限在相当狭窄的范围内。为此，我们提出广义轨道理论，包括技术轨道、市场轨道、商业模式轨道、技术组织轨道、业务组合轨道等。基于广义轨道的追赶超越机会可以大大扩展。

六、新兴战略产业自主创新与人才政策

人力资本方面，吸引激励人才。多样化的人力资本激励制度鼓励人力资本的创新，形成相应的股票期权金融市场的支持。并且，注重提升人居环境，创造适合的环境来吸引科技人才和繁荣科技文化，形成科技资源汇集的洼地，增强科技创新的基础。同时，继续加大对教育和基础研究的投入，这对提升科技创新能力至关重要，也是我国的弱项之一。

信息知识方面，推进信息知识共享。加快一部分科研院所的企业化转型，我国的科技成果转化困难的重要原因之一是科研机构的科研计划和项目实施没有能够充分面向市场、面向企业进行，这既有企业的因素，也与科研院所的运营方式有关，而加快科研院所的企业化转型，可以从根本上增强科研院所的生产力转化能力。当然，那些关系基础研究和国防安全等的科研院所仍应以国家支持为主。另外，密切企业间和产学研之间的联系，整合科技创新资源，优化资源配置，缩短科技成果转化链条，实现双赢，达到共同提升，也会使社会经济效益达到最大化。需要加强科技创新的法律环境和加大知识产权保护力度，创造尊重创新，激励创新的良好外部环境。

[参考阅读]

1. 理查德·尼尔森：《国家（地区）创新体系：比较分析》，知识产权出版社，2012年。
2. 迈克尔·波特：《国家竞争优势》，中信出版社，2007年。

[思考题]

1. 推动企业和产业创新的政策有哪些？
2. 什么是国家竞争战略？

后　　记

新兴战略产业自主创新的根本动力、关键力量、竞争优势与深层因素。

1. 根本动力：突破生产的资源约束

新兴战略产业中企业创新的本质，可以理解为模块化过程。企业家精神追求较高的收益增长率，是自主创新的根本动力；表现为新兴战略产业需放眼长远，逐利不能产生创新，需初期大量投入以弥补新兴技术研发外部性。

国际新兴产业基本沿美欧──→日本──→韩国的路径演进。新兴产业不可能在各个国家同步形成和发展，而存在明显的时间差。从 20 世纪末到 21 世纪初，较为典型的新兴产业发展时间序列是：欧美──→日本──→韩国。例如，微电子产业发源于美国；日本发挥二次开发优势和精密制造优势，较快取得产业优势；随后，韩国以及中国台湾地区进入并取得相当的优势。国际产业演进路径是由不同国家所处的科学、技术、产业能力水平和结构特点决定的。要突破这种路径，就要在科学探索、技术原创、产业能力水平和结构上下工夫，同时也要有开放创新和承担风险的心态。

2. 关键力量：人力资本、知识密集投入，带动关联产业发展

新兴战略产业中企业自主创新的关键在于要素收益的分配机制。模块结构的连接变迁方式决定创新成果及其分配机制，市场因素是自主创新的关键力量。新兴战略产业中集群培育可实现外生要素的内生化。新兴产业的技术路线具有多样性和不确定性。技术发展一般要经历引入、成长、成熟三个阶段。由于技术早期研究开发和产业化初期具有探索性，因此常常会出现多条技术路线并存的现象，这种技术路线在学术上称为技术轨道。例如，移动通信早期有蜂窝通讯和卫星通信两条轨道。在技术成长的后期，蜂窝通讯的主流技术才定型。这意味着产业发展早期的技术路线的选择常常有很大风险。

3. 竞争优势的源泉：产业链升级

新兴战略产业中企业竞争优势的源泉是基于附加值增加的生产链延长。供给的集聚与交易成本效应、需求的口碑效应与预期都能催生新兴战略产业集群的竞争优势，并能有效规避国内与国际市场竞争壁垒。科学发现──→技术发明──→产业化是新兴产业发展的基本路线，技术融合──产业化也是可能的路线。基于已有科学研究进展，按照市场需求融合多学科技术、集成开发新产品，已经成为新兴产业发展不可忽视的路径。融合互联网、传感网等技术开发物联网技术和相应产业就是一例。由此可见，基于科学上的率先突破、技术上的原创和善于集成现有技术开发新产品、新市场对于培育新兴产业的竞争优势十分重要。

4. 深层因素：政府战略的作用

新兴战略产业中政府战略作用于创新模块化过程。政策内生于创新体系，是阻滞或催化自主创新的深层因素。战略性自主创新实施的途径：国家通过制定自主创新政策，对一些风险很大的高科技产业或特殊行业进行扶持，使这些被扶持产业或行业产生规模经济和外部经济效应，实现产业结构的优化与升级，进而带动整个经济的持续发展。产业化能力对形成新兴产业优势具有重要作用。科学发现能否最终形成产业，关键还要看随后的技术开发和产业化。科学发现能力为产业竞争力提供基础，但是科学发现通常提供公共产品，而技术发明和产业化则与竞争力直接相关。因此产业化能力与科学发现对国家竞争力至少是同等重要。

  一晃做出从教的选择已经20年了。

  在这个20年中，我不断在许许多多创新点的连接与变迁，从捆绑、松绑到再捆绑的过程，反反复复进行着"自我创新—自我否定—自我创新"的循环渐进。从最美好的20多岁，到身强力壮、才思敏捷、奇思妙想不断的30多岁。人生前进的道路，看到的是渐进性创新；所有的当下的一切，都是过去种种努力、奋斗、纠结、彷徨、挣扎的结果。只有当豁然之后，才发现突破性创新原来早就到来了。现在一切平静下来，才发现：现在的自己就是最好的自己。

  以此书，作为对过去的总结，展望未来。

时间流逝了，你依然在
然而下次、下下次，我们将不再仅仅等待
我们要出发，探寻美好的未来
我们的征途将是星辰大海！！！

蔡晓月
2019年2月22日
于复旦园

图书在版编目(CIP)数据

创新与经济学:新兴战略产业自主创新研究/蔡晓月著. —上海:复旦大学出版社,2019.7
一流学科精品课程系列
ISBN 978-7-309-14355-3

Ⅰ.①创… Ⅱ.①蔡… Ⅲ.①经济学-高等学校-教材 Ⅳ.①F0

中国版本图书馆 CIP 数据核字(2019)第 097131 号

创新与经济学:新兴战略产业自主创新研究
蔡晓月 著
责任编辑/鲍雯妍

复旦大学出版社有限公司出版发行
上海市国权路 579 号 邮编:200433
网址:fupnet@fudanpress.com http://www.fudanpress.com
门市零售:86-21-65642857 团体订购:86-21-65118853
外埠邮购:86-21-65109143 出版部电话:86-21-65642845
上海春秋印刷厂

开本 787×1092 1/16 印张 12.75 字数 272 千
2019 年 7 月第 1 版第 1 次印刷

ISBN 978-7-309-14355-3/F·2577
定价:28.00 元

如有印装质量问题,请向复旦大学出版社有限公司出版部调换。
版权所有 侵权必究